Temas da antropologia da alimentação

Dados Internacionais de Catalogação na Publicação (CIP)
(Câmara Brasileira do Livro, SP, Brasil)

Lody, Raul
 Brasil bom de boca : temas da antropologia da alimentação
/ Raul Lody. – São Paulo : Editora Senac São Paulo, 2008.

Bibliografia.
ISBN 978-85-7359-724-0

1. Alimentos – História 2. Antropologia nutricional 3. Culinária – História – Brasil 4. Gastronomia – História – Brasil 5. Hábitos alimentares – Brasil I. Título.

08-06400   CDD-641.01309

Índice para catálogo sistemático:
1. Brasil : Gastronomia : História   641.01309

Raul Lody

Temas da antropologia da alimentação

Editora Senac São Paulo - São Paulo - 2008

Administração Regional do Senac no Estado de São Paulo
Presidente do Conselho Regional: Abram Szajman
Diretor do Departamento Regional: Luiz Francisco de A. Salgado
Superintendente Universitário e de Desenvolvimento: Luiz Carlos Dourado

Editora Senac São Paulo
Conselho Editorial: Luiz Francisco de A. Salgado
Luiz Carlos Dourado
Darcio Sayad Maia
Lucila Mara Sbrana Sciotti
Luís Américo Tousi Botelho

Gerente/Publisher: Luís Américo Tousi Botelho
Coordenação Editorial: Ricardo Diana
Prospecção: Dolores Crisci Manzano
Administrativo: Verônica Pirani de Oliveira
Comercial: Aldair Novais Pereira

Edição de Texto: Pedro Barros
Preparação de Texto: Luiz Carlos Cardoso
Pesquisa Bibliográfica: Marisa Colnago Coelho
Coordenação de Revisão de Texto: Marcelo Nardeli
Revisão de Texto: Jussara R. Gomes, Luiza Elena Luchini,
Maria de Fátima Alcântara Madeira Papa, Roberto Papa
Ilustrações de Miolo e Capa: Raul Lody
Coordenação de Arte: Antonio Carlos De Angelis
Projeto Gráfico e Editoração Eletrônica: Antonio Carlos De Angelis
Capa: Suzana De Bonis / DB Comunicação
Coordenação de E-books: Rodolfo Santana
Impressão e Acabamento: Maistype

Proibida a reprodução sem autorização expressa.
Todos os direitos desta edição reservados à
Editora Senac São Paulo
Av. Engenheiro Eusébio Stevaux, 823 – Prédio Editora
Jurubatuba – CEP 04696-000 – São Paulo – SP
Tel. (11) 2187-4450
editora@sp.senac.br
https://www.editorasenacsp.com.br

© Raul Lody, 2008

Sumário

NOTA DO EDITOR, 9

UMA VIAGEM POR SABORES MESTIÇOS, 11
   Carlos Roberto Antunes dos Santos

PARLATARE OU POR UMA ORGANIZAÇÃO NA BOCA PARA SE ESCREVER UM LIVRO QUE TRATA DE COMIDA, 21

EU COMO, 29
   Comer & comer, 31
   Comer com os olhos, 63
   Comer o outro ou Um sentimento antropofágico, 67
   Os comedores de terra, 71
   Comer de mão, 75

LUGARES DE COMER, 79
   Mercado, umbigo do mundo, 81
   Casa de pasto, 85
   Um banquete à beira-mar, 87
   Na boca começa o coração: o estilo mineiro de comer, 91
   Comida amazônica, 99
   Culinária da Bahia, 107
   Cuias: usos e símbolos da Amazônia, 115
   São Paulo: a boca multicultural de uma cidade, 131
   Os acarajés do Recife, 139

PORQUE EU COMO TUDO, 143
  Um copo d'água, 145
  Frutas tropicais, 149
  Bolo-de-rolo, 157
  Milho, farinha americana, 161
  Banana split, 163
  Feijão e arroz: emblemas do comum, 167
  Filé candomblé, 171
  Café: hábitos da mesa brasileira, 175
  Caju: sabor nativo, 183
  Feijoada: uma preferência nacional, 191
  Nego-bom & Souza Leão: o bom do doce em Pernambuco, 199
  A face da alface, 213
  Viva a oliva, 215
  Uma pitadinha, 219
  Cachaça: boa de beber, 223
  Prato feito, 227
  O fruto da terra, 231
  Churrasco: em busca da caça perdida, 241
  Molhos da Bahia, 247
  O gosto do piolho, 251
  O cão chupando manga, 257
  Hematofagia sagrada ou Por que os deuses bebem sangue, 259
  Sol & açúcar: ecologia e processos de sedução em Gilberto Freyre, 267

FESTA DE COMER, 285
  Comer é uma festa, 287
  O doce sabor do carnaval, 301
  Tradições da Semana Santa, 305
  Lindro-amor, 313
  Careta de mingau, 323
  Partilha do boi, 329
  Eparrei Bárbara: fé e festas de largo do São Salvador, 335
  Ajeum da Boa Morte, 345

COMER COM A ÁFRICA, 349
    Pimenta-da-costa, 351
    Padê: encontro entre a terra, o reino e a costa, 355
    Oju Epô, 367
    Os pratos de Nanã: a comida dos filhos é a comida dos ancestrais, 371
    Panela de Iemanjá, 375
    Doboru, para comer e sentir: Olubajé, a colheita partilhada, 379
    Mulheres de ganho, 381

COMER COM FÉ, 389
    O pão de Santo Antônio, 391
    Santo Onofre e a cachaça, 399

COMER É PATRIMÔNIO, 403
    Comida & patrimônio ou Farinha pouca, meu pirão primeiro, 405
    No tabuleiro da baiana tem... pelo reconhecimento do acarajé como patrimônio cultural brasileiro, 417

Nota do editor

"A nossa aventura de comer", conforme a expressão do autor Raul Lody, apresenta-se atualmente como o somatório de múltiplas contribuições. Deu-se por meio de um conjunto de cozinhas regionais do país beneficiadas por ingredientes orientais que os portugueses trouxeram, mais ingredientes de diversas áreas do continente africano, mais conhecimentos milenares de povos indígenas, mais componentes de imigrantes japoneses, chineses, italianos, espanhóis, árabes, alemães, mais as trocas latino-americanas, mais a mundialização recente que entronizou, por exemplo, o hambúrguer, até mesmo na forma de "acarajebúrguer".

Vê-se por aí, em simples menção, que o tema deste livro é muito amplo, alcançando também as festas brasileiras populares e religiosas com seus pratos inesquecíveis e suas práticas características. Mas é impossível não observar que um trabalho com tal abrangência de informações e segurança de análise só poderia ser feito por um apaixonado do assunto, por alguém que o tem vivido como opção existencial e cultural. Na medida em que assim é, certamente o leitor de *Brasil bom de boca: temas da antropologia da alimentação* encontrará não apenas conhecimento do estilo (ou dos estilos, pois são vários) de alimentar-se e comportar-se de um país, como ainda um convite a participar dessa "aventura de comer".

No item gastronomia no Brasil, ou história da alimentação, o Senac São Paulo figura como editora de citação indispensável. Mais ainda será com este livro.

Uma viagem por sabores mestiços

As condições geográficas, climáticas, econômicas e culturais condicionam as naturezas das "mil comidas" que impõem o modo de vida material e cultural do povo brasileiro. A partir desta premissa, captada na antologia gastronômica *Brasil bom de boca*, Raul Lody leva-nos a uma fascinante viagem por infinitos ingredientes, temperos, aromas, cores e sabores, festas e alegrias em tempos de abundância e escassez, iguarias todas assentadas na diversidade material e cultural da nossa gente. De profundo significado antropológico, histórico e sociológico, a obra revela não somente o nível da civilização material e imaterial brasileira, como também as hierarquias sociais através dos hábitos alimentares, sua evolução e requinte.

As cozinhas regionais são produtos da miscigenação cultural, fazendo com que as culinárias revelem vestígios das trocas culturais. Hoje os estudos sobre comida e alimentação invadem as ciências humanas, a partir da premissa de que a formação do gosto alimentar não se dá, exclusivamente, pelo seu aspecto nutricional, biológico. O alimento constitui uma categoria histórica, pois os padrões de permanência e mudanças dos hábitos e práticas alimentares têm referências na própria dinâmica social. Os alimentos não são somente alimentos.

Alimentar-se é um ato nutricional, comer é um ato social, pois se constitui de atitudes, ligadas aos usos, costumes, protocolos, condutas e situações. Nenhum alimento que entra em nossas bocas é neutro. A historicidade da sensibilidade gastronômica explica e é explicada pelas manifestações culturais e sociais, como espelho de uma época e que marcaram uma época. Nesse sentido, o que se come é tão importante quanto quando se come, onde se come, como se come e com quem se come. Enfim, este é o lugar da alimentação na história.

Sendo a cozinha um microcosmo da sociedade e uma fonte inesgotável de história, é importante que algumas das suas produções sejam consideradas como patrimônio gustativo da sociedade. Por tudo que venham a representar do ponto de vista da originalidade e da criatividade, que permitem destacar as identidades locais e regionais, podem ser considerados bens culturais, patrimônio imaterial. Desta forma, constata-se que a culinária brasileira demonstra agora sua vitalidade, pois diz muito sobre a educação, a civilidade e a cultura dos indivíduos. Tais preceitos estão presentes neste livro, revelando conotações simbólicas, sociais, políticas e culturais que se integram num elaborado sistema de representação.

Os temas da cozinha e da mesa regional brasileiras revelam os tempos da memória gustativa e têm suas origens nos contornos das cozinhas indígena, portuguesa e africana, dando verdadeiro salto cultural ao encontrar as cozinhas caipira e imigrante. Desta maneira, a gastronomia brasileira reserva um lugar para todos, pois é diversa, a partir de uma riqueza étnica e cultural que inventou uma mesa ampla com pratos produzidos pelos povos locais ou trazidos por diversos migrantes e imigrantes, num processo permanente de adaptação e readaptação.

Os significados antropológicos e históricos da alimentação nos estudos de Lody permitem captar traços da dinâmica de uma Santa

Aliança, composta pela tríade *memória, tradição* e *identidade*, fazendo com que a comida seja constitutiva da identidade de um grupo, que se mantém viva nas tradições e na memória. Nesse sentido, a alimentação é considerada patrimônio histórico gustativo de uma cultura, assentada numa narrativa fortemente comunicativa, sem requintes e descompromissada de normas.

Na cozinha prevalece a arte de elaborar os alimentos e de lhes dar sabor e sentido. Há na cozinha a intimidade familiar, os investimentos afetivos, simbólicos, estéticos e econômicos. Na cozinha despontam as relações de gênero, de geração, a distribuição das atividades, que traduzem uma relação de mundo, um espaço rico em relações sociais, fazendo com que a mesa se constitua, efetivamente, num ritual de comensalidade. A cozinha reafirma-se, portanto, como um espelho da sociedade, um microcosmo da sociedade, uma imagem da sociedade. No Brasil, em vez de falar em cozinha, é melhor falar em cozinhas, no plural, porque elas mudam, transformam-se ante a influências e intercâmbios entre as populações, aos novos produtos e alimentos, graças às circulações de mercadorias e aos novos hábitos e práticas alimentares.

A obra de Raul Lody busca explicar influências de culturas alimentares a partir de duas realidades: a autêntica cultura alimentar regional e a cultura alimentar oriunda da civilização externa, influenciadora. Tais contatos e simbioses revelam relações e trocas complexas de diferenças, afirmadas e reafirmadas em fecunda assimilação, que redunda numa certa *mestiçagem da comida brasileira*.

O roteiro desta viagem pela memória gustativa busca explicar o significado da culinária brasileira, que não se resume aos produtos típicos nacionais. Não custa reafirmar que este universo gastronômico trata de uma culinária complexa e dinâmica, marcada pela adoção de alimentos, técnicas e padrões de consumo que têm como ponto de chegada a expressão dos marcos da diversidade dos hábitos alimentares típicos do Brasil, "unindo diferentes caminhos históricos, comerciais, étnicos e de civilizações, pode-se sugerir uma rica mistura, como se faz na própria cozinha, ao se misturar farinhas, temperos, pitadas de sal ou de açúcar, seguindo uma receita ou mesmo criando muitas e deliciosas mesas regionais", como diz o autor.

A visibilidade acima detectada decorre da dinâmica imposta pelo autor à sua obra, pois os capítulos "Eu como", "Lugares de comer" e "Porque eu como tudo" permitem uma pedagógica digressão pelas cozinhas locais e regionais, passando por influências externas como a presença no Brasil das casas de pasto, uma verdadeira instituição portuguesa. Nesse sentido, uma terra "em que se plantando tudo dá" revela iguarias com expressões multiculturais e multi-étnicas, que vão desde as riquezas da cozinha baiana, passando pela cozinha caipira mineira e paulista e chegando ao místico e exótico mundo da comida amazônica. Nesta verdadeira viagem pela boca, pela mestiçagem, com olhares para os estados do cru, assado e cozido, do salgado e doce, do quente e frio, das abundâncias e carências, e da diversificação dos utensílios, não há demarcações de fronteiras e territórios, onde o mercado exibe a natureza, os dons da terra e os dons dos homens, estabelecendo diálogo entre o arcaico, a memória e a contemporaneidade. Na verdade, se há limites neste panorama, eles estão postos numa verdadeira fantasia antropofágica do comer.

Uma gula indiscriminada e eclética abre a boca para a aventura pelos capítulos: "Festa de comer", "Comer com a África", "Comer com fé" e "Comer é patrimônio". A leitura que a narrativa do autor aí concede permite identificar a comida como festa, comemoração, prazer, alegria e, principalmente, patrimônio imaterial. Os alimentos da terra destacam-se nestas vocações nostálgicas, que parecem louvá-los como deuses das experiências gustativas. Aí perfilam as festas nacionais e regionais, os sabores do carnaval, as tradições da Semana Santa com suas abstinências alimentares, a comida dos ancestrais, as comidas dos orixás, o sincretismo religioso e o ritual e a nobreza da cachaça. Importante, como atesta o autor na última parte do seu trabalho, é que os poderes do Estado registrem a comida como patrimônio cultural imaterial, destacando o acarajé como símbolo de um patrimônio gastronômico.

Do exposto neste prefácio, *Brasil bom de boca*, de Raul Lody, revela ser um produto da mestiçagem de sabores que permite o cruzamento do biológico com o histórico, antropológico e social, com o político, a religião, a economia e as tecnologias e com os mitos e tabus. Desta forma, a presente obra demonstra que a questão da alimentação situa-se no coração das nossas preocupações, como um gênero de fronteira, um definidor da nacionalidade, como uma integração federativa de caráter transdisciplinar, de onde emergem os marcos que permitem fazer, através da comida, uma reflexão sobre o próprio significado e evolução da sociedade brasileira.

CARLOS ROBERTO ANTUNES DOS SANTOS
Professor titular em história do Brasil/UFPR

Dedico *Brasil bom de boca* às baianas de acarajé, donas do dendê, dos tabuleiros de sabores e memórias e também a Iansã, orixá-mulher, conhecedora de todas as receitas e dos mistérios das cozinhas.

*Quem foge da abelha
não tem direito ao mel.*

(Dito popular, Bahia)

Parlatare ou Por uma organização na boca para se escrever um livro que trata de comida

Gostar de comer é fundamental para se falar de comida, de prazeres processuais que começam na ida à feira ou ao mercado para escolher, para se sentir seduzido pelo peixe, pelos cereais dourados em sacas de estopa, na tulha de madeira exalando mandioca, ou no camarão defumado, provado, crocante, na experiência que busca equilíbrio da textura e do sal.

Sinto-me de boca inteira, cheia d'água, pois, para os povos, o sentido/sentimento de comer amplia-se além do corpo, dos convencionais processos de um *sommelier*, talvez mais poeta de Dionísio do que um emocionado agente do prazer carnal de chegar aos minerais da terra e, assim, às uvas.

Brasil bom de boca é uma viagem pessoal partilhada com muitos outros viajantes comensais de mesas, tabuleiros, barracas, ambulantes, balcões, barcos, caminhadas entre florestas de dendezeiros, ou um êxtase quase bíblico de comer uma magnífica lagosta olhando o mar de Luanda – sabendo que, dentro d'água, Kianda ou Kiximbi, sereias negras que habitam o Atlântico de Angola, nos observam.

Para o leitor que come com prazer, que quer viver o ato imemorial de comer e não o ato mecânico – apenas nutrir o corpo –, ofereço um livro que reúne um cardápio vivencial de 56 textos, escritos, provados, mastigados e bebidos em diferentes momentos dessa minha busca de antropólogo curioso, que prova a farinha de mandioca e escolhe pelo cheiro, que gosta de pimenta profunda, que é seduzido pelo açúcar do mel ou da cana sacarina, assumindo desejo de querer também provar o *Maná*, certamente experiência somente para alguns.

Brasil bom de boca chega de diferentes regiões, lugares, cotidianos, festas, cozinhas, altares, pejís... pelas mãos sábias do fazer culinário, pelo conhecimento de receitas faladas, transmitidas como anúncios de vestais que interpretam o futuro e por aqueles que quase magicamente chegam ao tão querido e estimado *ponto do doce*.

A opção por uma antropologia da alimentação está no gosto testado do sabor reconhecido ou do novo aprendizado à mesa, ou mesmo com fruta exótica, na mistura de molhos, ou descobrindo momentos diferentes para trazer as mesmas comidas à boca biológica que se amplia nos cenários sociais ritualizados e que certamente são novas, pois temperam memórias gastronômicas, chegando finalmente à intimidade da boca.

O livro é uma celebração à inventividade e às diversas maneiras de se entender um mesmo ingrediente, às misturas simbolizadas, aos oferecimentos fincados na intenção de que o gosto não é o da boca, mas o que se realiza nos encontros sociais.

Organizei a obra em sete grandes temas, que trazem artigos, todos devidamente comidos e digeridos, sendo que para alguns tenho gula, outros quero comer devagarzinho como que prolongando o clímax do gozo; outros quero comer rápido para matar saudades, ou mesmo como um eficaz mata-fome; outros quero me lembrar de pessoas, de cidades, da minha própria casa, de reativar memórias, de despertar fé, de louvar santo, o orixá, o ancestral, pois o que quero mesmo é afirmar essa incrível capacidade humana de interpretar o que se come... de simbolizar o que come... de reinventar o que come.

Busco um Brasil verdadeiramente bom de boca, plural, multiétnico, tradicional, que tempera com o global, com as indústrias dos gostos, com a midiática exposição de receitas, identidades e lugares sempre reconhecidos.

Vive-se esse momento em que a comida foi descoberta como o melhor idioma entre os povos, sendo capaz de falar diretamente para os iguais e tocar na diferença, na abundância e na fome que assola milhões de pessoas no mundo.

Brasil bom de boca é um texto que valoriza esse país continente, ao qual palmilho há mais de 36 anos no exercício dessa minha vontade – vocação de antropólogo que optou em falar brasileiro e não antropologês fluente ou mesmo algum dialeto sociologês.

Pode-se mostrar, sem dúvida, a comida enquanto realização pessoal, coletiva, de um momento econômico, no cumprimento de promessa religiosa, de técnica agrícola, de coleta artesanal, transmitida na geração física entre trabalho ritualizado e a quantificação estatística da pesca, da carne bovina, da soja, do milho... da escolha do café, da folha de chá, da manga madura para ser comida, egoisticamente, como deve ser, como um néctar que começa na boca, lambuza a cara, as mãos e, se for deliciosa, todo o corpo.

Eu como. Assim, no presente do indicativo é vivida a mais ancestral relação entre quem come, o que se come e, enfim, no assumir a condição de *comer*, para então realizar muitas outras ações que integram e certamente ampliam a compreensão, inicialmente funcional, de levar o alimento à boca. Creio que o sentido do "eu como" é o mesmo que dizer "eu me represento", "eu sou um individuo", "eu me individualizo", buscando na relação da pessoa com a comida um início de experiências que são repetidas, transmitidas e, principalmente, indicadoras dessa maneira de revelar identidade, pertencimento, de singularizar as muitas maneiras de viver a comida.

O segundo capítulo do livro, "Lugares de Comer" diz da ação socializadora e integradora do ritual de comer. Pois come-se tudo. Comem-se as paisagens, os cenários, os ambientes... Também compreende os utensílios do servir que compõem a ação íntima de comer – os serviços, a mesa organizada para dispor de objetos –, de escolher e dar sentido de prazer aos encontros para, então, provar, iniciar, preparar o paladar e assumir o sentimento humano de ser voraz, de trazer e rememorizar o longo processo da caça, da fartura representada na comida que assim determina o papel de provedor. Vive-se o necessário sentimento da caça, nem que seja experimentada no açougue de um supermercado.

O capítulo "Porque eu como tudo" aponta para o valor humano de ser onívoro. Assim, discute-se o que é comestível ou o que é próprio da cultura, do momento social e econômico de um povo, de uma civilização, da oportunidade e da necessidade de comer, de poder comer ou mesmo da escolha fundada no desejo da simbolização.

Quem come, por que come, também uma questão de gênero, de papéis sociais hierarquizados, na organização da família, de mitologias que são capazes, pela comida, de unir pessoas aos deuses, aos mitos de gênese, ou funcionalmente promover e acionar um grupo.

Verdadeiramente de tudo se come, e come-se de um tudo. Pois tudo pode ir à boca: por sentimento, por tradição, por opção, por necessidade, por ser então a única possibilidade comestível.

A natureza de tudo oferece e a escolha é cultural, referencial, voltada à história, ao sentimento telúrico, e faz com que ingredientes e processos culinários ocupem sentidos e significados próprios.

O tão estimado acarajé, *o bolo de fogo*, assume o valor do raio de Oyá ou Iansã, mulher de Xangô, que come literalmente fogo, e, como o acarajé é este fogo, todos nós, após o dendê fervente, comemos fogo, integramos cada emoção aos papéis míticos da mulher guerreira ou do rei que promove a justiça entre os homens. Tudo isso é o acarajé: aquele bolo feito de feijão fradinho, sal, cebola e, certamente, *êpo*, o nosso tão estimado azeite de dendê.

Brasil bom de boca caminha pelos sabores nas suas mais fortes relações com os entornos, na compreensão mais vívida das celebrações, nas festas que são momentos episódicos nas sociedades. O capítulo "Festa de comer" fala que, sem dúvida, destina-se ao ato de comer o valor de reunir, de cumprir diferentes rituais, de experimentar pratos especiais, de reviver pratos já conhecidos, assumindo novos significados e certamente novos sabores.

A festa culmina, une os homens, relembra histórias, ativa memórias, traz ancestrais, santos, deuses, mitos, todos reunidos nas mesmas comidas, nos mesmos atos de comensalidade, de marcar datas, ciclos, eventos que identificam sociedades e, por isso, são autorais, próprios, singulares de um povo, de uma região, de uma civilização, de indivíduos. Cardápios identificados aos grandes ciclos: carnavalesco, junino, natalino, além de muitas outras datas de caráter regional, familiar, de certos grupos, tendo sempre na comida o elo fundamental que identifica e reconhece a festa.

O capítulo "Comer com a África" é um mergulho nas muitas Áfricas que co-formam e orientam receitas, ingredientes, maneiras de fazer e de comer; como comer, quais os conceitos de comer e o que isso traz de fundamento e matriz patrimonial tão dominante no imaginário brasileiro.

Dendê, inhame, quiabo, sabores que estão nos pratos que unem homens aos orixás, dos ancestrais, que rememorizam povos, culturas, sociedades.

Sem dúvida, o valor religioso, o seguimento a uma tradição de fé orienta e oferece opções do ato de comer, dizendo o que é permitido comer, como comer, segundo os princípios sagrados de sistemas que controlam cardápios, ingredientes e, principalmente, maneiras de representar o mundo, de interagir com os elementos da natureza.

"Comer com fé" mostra como a comida é uma fala preferencial na intermediação entre o homem e o sagrado. Pois a comida representa um ato devocional, cumpre promessas, amplia o sentimento religioso, aproxima o que se idealiza em fé íntima, pessoal, trazendo o mágico, nesse jeito brasileiro de reunir e de interpretar os santos e, assim, estabelecer sistemas de cultos tão particulares.

"Comer é patrimônio" valoriza e aponta para sistemas alimentares, ingredientes, tecnologias culinárias, receitas, pratos, comidas e rituais de oferecer e de comer enquanto manifestações notáveis e fundamentais no reconhecimento cultural dos povos, das regiões, dos indivíduos.

Políticas internacionais e nacionais no âmbito dos bens caracterizados como "patrimônio cultural imaterial" encontram na comida um dos temas mais notáveis na interpretação, no reconhecimento de identidades, na compreensão plena do direito de povos e de como tudo isso precisa ser salvaguardado, preservado e transmitido às novas gerações.

Destaco o trabalho que consagrou o "ofício das baianas de acarajé" como o primeiro bem patrimonial referente à comida a ser registrado no Brasil como patrimônio nacional, pelo Instituto do Patrimônio Histórico e Artístico Nacional (Iphan), agregando também o papel social e econômico da mulher afrodescendente. Junta-se ainda a fluente religiosidade de matriz africana do candomblé, orientando uma ampla e verdadeira compreensão dos muitos rituais de comer. Assim, pude na coordenação desse projeto trazer muitas referências históricas, culturais, mitológicas, todas co-formadoras dos imaginários e dos cenários onde acontece e vive o ofício das baianas de acarajé.

Assim, o livro fala de comida brasileira, da mesa multicultural brasileira, dos muitos rituais de fazer e de servir comida e de como é importante a comida na construção das nossas identidades de povo e nação, buscando conhecer e nos reconhecer como brasileiros.

Finalizo este texto saboreando castanha de caju e olhando no horizonte o rio Capibaribe, revivendo assim em mim um orgulho nativo, teluricamente brasileiro.

eu como

Comer & comer

EU COMO
TU COMES
ELE COME...

Comer não é apenas uma função biológica. Certamente, comer é o mesmo que viver fisicamente; contudo, o conceito de vida vai muito além do ato de matar a fome. Tudo o que é escolhido para comer – forma, volume, cor, maneira de preparar e servir – tem significados, assume valores e, por tudo isso, o alimento vai muito além da boca. Onde servir, com o que servir, momento especial, dia, hora, a quem servir e como esse alimento é consumido compõem o ato complexo, culturalmente complexo, que é o de comer.

Todos os povos têm seus cardápios formados por receitas variadas, unindo opções de produtos locais, outros importados e geralmente integrados às diferentes maneiras de interpretar os próprios alimentos. A interpretação nasce da necessidade de representar o meio ambiente, os grupos étnicos formadores de um povo, uma nação, uma civilização.

A comida é tão importante e identificadora de uma sociedade, de um grupo, de um país, como é o idioma, a língua falada, funcionando como um dos mais importantes canais de comunicação.

Assim, comida e idioma têm valores reconhecidos pelo que comunicam sobre as pessoas, seus cotidianos, suas festas, suas características individuais, suas identidades e principalmente suas diferenças.

Desde o tempo em que o homem apenas coletava frutos, raízes e folhas, caçava e pescava para comer, vigora um sentido muito especial da alimentação para a sua história e a da humanidade, marcando permanentemente a relação natureza e comida.

A descoberta do fogo determinou profunda transformação e avanço na vida humana. A distinção entre o cru e o cozido dá nova dimensão ao homem no diálogo do natural com o cultural, ou seja, em toda ação que, modificando a natureza, permite descobrir o que é tecnologia, técnica, instrumentos para tratar o que oferece essa mesma natureza.

O fogo amplia as opções dos alimentos, melhorando e qualificando o que se come. A natureza, sem dúvida, é a grande matriz doadora de alimentos e as culturas traduzem essas opções de diferentes maneiras, criando tipos de cardápios, receitas, soluções de gostos, de prazeres de ver, sentir odores, paladares e, finalmente, ingerir, comer.

A comida, além de reunir valores nutritivos e de marcar decisivamente a trajetória do indivíduo em todos os seus momentos de vida e mesmo na morte, serve para identificar quem é esse indivíduo.

Os momentos importantes têm que ter o acompanhamento de comida e de bebida. Os amigos se reúnem, comida. Uma festa em casa, no bar, no restaurante, comida. Aniversário, batizado, casamento, comida. Uma festa na rua, uma festa na escola, uma festa no templo, comida. Mesmo na morte, muitos povos oferecem comida para as pessoas que participam das cerimônias em honra do morto e, em diversos casos, o próprio morto recebe comida. Certamente, não para comer, e sim para lembrar as comidas preferidas, as bebidas preferidas.

Sem dúvida, o ato de comer vai além do simples ato de comer. Comer é ingerir, integrar, comunicar, falar pelos ingredientes, pelos temperos, pelas maneiras de fazer cada prato, pelas maneiras de consumir cada prato.

Nossas características, nossos costumes, nossas tradições e permanentes criações estão presentes e representadas nos cardápios, nas muitas possibilidades de oferecer e de, finalmente, comer.

Comer é existir enquanto indivíduo, enquanto história, enquanto cultura, dando o sentido de pertencimento a uma comunidade, a um povo.

O gosto gostoso do Brasil

Portugal lançou-se ao mar porque precisava comer, conhecer novos temperos, novos sabores, ampliar seus mercados, descobrir outras e exóticas terras, pois tudo o que é desconhecido é exótico, é diferente; nem melhor nem pior, mas certamente diferente.

A aventura marítima portuguesa se deu pelos oceanos cheios de mistérios, lendas, seres fantásticos, tão fantásticos como ainda hoje o homem sonha encontrar em Marte ou em outros planetas. Atualmente, os oceanos são os mistérios do universo e as descobertas se dão com os novos planetas e estrelas. Na lua já chegamos!

Voltemos à nossa história mais antiga, àquela contada pelos navegadores, pelos marinheiros, pelos aventureiros, pelos escravos africanos que já integravam tripulações das caravelas, ganhando o mar tão sedutor e ao mesmo tempo devorador das embarcações e dos homens.

Relatos da Idade Média ocupam-se de aventuras, histórias, lendas, mitos, sereias que fascinam com seus corpos e cantos, fazendo do navegador um quase herói na descoberta de mares nunca dantes navegados.

As navegações eram temas dos trovadores, nos castelos, nas feiras, nos mercados, nos portos, por toda a vida popular, falando das mercadorias, especiarias, das novas terras, do avanço além-mar de Portugal.

Navegar é preciso para buscar alimentos. Para entender, de certa maneira, o forte envolvimento dos portugueses com a tarefa dos descobrimentos é necessário perceber o espaço geográfico de Portugal, alargando-se ao sul, no Algarve, nas lutas contra os mouros. Assim, começavam a buscar o caminho para o Atlântico, pois existe uma necessidade vital de mais contatos – as rotas marítimas, querendo encontrar outras fontes de comida além-mar.

A busca de alimentos cresce nos séculos XV e XVI com o aumento das navegações; deixa os campos, os territórios de Portugal despovoados e sem os cereais necessários à vida e à unidade do reino.

Aquele mar, sempre aquele mar e novamente as sereias, seres meio peixe e meio mulher; seres sensuais, sexuais que atraíam com a beleza e com o canto, trazendo capitães, marinheiros, exploradores para o mar, para viver no mar, nos oceanos, nos reinos fabulosos e encantados das sereias. Palácios submersos, tesouros, ouro, pérolas entre os cardumes de peixes e sereias, muitas sereias. Na nossa mitologia brasileira temos as sereias do mar e as sereias dos rios, do maior rio de todos, o Amazonas.

Portugal aproxima-se do Norte da África, pois os mercados, as navegações pelo Atlântico e as informações que se estendiam até a Índia iam ao encontro da ampliação comercial, da conquista de novas rotas em busca de alimentos e especiarias. Foi uma procura que lançou ao mar mais da metade da população de Portugal.

Exemplifico essa necessidade de navegar com um poema medieval, mostrando como a busca da comida fez Portugal viver sobre as caravelas, pelo mundo, pelas rotas conhecidas e por outras, em descoberta, lá no Oriente, muito, muito longe, muito além dos sonhos sonhados naquela época distante.

> Não me temo de Castela,
> donde inda guerra não soa;
> mas temo-me de Lisboa,
> que, ao cheiro desta canela,
> o Reino nos despovoa.[1]

A canela (*Cinnamomum zeylanicum* Nees.), uma das muitas especiarias, importante para a mesa e para a saúde. Na Europa, especialmente nas regiões de maior influência grega e romana, as especiarias eram utilizadas como drogas medicinais e, por isso, vendidas nas farmácias. *Spetiale*, em italiano, significa farmácia, resultando o nome *spezie*, espécie ou especiaria. Já mais tarde, a especiaria vai temperar comida, tal como acontecia com o açúcar. O valor era tamanho para as especiarias, que estas eram conservadas e herdadas, tal como ocorre com jóias e dinheiro. O longo caminho do Ocidente para o Oriente, das especiarias, atravessava os oceanos, o Oceano Índico, o Mar Vermelho, por meio de caravanas na África, até chegar à Europa. Conta-se, mesmo, que a pimenta era vendida colocando-se seus grãos em um prato da balança e, no outro, moedas de ouro.

O dito popular português, e também brasileiro, "a peso de ouro", vem desse valor de ouro das especiarias, principalmente das pimentas. Contudo, muito antes de chegarem à Índia, os portugueses já utilizavam algumas pimentas procedentes do continente africano; aquelas pimentas de sabor ardente e de aroma intenso, pois as especiarias

---

[1] Sá de Miranda, "Carta a António Pereira, senhor do Basto, quando se partiu para a Côrte co a casa tôda", disponível em http://oinsurgente.blogspot.com/2005/03/em-defesa-do-velho-do-restelo.html, acesso em 27-5-2008.

tinham grande interesse comercial e chegavam nas caravanas de mercadores muçulmanos.

Entre as pimentas mais apreciadas estavam a *Afromomum melegueta*, a nossa tão conhecida malagueta, chegando a dar nome a uma região da África nos séculos XVI e XVII, a costa da malagueta, que compreendia o atual Golfo do Benin e países como Nigéria e Benin, entre os demais povos.

Pimenta de sucesso na Europa foi também a *Grana Paradisi*, ou grão do paraíso, conhecida como pimenta-da-mina ou pimenta-do-benin, assim identificando suas origens e localidades produtoras na África. O nome "Mina", referente às minas de ouro, serviu para marcar por longo período a costa ocidental africana, na mesma região da costa da malagueta.

Chegando ao Oriente, o navegador português importou em quantidade a pimenta-da-índia (*Piper nigrum* L.), que foi a mais apreciada e comercializada. Essa é a nossa conhecida pimenta-do-reino, referente ao reino de Portugal, pois tudo o que vinha do reino era assim chamado: farinha de trigo ou farinha-do-reino, queijo-de-cuia ou queijo-do-reino. Embora da Índia, a pimenta chama-se "do reino" por ter sido distribuída para o mundo a partir de Portugal.

Hoje, no Brasil, a pimenta-do-reino é uma importante atividade econômica do Pará, sendo esse estado um dos maiores exportadores mundiais. Não apenas pimentas em tipo e variedade; também canela, cravo, gengibre, entre muitas outras especiarias, fazem existir cardápios regionais e centenas de pratos e bebidas no Brasil.

Quando se lançou ao mar, Portugal viveu, em pleno Renascimento, o fenômeno da mundialização, aproximando pelas caravelas o Ocidente e o Oriente. Há mais de quinhentos anos, o povo e a nação portugueses eram os mais mundializados e em suas buscas pelos oceanos conheceram a Índia, o Japão, a China e a Indonésia, entre tantas e tantas terras diferentes.

Hoje se fala em mundialização e globalização pelo computador, pela telinha, que dá acesso ao mundo por via da internet: a nossa caravela é o satélite que possibilita ganhar o planeta, chegar a qualquer de seus lugares.

Também o uso do termo "navegar", navegar pela Internet, é lembrança e sentimento que nos aproxima dos navegadores portugueses. E é sem dúvida expressão dessa mesma necessidade de descobrir, que é comunicar, que é também conhecer e ao mesmo tempo cultivar quem somos, com nossas identidades de povos e culturas.

Diogo Cão (1482), Bartolomeu Dias (1487), Vasco da Gama (1497-1498), Gaspar Corte Real (1500), Pedro Álvares Cabral (1500), Francisco Serrão (1512), Fernão de Magalhães (1519-1521), entre outros grandes navegadores, pontuaram o mundo conhecido e o mundo em descoberta.

> E se buscando vás mercadoria
> Que produze o aurífero Levante,
> Canela, cravo, ardente especiaria
> Ou droga salutífera e prestante;
> Ou se queres luzente pedraria,
> O rubi fino, o rígido diamante,
> Daqui levarás tudo tão sobejo
> Com que faças o fim a teu desejo.[2]

As trocas alimentares e a formação de outros hábitos nas escolhas de temperos, frutas, óleos e nas "maneiras" de preparar carnes e pescados, e ainda nas tecnologias de assar, fritar, cozinhar e incluir ingredientes crus, apontavam para a geração de novas cozinhas, de novas relações com o profundo ato biológico e simbólico que é o de comer.

---

[2] Luís de Camões, *Os Lusíadas*, Canto Segundo, 4, disponível em http://www.triplov.com/poesia/camoes/lusiadas/, acesso em 27-8-2008.

Por mais mundializados que sejam os sanduíches, iguais aqui, em Londres, Paris, Nova York, Pequim, haverá sempre o cardápio que mostra e que preserva a história, a sociedade, a cultura de um povo, de uma região do Ocidente ou do Oriente. Comer é um ato que identifica o indivíduo, um sistema ecológico, um grupo étnico, uma população específica.

A influência dos descobrimentos em área tropical se faz, inicialmente, com a alimentação a bordo das caravelas, reunindo, na sua maioria, produtos conservados em salmoura – pelo fumo, pelo sal ou pelo azeite.

O conhecimento de outros povos pelos navegadores portugueses se dava por meio do idioma e da cozinha, pois a comida é um dos notáveis caminhos que levam à compreensão plena e verdadeira do homem. Diz o que comes e dir-te-ei quem és.

Ambientes biodiversos, opções que vêm do mar e da terra, dos rios, e que a cultura seleciona, inclui, transforma e orienta com pimentas, raízes, frutas, caças, peixes, determinando também as funções de homens e mulheres que sabem as receitas, seus usos e como servir, no dia-a-dia e na feira.

Unindo diferentes caminhos históricos, comerciais, étnicos e de civilizações, pode-se sugerir uma rica mistura, como se faz na própria cozinha, ao misturar farinhas, temperos, pitadas de sal ou de açúcar, seguindo uma receita ou mesmo criando muitas e deliciosas mesas regionais.

Dessa maneira, unem-se cozinhas tão organizadas como a dos conventos medievais da Europa no preparo de peixes e de outros frutos do mar. Usam-se azeite-de-oliva e ervas aromáticas por toda a costa portuguesa. Com os vinhos das terras altas ou do Alentejo acontece o mesmo, o que também é visto no domínio de doces, pastéis, pães, bolos, tendo o trigo como tema central. Somam-se a tudo isso as culturas do Norte da África, com o cuscuz, as frutas secas, como as tâmaras, e, do lado ocidental da África, com o dendê, o inhame e a malagueta. A Índia e a China e seus novos aromas vêm se juntar com os gostos da canela, do cravo, do gengibre e do açúcar, que é asiático. Ainda aparece o café da Etiópia, na África oriental, e, finalmente, o milho americano e a mandioca, emblema de muitas culturas indígenas da América do Sul e um símbolo brasileiro.

Opções, muitas opções para comer e viver o litoral, o agreste, os vales ribeirinhos, áreas secas e sertanejas ou, ainda, florestas densas, áreas onde imperam águas de rios, lagoas e igarapés.

É dessa maneira que se compõe a nossa aventura de comer, que se apóia na tradição de um conjunto de cozinhas regionais por onde transitam ingredientes orientais trazidos pelo homem português, unidos a outros ingredientes africanos de diferentes áreas geoculturais do continente, e, ainda, nos conhecimentos milenares de muitos povos indígenas, que se ampliam com os componentes trazidos pelos imigrantes japoneses, italianos e com as culturas do Oriente próximo e as trocas latino-americanas, que se vão misturando, influenciando-se mutuamente, como se misturam os ingredientes de um prato em composições multiculturais e multi-étnicas.

Do reino, da costa e da terra

Sem dúvida, as grandes matrizes da diversa e variada cozinha brasileira – diga-se melhor, das *cozinhas brasileiras* – estão em um Portugal ampliado com a África e com o Oriente, com o próprio continente africano, em diferentes regiões chamadas "costas": costa ocidental, costa austral, costa do sul e costa oriental. E com as centenas de culturas indígenas, revelando uma longa experiência devido ao seu convívio com o litoral e com a floresta americana.

É grande a sabedoria dos nossos indígenas, que conhecem os alimentos e as possibilidades de viver da floresta e na floresta. Rios, lagos, mar, conhecimentos milenares que interpretam a natureza, tão diferentes ecossistemas visíveis não apenas nos alimentos, mas também nas maneiras de expressar e comunicar essa mesma natureza por meio de pintura corporal, arte plumária, cerâmica e feitura de utensílios em fibras naturais trançadas, entre outros.

Pode-se caracterizar a cozinha de presença africana no Brasil como adaptativa, criativa, incluindo muitos produtos africanos e não africanos, que formam cardápios regionais e outros de presença nacional. Por exemplo: a cozinha da Bahia é cozinha africana, incluindo o litoral e a área do recôncavo, onde se localiza a capital Salvador. Também Pernambuco, Maranhão, Pará, Rio de Janeiro, Sergipe, Alagoas têm cozinha com forte marca afrodescendente. Um dos mais notáveis símbolos da África na cozinha brasileira é o dendê em forma de azeite, o azeite-de-dendê.

A área de ocorrência do dendezeiro, na África, vai desde São Luís, no Senegal, até o sul de Benguela, em Angola, alargando-se para o vale do Zaire, chegado ao lago Vitória.

O dendê é uma das marcas da cozinha genuinamente africana no Brasil e o dendezeiro é sagrado para os iorubás, sendo conhecido como *igi-opé*.

Junto com o dendê inclui-se, na formação da cozinha brasileira, outro notável componente que é o coco, o coco verde. Em forma de leite, leite de coco, entre demais produtos, é um enriquecimento de pratos, notadamente doces.

O nosso tão celebrado coco verde vem da Índia, passando antes pela África oriental e África ocidental, em Cabo Verde e Guiné, entrando no Brasil pelo litoral atlântico, fixando-se no Nordeste. O leite e o óleo de coco juntam-se em número e variedade de receitas, como o também já nosso azeite-de-dendê.

Feijões variados, inhames, quiabos, acréscimos de camarões defumados e dendê, além de cebola, pimenta e gengibre, fazem a base de uma mesa em que vigoram acarajés, abarás, vatapás de peixe e de galinha, bobós, carurus, entre tantos outros pratos. Ainda os cardápios sagrados dos terreiros de candomblé trazem alimentos como o ipeté, amalá e acaçá e bebidas como o aluá, feita de milho, rapadura, gengibre e água.

Alimentos moles, como os pirões de farinha de mandioca e o *anfunge*, ou angu, feitos de fubá de milho, estão incluídos nos hábitos diários de milhares de brasileiros.

Inhame-da-costa, inhame-de-angola, galinha-d'angola e malagueta são alguns produtos que trazem a marca da origem africana e se nacionalizaram por todo o Brasil.

Manga, jaca, fruta-pão e carambola, entre outras, vêm do Oriente; caju, pitanga, graviola, mangaba, pitomba e o cupuaçu são frutas da terra, convivendo nas nossas mesas em forma de sucos, doces em calda, sorvetes, tortas.

O padre Simões de Vasconcelos considera o cajueiro "a mais aprazível e graciosa de todas as árvores da América e, porventura, de todas as da Europa".

Em 1641, Maurício de Nassau resolveu aplicar uma multa de 100 florins para cada cajueiro derrubado pelos senhores de engenho, queimadores de cal, oleiros e fabricantes de cerveja.

O caju assume para todo o Nordeste um valor especial, símbolo de fruta nativa, da terra.

Vinda do caju, a castanha, torrada e salgada, está presente em muitos doces, especialmente no bolo pé-de-moleque, como também em receitas de vatapá da Bahia, de Pernambuco e do Pará, além de ser considerada excelente acompanhamento de bebidas.

As frutas são adicionadas aos licores, à aguardente – cachaça de cana-de-açúcar –, "água que passarinho não bebe".

A nossa cana-de-açúcar é também fruta, e fruta que acompanha a história, a civilização, a formação da vida brasileira, da sociedade brasileira. A cana sacarina é o forte emblema da chegada colonial portuguesa, determinando processos sociais, econômicos e culturais na formação do povo brasileiro.

Gilberto Freyre observa:

> Mas toda essa influência indireta do açúcar no sentido de adoçar maneiras, gestos, palavras, no sentido de adoçar a própria língua portuguesa, não nos deve fazer esquecer sua influência direta, que foi sobre a comida, sobre a cozinha, sobre as tradições portuguesas de bolo e de doce.[3]

O doce é um testemunho permanente da história e das transformações tecnológicas, pois celebra, nomeia, alimenta, aproxima os indivíduos.

Bolos para o dia-a-dia, um tipo de doce bem nosso, bem brasileiro. Bolos para as nossas festas em casa. Bolo de aniversário, de aniversário especial – quinze anos –, de batizado, de casamento, bolo para acompanhar o café, o café da manhã, bolo para comer de pé, na rua, bolo em centenas de receitas diferentes, um símbolo da convivência, das trocas entre as pessoas.

Misturar açúcar e canela e pulverizar sobre a banana frita; marmelada ou doce de goiaba com queijo branco. Cocadas com abacaxi e tamarindo; farinha de mandioca, cará ou macaxeira com mel de engenho, ou o doce de araçá que era partilhado com o Menino Deus na

---

[3] Gilberto Freyre, *Açúcar: uma sociologia do doce, com receitas e bolos do Nordeste do Brasil* (Rio de Janeiro: Instituto do Açúcar e do Álcool, 1969), p. 70.

capela do engenho, expõem o valor do açúcar, do doce, na vida cotidiana brasileira.

Sem sal e tendo por base a mandioca são feitos a farinha e o tucupi, líquido também extraído da mandioca, que fazem a estrutura geral de uma cozinha ameríndia, combinando-se caças, peixes, quelônios, frutas, ervas, e desenvolvem-se tecnologias com o fogo, destacando-se o moquém; as panelas cerâmicas ritualmente pintadas para o fabrico de enormes beijus, além da descoberta e do uso do guaraná e do açaí, enquanto poderosos energéticos, fontes de uma alimentação tropical e ecológica.

Ainda em área norte, amazônica, celebram-se o pato no tucupi, a maniçoba, os cremes de bacuri e de cupuaçu, os inúmeros usos da castanha no Brasil, entre tantas opções alimentares que vêm das florestas.

Em áreas tropicais valoriza-se o consumo de frutas, frutas *in natura* – ao natural. É só lavar e comer; frutas na forma de sucos, cremes, doces, sorvetes.

A fruta é cada vez mais valorizada pelo alto valor alimentício, o que já é reconhecido por povos e civilizações das florestas.

Nas cidades, no verão, aparecem algumas sugestões mais adequadas e tropicais, daí o chamado "prato de verão". Reúne diferentes frutas da época, queijos, entre outros complementos. Certamente, para os dias quentes, é uma boa opção de se comer tropicalmente.

A natureza dá e o homem transforma

O meio ambiente é princípio e opção para os alimentos. Pode-se desenhar algumas linhas que definem aspectos ecológicos unidos aos motivos étnicos, sociais e econômicos, e no cultivo de culturas dominantes como a cana-de-açúcar, o café, o trigo e a soja.

O litoral brasileiro concentra expressivas cozinhas com tendências bem localizadas. No Nordeste vê-se o predomínio do coco verde, do dendê, feijão, inhame, macaxeira, doçaria variada, peixes e crustáceos, destacando-se a gastronomia da Bahia, com evidente identidade afrodescendente, de Pernambuco, com cardápios que vão da buchada de bode aos alfenins – doces esculturais de açúcar branco. No Norte, na área verde das florestas, das águas férteis e generosas das bacias hidrográficas, imperam frutas, peixes, mandioca, destacando-se também as tecnologias para o preparo de camarões defumados e/ou salgados, que marcam presença no cardápio do Maranhão. No Centro-oeste, os grandes rebanhos de gado bovino determinam os pratos de carne; convivendo com a erva-mate, a bebida chamada tererê, encontram-se peixes, aves e caças das áreas pantaneiras; também o pequi, fruta do cerrado, dá valor a vários pratos da região. No Sudeste, os centros cosmopolitas, como o Rio de Janeiro e São Paulo, revelam todos os gostos e sabores do mundo, mas mantendo cardápios que atestam o estilo de cada localidade.

As grandes imigrações do Ocidente e do Oriente nos centros urbanos brasileiros, em capitais como Rio de Janeiro e São Paulo, fazem dessas cidades também capitais gastronômicas do mundo. Aí convivem cardápios do Japão, Itália, Israel, Espanha, Portugal, Coréia, Alemanha, China, Líbano, Egito, Índia, Síria, Marrocos, Nigéria, Indonésia, Grécia, entre muitos outros povos e civilizações.

Além do que é oferecido para comer e beber, há o "como comer", objetos à mesa, formas e maneiras de servir à mesa, sobre tapetes, sobre toalhas; comer com talheres, alguns especiais, comer com a mão, tudo apontando para as diferenças e os hábitos que cada povo tem de se alimentar e, principalmente, de entender o alimento.

A feijoada de feijão-preto é comum no Rio de Janeiro e o cuscuz salgado o é em São Paulo, aí conhecido como cuscuz paulista. Minas Gerais compõe com produtos lácteos e também exibe rica doçaria, biscoitos, pães – os tão celebrados pãezinhos de queijo –, angu, couve, *ora-pro-nóbis* e outras verduras que acompanham diferentes pratos de carne de porco e milho.

Ainda no Sudeste, o Espírito Santo oferece cardápios de peixes enriquecidos de urucum, as moquecas capixabas; boa cachaça, como boas e famosas são também as mineiras.

O Sul concentra matrizes de imigrantes com as mesas italiana, alemã, polonesa e russa, entre outras. É a famosa região das carnes, das boas carnes de gado bovino e ovino, que aparecem em forma de churrasco, além dos embutidos – lingüiças e outras delícias bem temperadas, picantes, boas de comer entre um gole ou outro de chimarrão, também feito de ervas ou de um bom vinho tinto produzido na região.

Assim, cada grupo, família e casa vai continuando as tradições, querendo dizer transmissões, maneiras de dizer, pela cozinha e pelo sabor, quem é quem no mundo. A identidade nasce no que há de próprio, peculiar, diferente em cada povo, região, cidade, estado.

O respeito à diferença pelos alimentos, nem piores ou melhores e sim diferentes, faz o entendimento e o respeito a cada um de nós. Isso é cidadania. Isso é também um jeito de ser democrático.

Açúcar, tão doce, tão brasileiro

> CANA VERDE, CANA VERDE,
> CANA DO CANAVIAL;
> EU JÁ FUI MESTRE D'AÇÚCAR,
> HOJE SOU OFICIAL.
> (*Auto da marujada*, ciclo de Natal)

A ocupação econômica, política, social e cultural do Brasil acontece com um organizado processo de plantio e colheita da cana-de-açúcar, com a feitura do melado ou do mel de engenho e, finalmente, com o açúcar.

A cana-de-açúcar, ou cana sacarina, chega da Ásia pelas mãos dos mercadores muçulmanos, acompanhando assim um amplo comércio de especiarias: cravo da Índia, canela do Ceilão, pimentas secas da Índia e da África, todos enriquecendo a cozinha de Portugal e, conseqüentemente, do Brasil.

A cana sacarina e o açúcar foram afinal a grande fonte de financiamento dos descobrimentos. Em 1502 ou 1503 deu-se a introdução da cana sacarina no Brasil, vinda da Ilha da Madeira, Portugal. Em 1533 houve notícia de um engenho chamado Engenho do Governador, existente na então Capitania de Martim Afonso, no qual teria começado o fabrico de açúcar no Brasil.

> Se é certo que desde o século XVI plantou-se e moeu-se cana e fabricou-se açúcar em São Paulo – em São Vicente e noutras partes do Sul e do centro do Brasil e também do Pará – a verdade é que onde se definiu na América Portuguesa uma civilização ecologicamente do açúcar e requintadamente do doce, repita-se que foi no litoral do Nordeste, da Bahia ao Maranhão, no Rio de Janeiro, capital e depois província, como um quase Nordeste geograficamente desgarrado desse núcleo; mas sociologicamente mais vizinho ou parente dele do que São Paulo ou Minas Gerais.[4]

Contudo, notícias sobre o açúcar chegam bem antes da Idade Média. Em 327 a.C., generais de Alexandre Magno, após expedições à Índia, informam sobre um tipo de cana cujo sumo era utilizado fresco e fermentado; só depois é que o açúcar foi fabricado da cana sacarina.

---

[4] *Ibid.*, pp. 40-41.

Os árabes introduziram a cana-de-açúcar na Europa mediterrânea e há notícias de extrair açúcar, embora o valor do grama desse açúcar quase equivalesse ao do grama de ouro.

Com o açúcar tropical, especialmente o brasileiro, outros produtos dos trópicos foram dando e inserindo sabores exóticos à cozinha do reino, cozinha portuguesa, até mesmo com o uso de ovos de ema que integravam receitas em Lisboa. Os ovos chegavam do Rio do Ouro, da África.

A disseminação do açúcar na Europa se deu no século XIV e com a exportação do açúcar daqui, a partir do século XVI, ampliaram-se os ofícios de doceiros e confeiteiros. Surgiram centenas de receitas de doces, além dos muitos usos anteriores do açúcar na farmácia e nos pratos com carnes e aves.

Os conventos em Portugal e, de certa maneira, também no Brasil foram os grandes laboratórios nos experimentos de receitas, especialmente dos doces. Uma considerável lista situa bem algumas especialidades dos conventos portugueses, e algumas dessas receitas se incluem nos hábitos das casas, dos restaurantes, das confeitarias, entre outros. Doces de ovos, pastéis, folhados, manjares, sonhos, beijos-de-freira, arroz-doce, broinhas de amêndoas, pêssegos cristalizados, casadinhos, bolos-de-amor, ovos moles, queijada, bolo real, toucinho-do-céu, pão-de-ló, doce de limão, pastéis de Belém, sequilhos, pastéis de feijão...

Por exemplo, o arroz-doce ganhou no Brasil alguns acréscimos de ingredientes, ampliando sabores, mostrando que a cozinha é um permanente processo criativo, situando autorias individuais e de regiões. Arroz-doce recoberto de canela, arroz-doce com casca de limão, arroz-doce com ovos, arroz-doce com leite-de-coco, todos gostosos, sendo sobremesas, lanches que fazem este Brasil doce.

De presença muçulmana é o alfenim, massa feita de açúcar e água, construindo formas de flores, corações, pássaros. Destaca-se o fabrico de pombinhas, que representam o Divino Espírito Santo e são distribuídas por ocasião da festa goiana em Goiás Velho.

Ainda no Portugal renascentista, um prato tradicional é o da galinha com arroz, ao qual se acrescentava muito açúcar. Pode-se afirmar que, pela forte influência muçulmana na cozinha portuguesa transmitida para o Brasil, o açúcar é um dos mais notáveis e indispensáveis ingredientes.

As frutas nativas e as exóticas – frutas trazidas de outras partes do mundo –, como a manga e a jaca em forma de doce em calda, são ainda pontuadas nos seu gosto com o cravo e a canela do Oriente.

Na sua maioria, os doces "tradicionais" refletem a evidente mundialização que se deu em receitas de frutas, especiarias e no próprio açúcar.

Sem dúvida, o açúcar acompanha toda a história da formação da civilização brasileira que se deu pelo braço e pela técnica do homem africano.

Essa chegada é tão colonial como a do colono oficial português, pois o Brasil é um país decisivamente afrodescendente.

O africano dá ao Brasil um sentido especial, uma fixação de padrões, costumes, formas de representar, significar, enfim, de ser africano no momento mais crucial da diáspora que, por um período de 350 anos, arrancou da África, na condição escrava, mais de 4 milhões de homens e mulheres.

O cuscuz dos muçulmanos, os filhós ou filhoses atestam novamente a forte presença civilizadora dos filhos de Alá na Península Ibérica. Outro expressivo caso da doçaria do Sul de Portugal é o popular Dom Rodrigo – figo seco prensado com amêndoa –, homenagem ao rei visigodo Dom Rodrigo à época das primeiras invasões dos emires do Marrocos em terras portuguesas.

O doce é mais doce, tem mais açúcar. Tem gosto e sabor. Famosas são as receitas de doces, verdadeiros patrimônios de famílias que eram transmitidos como uma quase iniciação. Exemplo é a receita do bolo Sousa Leão, segredo da família Sousa Leão de Pernambuco. Tão importante era a receita, que a incluíam como um dos mais valiosos presentes de casamento.

Doce, família, receitas autorais, assinaturas e cozinhas eram territórios das senhoras no exercício doméstico de transformar o açúcar.

> O Nordeste do Brasil, pelo prestígio quatro vezes secular da sua sub-região açucareira, não só no conjunto regional, como no país inteiro, se apresenta como área brasileira por excelência do açúcar. Não só do açúcar, também área por excelência do bolo aristocrático, do doce fino, da sobremesa fidalga [...] quanto do doce, do bolo de rua, do doce e do bolo de tabuleiro, da rapadura de feira [...] boa de sa*borear* com farinha, juntando a sobremesa ao alimento de *substância*.[5]

O bolo sempre desempenhou um sentido social muito importante. É comida que marca e acompanha todos os momentos da trajetória de uma sociedade.

Em Portugal, o bolo possuía uma função indispensável à vida do reino. Representava solidariedade humana. Entre os muitos tipos de bolo figuravam o de noivado, casamento, visita de parida – mulher que recentemente teve filho, pariu –, aniversário, convalescença e demais situações. Além do bolo, uma bandeja de doces constituía-se num presente muito significativo, tanto nas relações com o rei e o clero quanto entre amigos.

---
[5] *Ibid.*, p. 33.

Até hoje, no Brasil, oferecer um doce, partilhar um bolo, um doce em calda, receita especial de família, é um importante elo que celebra encontros, festa, fortalecimento de relações. Certamente, o açúcar do doce adoça e aproxima as pessoas.

Tão gostosos e notáveis são os doces feitos em casa como os doces vendidos na rua. O saber das doceiras, dos artesãos que conhecem e trabalham com o açúcar seguem diferentes costumes e tradições.

O artesanato, o conhecimento individual e delicado de selecionar ingredientes, organizá-los e então fazer o doce, um a um, evoca a dedicação dos mosteiros medievais experimentando misturas, descobrindo novos sabores.

Milhares de brasileiros fazem doces e os vendem nas ruas, em bancas, tabuleiros, em pontos já conhecidos nas cidades, mantendo o costume de comer bolo de milho, cocada, doce de tamarindo, mingau, bolinho de estudante, entre muitas outras ofertas de viver o Oriente com os condimentos, as frutas da terra e outras, exóticas, que o consumo já fez ficar e ser da terra, ser nossas.

A feitura artesanal do doce é também uma realização estética, pois, para ser gostoso, tem de ser bonito, porque inicialmente se come com os olhos e depois se come com a boca, para afinal comer-se com o espírito.

> Perícia quase rival das rendeiras. Tais doceiras, como artistas, não consideravam completos seus doces ou bolos, sem os enfeites [...] sem assumirem formas graciosas ou simbólicas de flores, bichos, figuras humanas [...] em que as mãos das doceiras se tornassem, muito individualmente, mãos de escultoras.[6]

Cada receita é um encontro, uma descoberta, uma forma de manter um conhecimento familiar, uma experiência, pois os ingredientes,

---

[6] *Ibid.*, p. 47.

quantidades, maneiras de fazer e, certamente, a vocação da doceira compõem o ideal do bom doce.

Agora, algumas receitas para experimentar e viver os gostos gostosos e diferentes dos nossos doces.

Doce de cupuaçu

1 kg de açúcar
1 kg de polpa de cupuaçu
2 copos de água
cravo e canela

Inicialmente, faz-se uma calda com açúcar e água, acrescentando a polpa do cupuaçu e, em seguida, o cravo e a canela. O doce estará pronto quando adquirir uma cor de caramelo.

Doce de buriti

10 xícaras (de chá) de massa de buriti
10 xícaras (de chá) de açúcar
meio copo de água
cravo

Mistura-se a massa do buriti com o açúcar, depois a água, levando ao cozimento. Coloca-se cravo, para destacar o sabor e dar um aroma especial.

Doce de chouriço

2 tigelas de sangue de porco
2 tigelas de farinha de mandioca peneirada (1 kg)
calda de seis rapaduras
2 kg de banha derretida
2 colherinhas de pimenta

2 colherinhas de canela
2 colherinhas de erva-doce
2 colherinhas de cravo
1 pedacinho de gengibre
1 xícara de castanhas de caju piladas

Misturam-se os temperos e peneiram-se a farinha e o sangue; leva-se ao fogo com uma porção de calda para cozinhar. Depois de cozidos os temperos na calda, vai-se pondo uma vez calda, outra vez banha. Quando estiver quase cozido, põe-se leite de um coco. Quando estiver soltando a banha, está cozido. Colocado no prato, cobre-se com castanhas de caju assadas. É uma delícia!

Bolinho de estudante

250 g de tapioca
50 g de açúcar
50 g de coco ralado
2 xícaras de água
1 colher (de chá) de sal
1 xícara de leite
óleo
canela em pó

Misturam-se todos os ingredientes. Com a massa resultante fazem-se bolinhos, fritando-os no óleo bem quente. Após a fritura, polvilha-se com açúcar e canela em pó.

Bolo Sousa Leão

Sobre dois cocos raspados colocam-se duas xícaras de água fervendo e um pouco de sal. Abafa-se e espreme-se o líquido, o leite. Derrete-se uma colher (de sopa) de manteiga, o leite, 12 gemas, três xícaras de massa de mandioca e meio quilo de açúcar. Passa-se tudo em uma peneira e, por fim, coloca-se um punhado de castanhas de caju; vai assim para o forno.

Comida de casa, comida de rua

Em ambas as situações, na casa e na rua, come-se bem.

Há alguns costumes populares de comer na rua, comer alguns alimentos em situações especiais, já fazendo parte da paisagem de ruas, esquinas, praças, feiras, mercados e ainda aqueles que são ambulantes e anunciam suas comidas com pregões, um tipo de canto chamado de canto de trabalho, podendo ser também recitado, fazendo propaganda do que é vendido.

No Norte, nas cidades de Belém, Pará, e Manaus, Amazonas, é tradicional e muito antigo o hábito de comer o tacacá. É um prato da área amazônica, dos contextos das florestas e dos grandes rios.

Geralmente, a venda de rua do tacacá é feita por mulher, sendo ela conhecida como *tacacazeira*. A banca, o local de venda, é quase sempre em rua movimentada, em ponto já conhecido e freqüentado por fiéis apreciadores do alimento. A barraca exibe panelas de alumínio, sempre brilhando de limpas, e panos alvos, bem branquinhos, outro indício de higiene, além de cuias, muitas cuias. São os recipientes em que é servido o tacacá.

A cuia é o prato do Norte e é o fruto do coitizeiro (cardamomo da terra), também chamado de pé-de-cuia ou cuieira. Os frutos são trabalhados, alguns decorados por ranhuras que formam desenhos florais, outros são pintados e outros não têm decoração.

O tacacá é feito de tapioca ou goma, acrescentando o tucupi – sumo da mandioca –, o jambu (*Piper carsaguineum* Kunth), camarão seco, pimenta-de-cheiro – pimenta fresca que possui um leve ardor. Tudo vira um delicioso mingau, comido de pé na rua e comido de mão, pois assim é mais gostoso.

Outros locais tradicionais de comer na rua são aqueles marcados pela culinária afrodescendente. Geralmente, as baianas de acarajé;

contudo, além do acarajé, mais iguarias são oferecidas ao olhar e ao sabor do público.

São bancas, tabuleiros, também conhecidos como vendas, quitandas – termo do quimbundo, que é língua banto (de Angola e do Congo), significando lugar de vender, lugar onde são encontrados diferentes tipos de alimento.

No tabuleiro da baiana tem! Tem acarajé, abará, bolinho-de-estudante, cocada, cocada-puxa, bolo, vatapá, caruru, pimenta, molho de pimenta e molho salada. Quase tudo para compor esse verdadeiro sanduíche que é o acarajé. Uma boa e nutritiva refeição. Contudo, essa história de acarajé grande, lembrando até o pão de hambúrguer, é coisa que aparece na Segunda Guerra Mundial.

Pelos americanos disseminou-se a cultura do sanduíche, muitas vezes substituindo o almoço ou o jantar. Assim, os acarajés adaptaram-se ao chamamento do mercado e viraram *acarajebúrguer*. Certamente isso é uma brincadeira quase verdade, pois os tradicionais bolinhos de feijão fradinho, cebola e sal, tudo bem misturado e frito no azeite-de-dendê, os acarajés que ainda seguem o formato africano, são do tamanho de uma colher de sopa, garantindo boa fritura, deixando a parte externa crocante e gostosa. Alguns acarajés já têm um pouco de pimenta na massa e comem-se puros, sem nenhum tipo de recheio.

Acará é o bolinho de feijão frito, *ajé* é o verbo comer; então, *acará ajé* é "venha comer o bolinho", "bolinho para comer", em língua iorubá. O iorubá ocupa o Golfo do Benin, na África ocidental, em território da Nigéria, Benin e outros países. Grande e forte é a presença dos iorubás na vida e na cultura brasileira, especialmente na culinária à base de azeite-de-dendê.

As bancas, os tabuleiros têm público certo e fiel. No final da tarde, as ruas e praças ficam encharcadas do cheiro das frituras no azeite-de-dendê. Essa atividade, quase exclusivamente da mulher, de vender comidas afrodescendentes, relaciona-se com os *ganhos*, quando escravos eram alugados para fazer e vender comida na rua.

Os ganhos foram muito comuns no século XIX, principalmente nas cidades de Salvador, Rio de Janeiro e Recife. Eram prestações de serviços de todos os tipos. Para os homens, serviços de carregadores nas ruas, nos portos, conduzindo mercadorias variadas. O ganho feminino era o da comida. Vendiam, além dos acarajés, bolos, mingaus, angu de milho, além daquelas especialidades no comércio de fato – vísceras de boi, miúdos, queixada, pés. Eram as mulheres de gamela de fato.

Pratos como angu e pirão são moles, misturando-se na água algum tipo de farinha, sal e/ou açúcar. Alimentos que fazem encher a barriga; contudo, a qualidade do que é comida é muito relativa. Os escravos, na única refeição do dia, comiam angu de milho, frutas encontradas na ocasião, farinha de mandioca e feijão.

Alguns angus recebiam tripas e outras partes do boi e do porco que não eram usadas na culinária dos colonos portugueses. Assim, ampliavam-se sabores. Atribui-se a essa chegada de tripas e miúdos, misturados ao feijão, a possível origem da nossa feijoada. Acompanhando a farinha, sempre a farinha de mandioca.

De um pirão simples nasce, do outro lado do Atlântico, em Angola, um prato lá tradicional, o *funji*.

As vendedoras de acarajé em Salvador são hoje mais de 2 mil, compondo a Associação das Baianas de Acarajé.

Nas ruas, em diferentes lugares, convivem as vendas de pratos tradicionais, próprias das cidades e da região, com a variada oferta de muitos outros alimentos feita por ambulantes: doce de batata, doce de coco, amendoim, biscoito, sorvete, pirulito, pipoca, pamonha, sempre anunciadas pelos pregões que falam do produto e de suas qualidades.

> Amendoim torradinho,
> Tá quentinho,
> Tá quentinho.

Ou:

> Olha a pamonha de milho verde,
> Mulher bonita não paga
> Mas também não come.

Um lugar onde se encontra de tudo para comer e beber é a praia, verdadeiro restaurante a céu aberto. Amendoim cozido e torrado, sanduíche natural, coco verde gelado, pastel, empada, croquete, coxinha de galinha, limonada, mate gelado, cerveja, refrigerantes, batida, pipoca, biscoito. Surgem até os pratos orientais, como o sushi ou o arrumadinho (feijão verde coberto por farofa e carne-de-sol desfiada), delícia do Nordeste, além, evidentemente, de peixe frito, camarões, caldinhos de feijão, de sururu, de peixe, ovos de codorna, frutas *in natura* como o abacaxi, indo até os cachos de pitomba e o, umbu, entre outras delícias nativas e tropicais. São muitas as opções de comer na praia, principalmente nos finais de semana, quando o público é muito maior.

Outro exemplo chega de Campo Grande, Mato Grosso do Sul, quando, duas vezes por semana, se armam feiras para comer e vender objetos. O ponto de encontro e as opções estão em torno da cozinha japonesa, dada a forte presença imigratória da gente desse país irmão. São mesas coletivas, muitas barracas, servindo especialmente o *aquisoba* – um tipo de sopa – acompanhado de carne em forma de churrasco e mandioquinha (aipim) cozida. Essa mistura do Japão com o Sul se dá pela também forte presença de gaúchos no Centro-oeste. E assim a cozinha, a mesa e os alimentos são reveladores de histórias, de maneiras de viver e de interpretar a vida.

Comer na rua quer dizer comer fora de casa; é situação cada vez mais encontrada nas tão conhecidas e já famosas praças de alimentação dos *shoppings*. Multidões se reúnem para comer, conversar, namorar, mostrar o novo modelito, para comemorar em torno de uma bebida, de uma fatia de bolo ou torta, sorvetes, opções de comida a quilo, entre muitas e muitas outras maneiras de escolher e de comer. Maneiras mundializadas de comer.

É crescente nas cidades a cultura do fast food – comida rápida –, isso para atender à não menos cultura da pressa que caracteriza a vida e o modo de viver nos centros urbanos. Assim, lojas, cadeias de lojas internacionais impõem cardápios que são oferecidos na pressa e no clima exigidos pelas populações que transitam nas ruas. Hambúrguer, xisbúrguer, *milk-shake*, batata frita, *sundae*, entre tantas outras opções que se comem de pé, no balcão, na mesa, que, na verdade, é um apoio para a comida e não um convite ao convívio, pois há sempre muita pressa.

Contudo, convivem as vendedoras de tacacá, as baianas do acarajé, as vendas ambulantes de doces, de pipoca, com os sanduíches e outros alimentos nas lojas, nos locais de consumo nos *shoppings*, nas ruas, sempre nas ruas, criando estilos de comer e de cultivar gostos e hábitos de alimentação.

Comer em casa não é só almoçar, jantar, tomar café da manhã ou festejar aniversário, por exemplo. Há muitos hábitos que só se constroem no espaço da casa, nas condições que a casa, a cozinha da casa, é capaz de realizar, reunindo família e amigos.

Há o costume de fazer lanche, merenda, ou viver a quitanda, que é uma refeição que se integra à boa mesa de Minas Gerais. A quitanda mineira é uma farta e variada mesa de doces: ambrosia, biscoitos, sucos, leite, chá, chocolate, café e, principalmente, o pãozinho de queijo, além do famoso queijo de Minas, entre outras opções do comer bem, com calma, em torno da mesa.

Assim, na rua e na casa a comida é uma companhia obrigatória, fazendo viver receitas antigas, de muitos povos e culturas, e ao mesmo tempo criando, mundializando pratos, fazendo com que, pela boca, possamos experimentar o Brasil e o mundo.

Agora, aqui estão algumas receitas que fazem o convívio ser intenso e a mesa ser o lugar da humanização, daquele tempo da conversa, do encontro, do reencontro de amigos e conhecidos.

Pãozinho de queijo

4 copos de polvilho
1 copo de água
1 copo de leite
½ copo de óleo
1 colher (de sopa) de sal
5 ovos
2 copos de queijo de Minas, ralado

Junte a água, o óleo, o leite e o sal e leve ao fogo. Depois, o polvilho é escaldado com essa mistura. Esfrie, para, em seguida, colocar os ovos e o queijo de Minas. Com a massa são formadas bolinhas ou pãezinhos, que são assados no forno.

Ambrosia

1 kg de açúcar
6 ovos
6 gemas
1 litro de leite
canela-em-pau
cravo-da-índia
1 colher de vinagre, ou suco de limão

Misture o açúcar com o leite, levando ao fogo. Bata os ovos, juntando ao leite já açucarado. Quando a mistura ferver, adicione canela em pau, cravo-da-índia e 1 colher de vinagre ou suco de limão. O doce estará pronto quando adquirir coloração próxima ao amarelo.

Ainda marca o território da casa o arroz e tudo o que ele pode oferecer à boca.

O arroz (*Oryza sativa* L.), com suas muitas variedades, é popular no Brasil e indispensável para o asiático, que tem longa tradição de seu cultivo e uso há mais de 5 mil anos. O arroz no Brasil não pode competir com o milho e com a mandioca.

Geralmente, aqui, é acompanhamento de um prato principal. Quase sempre é cozido em água e sal, para fazer aquela base para a carne, a ave, o peixe e, certamente, para o feijão.

Também se deve aos árabes a difusão do arroz na Europa. Chamando o alimento de *arruz*, eles realizaram plantações na Espanha e no sul de Portugal. Os árabes espalharam o arroz pela costa oriental da África, bem como na Guiné, costa ocidental desse continente.

Há, ainda, um tipo de arroz americano, nativo, genericamente chamado de arroz-bravo. É o abatiapê da Amazônia; o *Oryza subulata* do Pantanal de Mato Grosso e Mato Grosso do Sul; e a *Luziola peruviana*, do Estado do Rio de Janeiro, entre outros.

Contudo, o arroz não integrava a dieta alimentar do nosso indígena, como integra e é fundamental a mandioca, consumida em diferentes formas e maneiras, incluindo as bebidas.

O arroz asiático no Brasil foi recriado em pratos com leite de coco – arroz de coco –, como também acontece com o feijão – feijão de coco –, além de soluções regionais, como o arroz de cuxá, prato nativo do Maranhão.

O cuxá é uma massa feita da folha e do fruto da vinagreira (*Begonia bahiensis*), gergelim, farinha de mandioca, pimenta, camarão seco e salgado, podendo ser um prato isolado, o cuxá, ou misturado com o arroz, arroz de cuxá, geralmente acompanhando peixe frito ou outra iguaria. Aliás, o arroz é o prato principal do maranhense, um verdadeiro "papa-arroz", como também chamam o potiguar, o que nasce no

Rio Grande do Norte, de "papa-gerimum" (gerimum é abóbora), ou chamam o que nasce no Estado do Rio de Janeiro de "papa-goiaba". Certamente, tais designações vêm de histórias e fatos que comprovam o consumo e o hábito desses alimentos pelas populações.

Voltando à dupla feijão e arroz, ela compõe milhões de pratos consumidos diariamente pelo brasileiro. Um exemplo é o chamado "prato feito", que é o prato pronto, oferecido já armado ou montado, em bares, restaurantes, vendas ambulantes nas ruas. Como uma solução do cardápio popular, o prato feito tem por base feijão e arroz, podendo receber uma variedade de complementos, como a carne, a ave, o peixe, o ovo frito, a farofa, etc.

A montagem do prato feito segue uma ordem e uma estética. Primeiro o feijão, por cima o arroz, ou então uma variação: o feijão com farinha de mandioca, o arroz por cima, depois a carne ou outro complemento, fazendo assim o prato, o "prato feito".

Eis algumas entre as muitas opções de receita que têm no arroz e no feijão seus mais importantes componentes:

Arroz de carreteiro

900 g de charque (ou carne-seca)
4 cebolas
3 colheres (de sopa) de óleo
1 litro de água
750 g de arroz
3 dentes de alho

Cozinhe o charque em cubos graúdos, trocando a água e continuando o processo. Em seguida, faça um refogado com a cebola, óleo e alho. Com a água retirada do charque, o arroz é cozido, juntando o refogado. Assim, está pronto o arroz de carreteiro.

É arroz para fazer na estrada, no acampamento, sendo um prato próximo do feijão à tropeiro.

Carreteiro, aquele que conduz carreta – um tipo de carroça, coberta ou não de tecido – por tração animal.

É prato de viajante, para ser feito nas condições de cozinhas improvisadas ao ar livre.

Arroz de hauçá

600 g de arroz
200 g de charque (ou carne-seca)
1 colher (de sopa) de óleo
2 cebolas

Coloque o charque em tirinhas para cozinhar, retirando assim o sal excedente da carne. Em seguida, refogue as cebolas no óleo, acrescentando o charque e o arroz.

Em outras receitas do arroz de hauçá, acrescentam-se camarões secos e defumados, incluindo um molho feito de azeite-de-dendê e pimentas. Nesse caso, é servido feito cuscuz muçulmano: enforma-se o arroz e, no centro, retira-se uma quantidade, onde é colocado o molho. Deve-se comer cada porção do arroz que é tocado no molho e, em seguida, saborear.

O hauçá significa grupo afro-islâmico, muçulmano, na Bahia.

Comer com os olhos

Come-se de garfo e faca, de colher, de mão, de canudo, no cartucho de papel, de *hashi*, para os orientais; come-se ainda com os olhos, com o corpo inteiro, com o espírito. Come-se no prato, na travessa, na cuia, no alguidar, na folha, na palha, na gamela de madeira; come-se sobre toalhas, esteiras; na mesa, no chão, no colo, de pé; na panela, no tacho, raspando o que ficar de massa, de fritura, de refogado, geralmente com um sabor todo especial da transgressão, que é sabor especial e único. Pois comer é uma ação muito maior do que simplesmente ingerir sais minerais, lipídios, glicídios, entre outros componentes, para nutrir e promover metabolismo.

O desejo, o sonho, a vontade de descobrir, de reencontrar, de simbolizar por meio de uma comida ou por um elemento da composição estética da comida, traz lembranças, memórias, referências as mais pessoais e íntimas.

Então a comida pode significar o tema do desejo: merengue com creme chantili, bomba de chocolate, sorvete duplo com caldas de morango e de caramelo, brigadeiro, profiteroles, ou mesmo o franguinho no espeto, gotejando gordura no forno-vitrine de padaria, fazem, entre muitos e muitos outros exemplos, o motivo de sonhar e de querer comer, comer comida e comer sonhos.

A busca pelo sabor ideal por meio da imagem traz o símbolo fundamental da moral cristã que é o fruto do paraíso, a maçã. Maçã primordial, fruto ancestral do desejo; fruto proibido, então, por isso duplamente desejado.

Comer com os olhos é também uma preparação, um estímulo na produção de saliva, de ficar com a boca cheia de água, de assumir até o olho grande pelo doce, pelo supersanduíche, pelo acarajé ou pelo pãozinho de queijo.

Há uma satisfação filosófica nessa refeição idealizada que ocorre com o sabor visual de comer com os olhos. É ritual que antecede o comer com a boca, para em seguida comer por inteiro, comer de emoção. Pois o ato de ingerir comida compõe e integra imaginários muito além da boca, da língua, das percepções dos paladares. Sabe-se que paladares são construções, escolhas e identificações orientadas pela cultura. Então, gostar, desejar e querer comer aquilo ou aquele ingrediente é uma motivação temperada pela história, pela sociedade, pela religiosidade, pelos papéis determinados na cultura para homens e mulheres.

A imaginação dos sabores e a experiência da comida compõem momentos de percepção e de prazer. Assim, a mais perfeita e integrada relação de homem e comida está no prazer. Matar a fome é uma mera necessidade biológica e o prazer da comida é uma conquista do homem.

Geralmente acompanham as refeições o olhar, as palavras, os textos, as louvações, as críticas, as provocações, para assim construir o ritual subjetivo e intransferível de saborear imagens. Os cenários, os contextos, os sons do lugar, as pessoas, os utensílios, a luz, as cores, os cheiros fazem a fome visual atingir momentos de culminância para então renovar e exercer o direito ao desejo.

Comer com os olhos vai além das comidas, incluindo apreciações estéticas e sexuais pelo outro.

Que boca! Que olhos! Que bíceps! Que coxa! Que barriga tanquinho! São formas de desejar, possuir ou aproximar ao tato, à boca, como se faz com um prato saboroso que deve ser compreendido, identificado e finalmente comido.

É, sem dúvida, um olhar canibal, imemorial, manifestado na fome geral pelo outro.

Também na conquista do desejo pode-se perceber que a fantasia do que comer é mais saborosa do que a própria comida, exercendo a plena conquista pelo gosto estimado, pelo gosto aguardado.

Quando da conquista da comida, anteriormente devorada pelos olhos, inicia-se um outro ritual, quase sempre íntimo, secreto, individual, que é o de ingerir o prêmio, quando se vive o gosto-gozo no corpo e no espírito.

Geralmente, a fome da imagem concentra-se nela mesma, não sendo necessário experimentar o gosto sentido do paladar, e dessa maneira a saciedade é plenamente vivida no olhar.

Comer o outro ou
Um sentimento antropofágico

Certamente, a compreensão mimética é ainda orientadora das buscas e escolhas de alimentos. Pela cor, pelo formato, pelo cheiro, pela procedência animal, vegetal, mineral e ainda humana, estão os principais caminhos de se chegar à comida.

Comer o outro não é apenas um ato de satisfação física ou de necessidade física. Comer o outro é incorporar o outro, atribuições, vocações, desejos e principalmente papéis sociais. Pois a antropofagia é um ritual de simbolização mítica e funcional do outro.

Inclui-se nesse cenário histórico a própria fome, da necessidade de comer, o que comer.

> Amki era o mais forte dos homens. Um dia sentiu fome. Chamou os meninos para irem ao mato onde, dizia, tinha uma sucuri. Já no mato, Amki mandou fazer uma grande fogueira. Depois aprisionou os meninos e os atirou na chama. Em seguida, cobriu-os de terra até ficarem prontos para saciar a fome. E levou um pedaço de carne para sua mulher. Desconfiados com a ausência dos meninos, os pais foram ao mato e descobriram o forno, com os ossos das vítimas de Amki. Então o atraíram

para uma caçada e o mataram a cacete. Ao ser esquartejado, um enxame de morcegos lhe saltou do ventre.[7]

Essa história narra um desejo pelo sangue humano, sendo, os morcegos, animais consagrados como ematófagos.

O sangue é elemento sempre celebrado como uma seiva vital. Dos imaginários ancestrais de povos milenares às nossas mesas contemporâneas provêm receitas e processos culinários à base de sangue: galinha de cabidela ou galinha ao molho pardo, sarapatel, embutidos de sangue – morcela –, doces como o chouriço feito com sangue de porco, rapadura, especiarias e castanha de caju, entre outros.

A partir do princípio de que tudo que é criado na natureza é comida, segue-se para a antropofagia.

Numa lenda dos Kaapor, um dos seus foi pendurado pelos pés e lhe deceparam a cabeça; jorrou muito sangue, naturalmente foi recolhido em um recipiente e misturado com farinha de mandioca e assim serviu de comida.

> Convém saber que entre antropofagia e canibalismo existe uma linha de separação. Enquanto que a primeira vem de uso antiqüíssimo dos primeiros homens que se nutriam de carne humana com a mesma naturalidade com que comiam uma caça ou uma pesca, o segundo é barbárie.[8]

Então, comer o outro em ritual antropofágico como opção alimentar é ritualizado e situado em momentos nos quais não apenas a fome de carne, mas a fome simbólica, une-se para marcar o ato de um humano comer, pela boca, um outro humano.

---

[7] Curt Nimuendaju, "Serente tales", em *Journal of American Folklore*, 5 (225), 1944, p. 185. Tradução livre do autor.
[8] Willy Aureli, *Os donos das chuvas* (São Paulo: Leia, 1963), p. 132.

Sabe-se que comer outro humano, não de fato antropofágico mas de sentido antropofágico, se faz na relação sexual. Em que o verbo comer é freqüentemente empregado quando um come o outro ou então quando ambos, ou mais, se comeram. A saciedade dá-se no gozo, no esperma, que é também alimento especial, muito apreciado nas culminâncias sensuais e sexuais.

Contudo, o foco é a literalidade de comer fisicamente carne, sangue e vísceras, atribuindo valores especiais a cada parte que assume então significados próprios incluídos em amplas e diversas representações da cultura.

O fantástico relato de Hans Staden sobre sua experiência para ser comido pelos tupinambás oferece uma etnografia histórica que reafirma o valor simbólico da antropofagia.

> Quando trazem para casa seus inimigos [...] enfeitam-nos com penas [...]. Dão-lhes uma mulher para os guardar e também ter relações com eles. Se ela concebe, educam a criança até ficar grande; e depois quando melhor lhes parecer matam-na a esta e a devoram [...]. Depois de morto [...] as mulheres tomam o corpo, puxam-no para o fogo, esfolam-no até ficar bem alvo e lhe enfiam um pauzinho por detrás para que nada lhe escape [...]. Depois abrem-lhe as costas, que separam do lado da frente, e repartem entre si, mas as mulheres guardam os intestinos [...] fazem uma sopa que se chama mingau, que elas e as crianças bebem.[9]

Comer o que é semelhante no âmbito da antropofagia é comer os símbolos de poder, de guerreiro, de valores perpetuados no próprio corpo; corpo marcado por partes especiais e assim detentoras de significados também especiais, como cérebro, órgãos genitais, coração –

---

[9] Hans Staden, *Viagem ao Brasil* (São Paulo: Martin Claret, 2007), pp. 159-160, 164-165.

pode-se dizer, partes mais apreciadas nos banquetes, reforçando o sentido ancestral, imemorial mimético. Se eu como o leão, terei a força do leão e assim se ampliam os significados para o corpo humano oferecido enquanto comida.

Se a fome é de carne, pura e simplesmente é canibalismo, enquanto uma ação individual e/ou coletiva. A antropofagia pode ser nova ritualização da vingança: guerreiros comendo guerreiros. É ainda a antropofagia um ritual de linhagem, de descendência, quando se comem os ancestrais para manter os valores do grupo, da família, da sociedade. Quando a antropofagia marca um rito de passagem, distinguindo o indivíduo por meio do ritual sacralizado de comer alguém, e assim é sinalizado no corpo, ganha um prêmio, marca que o aponta como um ser especial pelo ato profundamente simbólico de em determinado momento ter experimentado, segundo os preceitos da cultura, a antropofagia.

Sem dúvida, são lugares sociais ocupados na especial condição de antropófago, como de certa maneira ocorre de forma sintética e simbólica no ritual do sacrifício de Cristo, quando se partilha o sangue, o vinho e o corpo, pão ázimo, hóstia, todos unidos nos mesmos princípios por serem comedores de corpos, de homens e de deuses.

Os comedores de terra

> [...] ENQUANTO AS GROSSEIRAS FIGURAS DE BARRO DOS BAKAIRI, LONGE DE SEREM, COMO PRIMEIRO SUPÚNHAMOS, BRINQUEDOS DE CRIANÇA, ERAM PARA SE COMER COMO OS DOCES A QUE NOSSOS CONFEITEIROS DÃO FIGURAS ANÁLOGAS [...].
> (Paula Ehrenreich, *A segunda expedição alemã ao Rio de Janeiro*)

Comer terra, barro, caulim é procedimento geral, recorrente para as necessidades de certos componentes na alimentação. Uma busca pelo sal, pelos sais minerais, aliando-se aos fatores culturais, simbólicos, que incluem a geofagia como um momento ou uma atitude integrada ao gênero, rito de passagem; religiosidade, entre tantos outros motivos.

Mulheres grávidas são famosas pelos pedidos, chamados "desejos", dos alimentos ou combinações de alimentos inicialmente estranhos, incomuns. Entre esses está o de comer terra, raspas de tijolo com água, raspas de tijolo com farinha de mandioca. Há um sentimento ou quem sabe instinto, que impõe sobrevivência, de complementar dieta alimentar, de preservar a vida, de preservar a espécie.

Mulher grávida com os artifícios das misturas – feijão com abacate; sorvete com carne-seca; batata frita e bolo de fubá de milho; ou mesmo terra, barro – expõe certa sabedoria de preservação, de busca simbolizada de nutrientes necessários a si e à criança que gera, alimentada pela permanente boca provedora da mãe.

A relação da mãe que alimenta persiste por todo o trajeto social dos povos; além de alimentar no ventre o filho, dá o leite inicial para manter a vida e na seqüência seleciona e oferece à criança o que ela vai e pode comer, iniciando-a assim na cultura; é um dos mais notáveis rituais de socialização o que se dá pela boca ou indicada para ela, o encontro entre o corpo e o mundo.

Então, unem-se alimentos às formas e nomes do corpo, pois o leite da mãe é um alimento gerado e doado do corpo.

Doces antropomorfos, como barriguinha-de-freira, olho-de-sogra, testículos-de-são-gonçalo, mamilos-de-vênus, língua-de-sogra, negobom, expõem o corpo desejado e saboroso, em ligação metafórica do doce com o tema retratado na comida. O sentido do corpo comestível está nesses exemplos de receitas conventuais portuguesas e da doçaria popular brasileira, imediatamente relacionada com temas análogos referentes a diversas partes do corpo.

Volta-se ao ideal antropofágico, que se pode chamar também de uma endogastronomia, pois na mímese do outro come-se, se autocome, mantendo o poder, não partilhando esse poder formado de atributos do próprio corpo. A auto-alimentação simbólica é uma ampliação do próprio corpo capaz de também se autonutrir. Nesse cenário profundamente ancestral, a terra, a *mãe-terra*, o solo provedor de alimentos, como também provedor é o seio da mãe, acorda imaginários, sentimentos, desejos de pertencer a um solo, um território, uma terra. Ter uma terra é o mesmo que ter a possibilidade do comer. Assim, os elos do homem com a terra reafirmam relações iniciais do mundo, da fundação e criação do mundo conforme relatos mitológicos, de diferentes povos, em que sempre os elementos terra e água se complementam e estabelecem falas de vida, de fertilidade, de continuidade dos alimentos, da preservação do próprio homem.

Então, tem-se uma relação filial de homem e terra, filho e mãe essencialmente ligados, pois o homem descende da terra, da terra boa e provedora, e por isso se alimenta de terra, alimenta-se de tudo o que a mãe pode oferecer. O homem alimenta-se corretamente da terra, come terra, come a mãe e, comendo a mãe, come a si próprio, se autodevora, realizando assim a mais sublime ação antropofágica.

Comer terra não é apenas um ato instintivo de sobreviver e suprir o corpo de nutrientes. É um ritual integrado a sofisticadas indicações de procedência mítica, dando-se esse retorno à terra pela boca, um retorno que marca intimidade e pertencimento.

> [...] no começo comiam frutas de jatobá, de buriti, madeira podre e terra [...]
> (Lenda amazônica dos parecis)

Há um sentido de fundação e de ação primordial no ato de comer terra. Pois comer terra é o ato da criação do mundo, implica um sentimento de que, ao comer a terra, se come tudo que ela é capaz de produzir, de transformar.

O homem, quando morre, é oferecido à terra e a terra come o homem.

Viajantes do século XIX, entre eles Debret, mostram máscaras de metal feitas para evitar que escravos comessem terra. Além de um hábito descrito pelos cronistas na época, muitos dos comedores de terra, devido à ingestão exagerada, acabavam morrendo por isso. Para evitar a perda da "peça", os senhores mandavam colocar tais máscaras também como um tipo de castigo. Pois comer terra assumia diferentes funções na vida dos escravos, entre essas a de matar a fome e complementar uma dieta à base de angu de farinha de milho, pirão de farinha de mandioca, quando possível banana ou um peixe seco ao sol.

Os escravos da casa, principalmente os da cozinha, eram melhor alimentados; contudo, o desejo de comer terra assumia sentido muito além dos nutrientes – buscava-se na terra um verdadeiro retorno à terra. Terra da costa, ou qualquer outra terra para viver uma outra vida.

Comer de mão

Certas comidas, pela proximidade de textura, temperatura e cheiro, só podem ser comidas "de mão". Não importa se comemos na rua, na pressa do balcão de um botequim, ou na calma quase budista em casa, sentados à mesa, na cozinha, de frente para o fogão, ou ainda em território público, na feira ou no mercado. O que verdadeiramente importa é que a ação imediata se dá da comida à boca, direta, sem talheres, atendendo a um desejo físico, sensorial e – por que não dizer? – sexual.

Na infância, quem não comeu "capitão", feito com bolo de feijão e farinha de mandioca e, ainda, um pouco de carne-seca desfiada ou mesmo uma rápida lembrança do toucinho, tudo amassado com a mão? Alguns, ainda, eram aquinhoados com uma batata frita, banquete que traz saliva à boca só de pensar.

Feito à mão e levado ao paladar com a mão, lambendo os dedos com as partes que não poderiam ser desperdiçadas, é receita que nasce da mistura e da oportunidade de reciclar, após um ou dois dias, a feijoada de feijão-preto.

Doce, quase todos, se a calda for grossa, perfumada de cravo e canela; se a fruta der consistência, deverá ser levada ao paladar sem colher ou qualquer outro instrumento que possa ser intercambiado de uma relação verdadeiramente carnal.

Quando se come de mão, dois sentimentos são dominantes: a pressa ou a calma reflexiva na identificação de cada ingrediente, cor, estética, sensações táteis, um verdadeiro exercício filosófico.

A mão é o talher primeiro, uso dos dedos, habilidades para preparar, servir e comer. Fazer a comida com a preparação do tato é uma experiência fundamental para o bom resultado gastronômico; fala-se de prazer de gosto selecionado e intencional, embora muitas das receitas clássicas tenham surgido nas trocas, nos encontros de ingredientes ocasionalmente associados ao trabalho sempre inovador e de adaptações que é o de cozinhar.

Da mão de quem faz para a mão de quem acolhe e elabora no jeito próprio e especial de se relacionar com a comida, ou no que é esperado culturalmente na ação de traduzir o que é de comer.

Comer abará na folha é um costume tradicional, pois a folha de bananeira, previamente passada no fogo, adquire textura e odor próprios, embalando a massa de feijão-fradinho misturada com camarão seco defumado, sal, pimenta e azeite-de-dendê, que dá cor à comida e densidade à folha e também apóia na preservação do calor da comida. Pois abará é comido quente, recém-saído da panela que o cozinhou.

Então, comer de mão essa iguaria afrodescendente, ritual que se repete com o acarajé, o acaçá, a cocada, o bolinho de estudante, popularmente *punheta*, todos do tabuleiro da baiana, da tão celebrada Baiana de Acarajé – desde 2001, Patrimônio Nacional Brasileiro. Justíssimo!

Associada a todas as formas e intenções de manipulação, nasce a questão da higiene. Tema de total interesse necessário à saúde, necessário às regras de controle social do alimento. Louvável! Contudo, muitas fronteiras conceituais entre as maneiras de preparar, servir e consumir comida pelo caminho/processo da mão, ferramenta que é um símbolo e atestado cultural, necessitam ser olhadas, relativizadas, interpretadas em contextos nos quais os procedimentos culinários são tão importantes quanto o resultado comida.

O uso ancestral da mão nas escolhas e transformações dos ingredientes, além de cumprir etapas técnicas, é um conjunto de rituais que atingem diferentes significados, sentidos e sentimentos.

Ações tecnicistas/científicas cujo parâmetro muitas vezes é o exclusivamente voltado para a regra, para os princípios da higiene total, merecem uma intermediação cultural, buscando integrar rigores da saúde com os rigores das identidades culturais.

Há uma impressão digital intransferível, personalizada na manipulação, no oferecimento e no consumo da comida. São os ingredientes que chegam da íntima relação de produto e corpo, pele, emoção, energia, sentimentos, transmitindo-se no toque humano, fundamental, autoral, doador dos mais íntimos e personalizados gostos.

lugares de comer

Mercado, umbigo do mundo

Território dos encontros é o mercado, lugar que assume sua vocação histórica de reunir, divulgar e oferecer de um todo de que se precisa para viver.

Gente que vende, que compra, que vê, que fala, mantendo jeitos e gestos de anunciar produtos com sedução própria, pois aí o ato de consumir alcança sua plena dimensão de humanidade.

Está no mercado o que a natureza oferece, o que a mão transforma em utensílio para a casa, para o corpo, tocando certamente o espírito.

Folhas e raízes para a saúde, para a liturgia dos banhos e dos defumadores. Obi (*Cola acuminata*), fruto para mascar e provar, dando energia ao corpo. Pilões, gamelas, cochos, pratos, tábuas, colheres, todos de pau; objetos de barro: moringas, potes, copos, travessas, panelas; objetos de fibras, de folhas metálicas, muitos reciclados, objetos reinventados em formatos e em usos.

Esculturas em gesso, em ferro, latão, cobre, mostrando símbolos e destinações de culto e fé. Peixe fresco, peixe seco e defumado, camarões, cereais, carnes de boi, de porco, de bode, de carneiro; vísceras, aves, frutas, farinhas, temperos; roupa, adornos para o corpo, esteiras, cestos, balaios, abanos, tantas e tantas outras ofertas de produtos que certamente seguem para as suas funções no cotidiano das casas, no efêmero das festas, no devotamento perante o sagrado em relação ao santo, ao deus, ao encantado, ao ancestral.

Bebidas e comidas confirmam o papel provedor do mercado de alimentar o corpo com feijão, arroz, carnes, farofas, pirões, frituras e o espírito de símbolos, pois o homem se alimenta principalmente de símbolos.

O mercado exibe a natureza, os dons da terra e os dons dos homens, estabelecendo diálogo entre o arcaico, a memória e a contemporaneidade.

Ir ao mercado é se atualizar, conversar, espalhar notícias, vender e trocar mercadorias em ambiente marcado de afetividade e competição, num jogo de relações que faz do comércio um exercício de ludicidade.

São Paulo e São Joaquim são dois mercados irmãos. O primeiro em Luanda, Angola, e o outro em Salvador, Bahia, Brasil.

Entre eles há identificação – nas maneiras de arrumar as mercadorias, nas posturas dos vendedores e vendedoras e, especialmente, no destino desses espaços como tradutores de lugares e pessoas.

São territórios da África e da África no Brasil e também do Brasil na África. Angola e Brasil unem-se nas águas do Atlântico em profunda identidade partilhada.

Assim, lá, em Angola, e cá, na Bahia, vivem-se nos mercados patrimônios que ajudam a construir e aproximar laços de amizade de povos e culturas.

Por um longo processo histórico foram construídos desejos comuns que se comunicam e que falam entre si; dos bantos na Bahia, untando nossa gente de dendém, que é dendê, e da Bahia para o outro lado do Atlântico, Angola, com a tão brasileira mandioca formando gostos e hábitos alimentares.

Tudo se confirma e vive no espaço do mercado, espaço de tempo próprio e de cenários sociais que envolvem e comovem o exercício imemorial do comércio.

Casa de pasto

Memórias familiares me trazem os almoços das "casas de pasto", relatos de meu pai que descrevia por observação o uso da cerveja preta, popularmente chamada na época (anos 1930) de preta barriguda, certamente pelo formato da garrafa de vidro, de longo gargalo e parte bojuda proeminente, daí barriguda!

Beber cerveja é aliás um hábito diria até louvável; o que então causava espécie era o uso da cerveja misturada a sopa, geralmente chamada sopa de entulho, herdeira de um ensopado ou cozido do dia anterior.

Pois, certamente, a cozinha nasce e se desenvolve ao sabor das oportunidades, das reinvenções de partes de outras comidas. O aproveitamento culinário é verdadeiramente o grande *chef* que sempre orientou donas de casa, cozinheiras e cozinheiros, ambulantes que vendem comida, restaurantes, e aí novamente se volta ao espaço popular híbrido entre o botequim e o armazém, no exemplo da casa de pasto.

Mesas de tampo de mármore com estrutura de madeira e pés fundidos de ferro dão um sentido estético ao uso fácil, de rápida limpeza, passando-se um pano molhado sobre o mármore e pronto. Lá se vão as migalhas de pão, os pedaços de verdura, molhos transbordantes ou mesmo vestígios da tão apreciada preta barriguda que também adocicava os sabores.

Havia ainda o valor nutricional da cerveja preta fortalecendo os alimentos como um componente para enriquecer a comida. Pois os principais usuários da casa de pasto eram trabalhadores braçais, exigindo, assim, dietas mais consistentes. Aí a estimada carne bovina, o feijão-preto, arroz, farinha de mandioca, legumes para engrossar sabores e principalmente o pão, marcando imaginários remotos, antigos, de que refeição sem pão não é refeição.

É o sentido geral de que o pão mata a fome. De que o pão é o alimento do corpo e do espírito. Certamente os pedaços de pão misturados à sopa, aliás como é normal e tradicional, ampliam a consistência do prato, oferecem um aspecto de maior substância, ainda mais quando associada de cerveja preta.

Ainda nos relatos memoriais, dizia meu pai que os freqüentadores eram senhores portugueses que de uma certa maneira, com essas refeições, relembravam pratos tradicionais de além-mar que traziam desejo da *açorda*, prato mole à base de pão e temperos, um tipo de sopa grossa, possível ancestral do vatapá.

Um banquete à beira-mar

Sol, verão, Boa Viagem. Mar tropical, os arrecifes, o Recife, águas verdes e mornas. Mais distante, um azul intenso, vez por outra uma jangada. O sol que "esbofeteia o estrangeiro", como diz Gilberto Freyre – cenário de coqueiros, morenos e morenas, sede, muita sede de água-de-coco, de cerveja. Aproximando-se o carnaval, chegam também os carros de som – trios-elétricos, melhor dizendo, orquestras elétricas –, os apelos sensoriais são muito fortes e vêm pelo som, pela imagem e principalmente pelo sabor, sabor de mar, de comer e beber à beira-mar.

De um tudo se vende em pregões de praia e alugam-se também cadeiras, barracas, chapéus. Assim, fica pronto o cenário ideal para o vinde-a-mim, o banquete à beira-mar.

Água mineral, água-de-coco, coco verde, aquele de "laminha fina" e gostosa. É uma feira que se intensifica nos finais de semana.

Crianças, homens e mulheres, todos têm alguma coisa a oferecer. São sanduíches naturais, passando pelos quibes fritos, pastéis de queijo, de carne. Vendedores convencionais de *hot-dog*, de sorvetes industrializados ou feitos em casa: de uva, de cajá, de manga, de mangaba. E ainda bolinhos de bacalhau, cocadas brancas e queimadas. Dá para almoçar e ter a sobremesa. Falta o digestivo, será?

Ir à praia é ir a um restaurante livre e dinâmico. Tem de tudo e para todos. É um autêntico restaurante-cortejo. Da areia é só olhar, acenar ou um sutil balançar de cabeça e pronto. Chegam, e como chegam, os vendedores de tudo: "amendoim cozinhado", diz um: cozinhado no leite; ovinho de codorna para acompanhar a cerveja, ou, melhor ainda, como "abrideira", um caldinho de feijão com a boa cachaça – a "branquinha"; tem também o caldinho de camarão, de peixe e, para os mais exigentes, outro vendedor oferece drinques que vão da *caipiroska* ao *cuba libre*, ou outras misturas que o momento e o equipamento de *barman* tropical pode oferecer na barraquinha das delícias de praia.

As frutas de época. Ah! As frutas de época. Sempre tradicionais, oferecidas pelo vendedor em balaios rasos que são espetáculos para os olhos, o olfato e principalmente para o gosto – dirá o estrangeiro; fascínio das cores, de um exotismo que vem do desconhecido; que exuberante o jambo branco! São cajus, mangabas, pitombas, graviolas, jambos vermelhos e outros assentados sobre suas próprias folhas ou sobre o frescor de folhas de bananeira. Esses vendedores lembram e prosseguem os "ganhos" do século XIX, das vendas ambulantes, pontuando um cenário de exuberância de luz tropical, de sensualidade que se acentua na dionisíaca e masculina cidade do Recife.

Delícias

Acarajés – uns ortodoxos e pequenos, como os que são vistos nas bancas e tabuleiros no centro do Recife, outros maiores, do tipo sanduíche Nagô, como são comuns no Salvador – recheados de vatapá, salada, camarão defumado, molho de pimenta.

O banquete é complementado com os frutos do mar. Baldes repletos de ostras, ostras servidas com limão e azeite, azeite até português. Camarões graúdos, quantidades bem arrumadas com rodelas de limão, um requinte que seduz o olhar do *gourmet* mais exigente.

Um cheiro invade e comove. Os abacaxis descascados e fincados em palitos, dispostos em pirâmides, protegidos por barracas de pano e sobre carrocinhas de madeira sedutoramente azuis, vermelhas, verdes.

E as saladas de fruta, umas cobertas com creme de leite, caldas de frutas, uma delícia para o paladar. Contudo, a imagem do abacaxi sacralizado como símbolo tropical é mais forte. Saudades do cheiro do abacaxi.

Tudo é fluente e verdadeiro nesse banquete. Come quem quer. Bebe quem quer. Contudo, é feira que circula e traz exemplos da mesa tradicional nordestina que convive com as novas e emergentes ofertas das vendas alternativas nesse salve-se-quem-puder.

Sem dúvida, o sabor da praia está no sabor do olhar, no sabor do cheirar, no sabor do comer e principalmente no sabor de saber sensivelmente perceber tudo isso na vida tropical à beira-mar.

É vivência ecológica em praia de cidade. É vivência da síntese gastronômica da cidade do Recife. E sabor de sol, de sal, de água, de sensualidade, de sexualidade, de exibição de chupar, morder, comer, lamber, mastigar, lamber os beiços.

Ah! Gostoso.

Na boca começa o coração: o estilo mineiro de comer

A cozinha é uma linguagem feito o inconsciente, em permanente atualização, reatualização, tradutora de entornos, matrizes étnicas, costumes, sociedades, indivíduos e principalmente memórias.

Convivências e conivências à mesa. Os laços e compadrios acontecem entre um gole e outro de cachaça, de vinho; entre um prato e outro. Alimento: a moeda mais usada. Assim, define a pessoa e o personagem, seu lugar social.

O sentido da casa, da interioridade da casa, dos espaços externos combinados com os internos, tem diálogos e representações marcadas no diferenciado cardápio das Minas Gerais.

O homem, esse bicho doméstico, encontrou nas relações inter-homens e ancestrais seus melhores caminhos de domesticação. As muitas mesas, temperos e ingredientes das "Gerais" bem demonstram uma cozinha personalíssima e que consegue combinar tradição com requintes só adquiridos nos rituais na cozinha, na sala, em torno dos milhos, feijões, carnes, queijos, doces e, principalmente, conversas.

Nesse diálogo criativo da cultura com o corpo/homem, a cozinha intermedia os mais profundos ícones pessoais e coletivos. Nas Gerais, cultivar os "processos e receitas" torna-se mais delicioso, talvez, do que o ato biológico e necessário da ingestão e gozo imediato no paladar, cheiro e imagem do que se come.

Há algo de comensalidade interna, em ambiente privado que apóia a construção de uma cozinha, longa, da casa, em torno do fogão; sempre café, broa de milho, pão de queijo.

A construção da cozinha se dá no tempero do humor com os entornos naturais/ecológicos e pelas permanentes trocas que alimentam relações e fortalecem papéis sociais.

Comunicação, caráter, estilo assentam-se no idioma e num mesmo patamar de valor na cozinha, nos cardápios, nos ingredientes que, transformados pelas técnicas e rituais próprios, distinguem regiões, localidades, grupos, indivíduos.

Mineiramente falando, o caráter/identidade das Gerais à mesa reflete adaptações e combinações etnoculturais genuínas desse processo antropofágico que é o da brasilidade.

Cozinhas das fazendas, sítios; espaços rurais, também urbanos na celebração do que é rural, interno, do segredo que é um sentimento geral das Gerais.

Gilberto Freyre aponta uma "colonização escoteira" nas Gerais. Colonização também de africanos nas Minas, não menos mineradores e detentores de tecnologias para fundir o ouro. Conhecimentos ancestrais, tecnologias, formas de fundir o ouro, cera polida. Minas de Togo e Gana, além-Atlântico, chegando para construir as Gerais; sem mar, contudo rica de montanhas, trilhas, caminhos, de identidades construídas e escolhidas para, somente assim, ser tão Gerais em civilização peculiar e referencial.

Ao mesmo tempo, da casa, da fazenda, do sobrado, da praça ungida pela igreja, pelo mercado – local das alianças –, as Gerais ganham reconhecimento numa tradição à moda; por isso, recebem alguns sinais de "conservadorismo", que se ampliam para "estilo mantenedor", recebendo de Gilberto Freyre uma avaliação sociológica que merece, à mineira, ser pensada e refletida. Gilberto Freyre destaca, em seu livro *Açúcar*, os movimentos sociais ocorridos em Minas Gerais como precursores de uma ampla socialização do homem colonial, privilegiando a presença africana como legitimadora e co-formadora de uma verdadeira brasilidade.

Pode-se dizer que nas Gerais os processos de transformação social e política ganham espaços conquistados e por isso próprios e exemplares para o país. É nesse humor/civilização de novo que se vê uma cozinha emblemática; cozinhas, como laboratórios que auferem os ganhos da adaptação e da recepção de vertentes migratórias e imigratórias. São cozinhas muito processadas; moles, em confronto com a carne fundamental suína, crocante, tostada, presente nos embutidos, nos torresmos, formando assim não apenas sabores, mas sentimentos nas Gerais.

Cozinhas para trabalhar o leite, fazer queijo, doces de frutas, unindo queijo e doce, uma sábia solução da mesa mineira. Exemplo é o doce em pasta de goiaba unido ao queijo branco, fresco, curado, de qualquer estilo, uma delícia.

O bem receber mineiro é inventivo, num tempo em que os angus, pirões, feijões convivem com o sacralizado pãozinho de queijo, pãezinhos para o mundo. As Gerais ganhando o mundo pela boca. Polvilho de mandioca, leite, ovos, sal, queijo e inventiva – pãezinhos de mão cheia – é a marca, *made in Minas*.

Contudo, são tantas as Gerais que convivem em tempos orientados pelas culturas singulares nesse tão globalizado final de século XX!

São os trânsitos de comidas de tropeiro, que, no amassar feijão, farinha e alguns acréscimos de gorduras e torresmo de porco, constroem alimentos adaptados às condições sociais e econômicas; também tão nobres e socializadoras são as quitandas, um quase mostruário/retrato de habilidade, variedade de tipos de doces, queijo, café, chá, chocolate, biscoitos. Biscoito, uma quase ditadura dos polvilhos.

Quitanda, palavra quimbundo, do macrogrupo banto, significando mercado.

Para a África, o mercado assume o sentido de síntese do mundo. Lá tudo se encontra, lá se pode ter acesso a tudo o que a natureza oferece – é sem dúvida o mundo simbolizado.

Quitanda no Brasil, estabelecimento comercial, imperando frutas, cereais, alguns utensílios para a casa, possibilitando uma relação de consumo mais direto, com diálogo, e assim mais humana, personalizada. Quitandeira, uma das formas de denominar a mulher que vendia comida nas ruas, nos séculos XVIII e XIX, exercendo o "ganho"; também conhecida como "negra de ganho". Trabalho público, oferecendo variedade de comidas, mostruário das habilidades culinárias, em que se marcam autorias de receitas e especialidades, notadamente os doces.

A quitanda, enquanto ritual doméstico da tradição mineira, é uma rememoração do mercado, dos tabuleiros das ruas, da diversidade de sabores, no exercício e na manutenção de receitas familiares e especialidades autorais.

É um exemplo do que a casa pode oferecer de sabores, em quantidade e em variedade. E é um verdadeiro banquete que se realiza no período da tarde, momento consagrado ao lanche, à merenda, ao chá, seguindo o costume inglês. Outro significado social da quitanda está em ser um espaço afrodescendente no candomblé. Volta-se ao sentido do mercado africano e a seus múltiplos significados.

Há um momento na liturgia da iniciação religiosa do candomblé culminando o período de confinamento do *iaô*, noviço, chamado quitanda, quitanda de iaô ou pana. É um ritual público que busca trazer novamente a pessoa iniciada ao convívio da sociedade extramuros do terreiro. Assim, o noviço retoma contato simbólico com o mundo, o que marca em especial uma seqüência de temas, incluindo a cozinha e ainda as situações do mercado, no convívio com utensílios, frutas e algumas comidas, especialmente oferecidas e comercializadas. Acontece a compra simbólica do noviço; compra marcada por princípios éticos do próprio ritual que ocorre na sua totalidade no terreiro, em espaço sagrado. É sem dúvida uma lembrança do mercado e venda de escravos.

Novamente nas Gerais, nos sertões, nos caminhos entre vales e montanhas, nas amplas cozinhas quase templos, num misto de altar/ fogão, diga-se o de lenha, celebram-se os pratos moles e demorados no fazer e certamente no comer, no partilhar tutu de feijão, couve – couve à mineira –, angu de milho, salgado e doce – e se tiver abrideira, a da boa, a "branquinha".

O vinho alegra o coração do homem e a branquinha alegra o coração, o espírito e a imaginação do homem. A cachaça é uma bebida de virtualidade espiritual e as mineiras têm uma certa vocação para essa espiritualidade.

Pinga de cabeça feita com um rigor quase monástico para o prazer de alguns eleitos. Alambiques de cobre, de produção doméstica de muitas "marcas" que ganham novos e exigentes consumidores no país e no exterior.

Para uma produção industrial e de qualidade, necessita-se de alguns cuidados com o néctar que nasce da moagem da cana-de-açúcar. Os técnicos apontam: para uma boa seleção chega-se ao *coração*, que ainda viverá em nobres tonéis de carvalho para ganhar maturidade e somente assim alcançar o destino, o copo do apreciador, buscando o que é ser mineiro pela boca, pelo paladar.

Estima-se nas Gerais existirem em torno de 8 mil alambiques, que assumem diferenciadas linhas de produção. E diferenciada é também a produção do queijo, traduzindo sabores e odores dos mais suaves aos mais fortes, podres. Ainda assim, os queijos mineiros são dos mais apreciados à mesa, formando os melhores paladares, sempre referenciando culturas e lugares do mundo.

Recolhido o leite, cabe ao queijeiro a tarefa de converter o material em formas especiais, durante os processos dias e até anos.

O queijeiro precisa fazer a separação do leite em sólidos, proteínas e gorduras, conhecidos como coalhada, e o líquido ou soro, que é essencialmente água, cumprindo assim a etapa tecnológica conhecida como coagulação.

Tantos queijos que chegam dos saberes tradicionais, de manipular leite e equipamentos trazendo antigas memórias depois reativadas em sabores e em novas referências do comer!

Queijos que identificam regiões, lugares, queijos que recebem nomes dos lugares. Queijo de Minas. Queijos frescos, queijos de pasta branca e mole, queijos de casca natural, queijos de casca lavada, queijos semiduros, tantos, gostosos, sozinhos, com pão e vinho tinto, acompanhando doces.

Também branco é o queijo de Minas, autenticado desde os finais do século XVIII, como o bom requeijão, quando se adiciona à massa a manteiga fundida. Queijo e Minas, dizem alguns, são sentimentos e identidade das Gerais.

Outro emblema da cozinha e mesa das Gerais é o franco emprego de produtos suínos.

O criatório suíno é dominante pelo que legou em produtos frescos, salgados, defumados, integrados ao feijão, arroz, fubá de milho, algumas verduras como o quiabo e mesmo na democrática convivência com galinhas ensopadas, ao molho pardo. A presença suína nessa tão gostosa e densa culinária mineira traz também imaginários mais remotos que integram comportamentos e estilos de pertencer às Gerais.

A presença da carne suína e de seus subprodutos ganha no Brasil colonial um sentido além-gastronômico.

Matar porco na frente da casa, sangrar o animal, separar vísceras, é indicar que ali se come esse tipo de carne, determinando que os moradores não são judeus. Tais procedimentos eram muito importantes nos séculos XVIII e XIX, tendo em vista ser unificado o poder da Igreja e do Estado e ser fundamental à época manifestar publicamente a fé cristã.

É também um exemplo do forte catolicismo que identifica as terras das Minas, podendo-se dizer então que a presença de variados cardápios à base de suínos é uma afirmação de fé.

Cinge a alma mineira uma ampla religiosidade que chega com a Igreja Católica e se reúne em diferentes ambientes no próprio processo da construção do que é ser mineiro.

Barroco avassalador, irmandades de homens negros e pardos; procissões fertilizadas em Corpus Christi, Semana Santa, padroeiros e oragos, alimentam um rico imaginário de fé e de devoção comunal comunicando em ladainhas, quermesses, promessas e comidas. Sim, comer e oferecer comida é marca imemorial entre o homem e o sagrado. Festejar o santo, conviver com os homens unidos pela comida, pela bebida, fortalecem e reinventam contatos que certamente chegam pela boca. Boca biológica, boca simbólica, boca geral, cultural, boca em que se integram galinha com quiabo, angu, feijão-preto, lingüiça, farofa, leitão assado, arroz e broa de milho, beiju de mandioca, canjiquinha com costela, curau, cuscuz, ora-pro-nóbis; tantos outros pratos localizados por influências/contextos dessas Gerais: de Matas do Triângulo.

Pode-se então marcar esse território de cozinhas tão densas, barrocas, que o espírito dominante desses acervos de sabores é o de que com fé eu como.

Comida amazônica

EXÍSTIA, EM ALGUM LUGAR, UM PAÍS ATRAVESSADO POR UM MAR BRANCO, CUJAS VAGAS ROLAVAM EM AREAIS DE OURO E CALHAS DE DIAMANTES. SUA CAPITAL, MANOA, ERA UMA GRANDE CIDADE CHEIA DE PALÁCIOS. ALGUNS ERAM CONSTRUÍDOS DE PEDRAS LIGADAS POR PRATA; OS TETOS ERAM FEITOS DE LÂMINAS DE OURO. PISAVA-SE SOBRE METAIS MAIS PRECIOSOS. MANOA ERA O DEPÓSITO DE TODAS AS RIQUEZAS DA TERRA. NELA, REINAVA UM HOMEM, A QUEM SE DAVA O NOME LE DORÉ, OU SEJA, EL DORADO EM ESPANHOL, PORQUE SEU CORPO ERA COBERTO DE FAÍSCAS DE OURO, ASSIM COMO O CÉU É CRAVEJADO DE ESTRELAS.

(Barão de Santa-Anna Nery, *O país das amazonas*)

Exploradores, nos séculos XVII e XVIII, que buscavam ouro no Equador e prata no México e no Peru, enfatizavam o Eldorado de Manoa, terras de encantos, de águas límpidas.

Tantas são as histórias, lendas, projeções que motivaram conquistas e desejos de descobrir, encontrar e viver a nossa Amazônia. Tais desejos continuam, em pleno século XXI, perante o maior acervo de biodiversidade do mundo. Perante florestas, botânica exuberante, fauna extensa, solo e subsolo ricos, bacias hidrográficas, rios, água doce, boa, pura – verdadeiro celeiro de vida, de inúmeras possibilidades para o Brasil, detentor desse patrimônio natural e humano, único, nacionalmente único no contexto de outros povos e nações.

Amazônia, amplo espaço físico, cultural e econômico, de características históricas, étnicas, sociais, ecológicas muito particulares.

A paisagem física da Amazônia é caracterizada pela existência de uma densa e pujante floresta que vai muito além dos limites políticos da Amazônia clássica. A rede hidrográfica, juntamente com os inúmeros lagos, constitui traço bem marcante de toda a Amazônia. Sem dúvida, um grande e diverso território de águas; uma região de águas prontas para a vida, para a fertilidade, para os alimentos nativos e outros exóticos que foram aclimatados, aculturados aos novos sistemas simbólicos que fazem o ser da gastronomia tradicional da Região Norte.

Culturas, povos que habitaram a Amazônia legaram aspectos de suas civilizações em rico acervo que fala e relata sobre os marajoaras, tapajós e maracás.

Um território em que índios, donos da terra, conviviam com árvores que pareciam tocar o céu, rios tão largos cujas margens não eram vistas, peixes imensos e mamíferos das águas, como o boto e o peixe-boi e outros seres da mitologia da floresta, parecidos com os que assustaram os navegadores portugueses nas rotas ultramarinas, em suas descobertas de caminhos e novos mercados, por onde o Ocidente dialogava e se aproximava do Oriente.

Para conhecer a região, o Norte do Brasil, a Amazônia, um dos caminhos mais verdadeiros e autenticadores dá-se pela boca, pelos sabores, pelos peixes, pelas frutas, pelos temperos saborosos de pimentas e de folhas frescas, combinando o que a generosa natureza oferece com chegadas e permanências de produtos vindos do Oriente, da África e de outros povos imigrantes, juntando, fazendo intercâmbios estéticos, de receitas, de sabores; de tecnologias do fazer e do servir ritualmente comida. Pois o ato de comer é um ato que pertence ao corpo e ao espírito.

Come-se nas casas, nas ruas, nos tabuleiros, nas feiras e mercados populares e comem-se pratos especiais nos cardápios das festas. É costume comer bem nas festas. Pois o tempo da festa vai além do cotidiano, é mágico, é contato com a ancestralidade, com memórias coletivas, com o sonho, quando a pessoa adquire o *status* de personagem.

Na Amazônia, as festas celebram as florestas, os rios, os seres fantásticos, os peixes, as aves, o cheiro das folhas, a pimenta colorida. Os ritmos e as danças unem matrizes indígenas com africanas, portuguesas não menos africanas e islâmicas, imigrantes e migrantes especialmente do Nordeste do Brasil.

Em junho vive-se um dos ciclos mais festejados do Norte. Santo Antônio, São João e São Pedro, especialmente São João, pois é tempo de *bumbá*, uma das mais fantásticas expressões do teatro popular brasileiro.

Centenas de grupos saem às ruas, nas praças, nas arenas, como em Parintins, Amazonas, onde em três noites de festival se faz uma síntese do que há na floresta. São espetáculos que unem criação, fazer e tradição étnica e popular com tecnologias do *show business*. Outros grupos continuam suas festas expressando sentimentos mais devocionais e religiosos.

O exotismo, o mistério, o diferente são traduzidos nos cardápios fartos, de sabores próprios, acrescentando sobre a caça e a pesca as carnes de gados bovino, caprino e suíno; farofas, pirões, tortas salgadas, legumes como o quiabo, por exemplo, e também o dendê, além do grande símbolo do Norte que é a mandioca (*Manihot utilissima*), da qual tudo se aproveita, sendo também o alimento mais nacional brasileiro, encontrado, consumido em todas as regiões, levando milhões de pessoas, cotidianamente, a dela fazer variados usos culinários.

Sobre a culinária indígena, o primeiro registro feito pelos portugueses se deu com a mandioca, para eles semelhante ao inhame e assim denominado por Pero Vaz Caminha, que diz o seguinte:

> [...] em cada casa se recolhiam trinta a quarenta pessoas, e que assim os achavam; e que lhes davam de comer daquela vianda, que eles tinham, a saber, muito inhame e outras sementes, que na terra há e eles comem.[10]

A alusão ao inhame dá-se pela semelhança da raiz já conhecida na África Ocidental, com a então nova, exótica para o europeu e tão nossa, brasileira, mandioca. Da mandioca se faz a farinha que acompanha tudo o que o indígena come. Tudo tem farinha, tudo comporta o "pão da terra", como também Pero Vaz Caminha chamou a nossa mandioca. De exclusividade indígena, a farinha ganha os caldos de carne e de peixe da cozinha portuguesa. Integra decisivamente o cardápio do africano no Brasil, chegando ao tão popular pirão.

A farinha de mandioca, o fumo e a cachaça feita de cana-de-açúcar chegam também ao continente africano, servindo como escambo para trazer escravos. Muitos negreiros, navios que faziam o hediondo tráfico de escravos, levaram do Brasil para a costa ocidental da África a nossa mandioca, fazendo até, em Angola, aparecer um prato muito importante, um tipo de pirão chamado de *fungi*, *afungi* ou *fungi matete*, sendo mais tarde um prato tão usual, tão popular, que passa a

---

[10] Pero Vaz de Caminha, "A carta de Pero Vaz de Caminha", disponível em http://objdigital.bn.br/Acervo_Digital/Livros_eletronicos/carta.pdf, acesso em 27-5-2008.

representar a cozinha angolana como o seu prato de maior significado e identidade, um prato nacional feito com a nossa mandioca, milenarmente usada e incluída na dieta dos nossos indígenas.

No processo indígena, a farinha de mandioca é torrada em uma ampla vasilha de barro de forma arredondada chamada *iapuna*.

Além da farinha de mandioca, outras farinhas fazem a culinária tradicional indígena, como as de peixe-seco, cará (família das dioscoreáceas), amendoim (*Arachis hypogaea*), banana (*Musa paradisiaca*) e, após o contato com o português, a farinha de arroz. E mais: inúmeros pratos confeccionados com a mandioca, desde a farinha ao suco chamado tucupi, acompanhando carnes de aves, de peixes e de gado bovino; doces em forma de bolos, tortas e como goma, acrescida de folhas e camarões em um prato muito tradicional da Amazônia que é o tacacá, servido em cuias, meias cabaças que funcionam como pratos, daí o nome: prato do Norte.

Dessa exuberante e fantástica natureza destacam-se as frutas nativas, da terra, frutas da Amazônia. O açaí e o guaraná encabeçam o elenco de frutas da Amazônia.

A castanha-do-brasil, antes conhecida como castanha-do-pará, chamada originalmente na região *nhá, yá, iniá, tocari, tucá*, é altamente valorizada na Amazônia e exportada para muitos países. Uma única castanheira é capaz de produzir em torno de 500 quilos de frutos ao ano.

As castanhas são consumidas assadas, recobertas de chocolate, utilizadas em bolos, tortas, balas e outras delícias doces. Na forma de óleo substituem a gordura animal e na de leite são tomadas com café ou empregadas no preparo de mingaus.

Outras frutas da região, como bacuri, uxi, uamari, bacaca, taperebá e cupuaçu, são consumidas *in natura* ou, como manda o costume, com farinha de mandioca.

Outra fruta emblemática da região é a banana, que assume forte significado tropical ao ser chamada genericamente de pacova e a que os colonizadores deram o nome de banana-da-terra.

A pacova, banana, do gênero *Musa*, reúne em torno de quarenta espécies, sendo as mais comuns a *Musa paradisiaca*, a *Musa sapientium* e a *Musa cavendishi*.

São muitas as frutas incluídas nos hábitos alimentares da Amazônia, nos quais convivem com as frutas nativas, da terra, e com outras exóticas, contudo já regionais em adoção, uso e emprego gastronômico. A manga, vinda da Índia, por exemplo, está presente no cotidiano das populações do Norte do Brasil, juntamente com o araçá, pitanga, caju, jambo, ginja, grumixama, ingá, biriba, camapu, camutim e outras, como a carambola, original das Ilhas Molucas, e a fruta-pão, da Indonésia. Pode-se afirmar que essas já são brasileiras e determinam cardápios não apenas do Norte, mas nas demais regiões do país.

De presença também importante no cardápio da Amazônia são as pimentas, geralmente vistosas, coloridas e sedutoras, contudo ardidas, ferozes no tempero que queima e que acompanham a maioria dos pratos salgados, quase sempre em forma de molho acrescido de outros ingredientes.

As pimentas mais utilizadas na região integram as da terra, tais como: murupi, murici, camapu, ova de aruana, carsari, pimenta-rosa, olho-de-peixe, olho-de-pomba, cajurana, de-cheiro, além da malagueta do tipo nativo e a malagueta africana, também chamada de pimenta-da-guiné, conhecida desde a Idade Média na Europa como grão-do-paraíso.

Sem dúvida, das frutas da Amazônia a de maior extensão nacional e internacional é o guaraná (*Paullinia cupana*), ao qual se atribuem propriedades miraculosas, afrodisíacas, ampliando os usos do guaraná tão conhecido dos índios brasileiros.

O processo tradicional de transformação do guaraná é atribuído aos maués do Amazonas. A massa do fruto é moldada em bastões e estes são ralados em línguas de pirarucu, que é o maior peixe de água doce do mundo, e em seguida diluídos em água, ficando assim prontos para beber.

Além do guaraná, um emblema da floresta e da Amazônia, outra fruta da região ganha consumo nacional e internacional. É o açaí (*Euterpe oleracea*), também afrodisíaco e energético, que parece assumir o valor da pujante natureza tropical, ainda com muitos mistérios a ser sensivelmente compreendidos pelos brasileiros e pelo mundo.

Os frutos processados têm variados consumos gastronômicos, iniciando-se com um prato básico da região, que é o açaí misturado com farinha de mandioca. Pode-se também acrescentar camarão seco, peixe, arroz ou mesmo açúcar, ser tomado como um suco grosso, nutritivo, e ainda como sorvete e outras combinações, pois tudo com açaí é forte, revigora. É o vigor do homem amazônico, cultivado no hábito de comer açaí.

Peixes, muitos peixes, mais de 2 mil tipos, fazem das águas dos rios da Amazônia um espaço notável de fertilidade.

Rio Amazonas, águas de viver, águas de comer; peixes conhecidos e apreciados na região como o cação tainha, gurijuba, camurupim, badejo, cherne, pratiqueira, garoupa, agulha, pacamão, anchova, pescadas branca e amarela, pacu, xaréu, camurim, acará, acará-açu, acari, apapá, anamaçá, aruanã, cangaati, cascudo, curimatã, filhote, jaraqui, mapará, itui, jatuarana, jandira, pirá-andirá, piranambu, paripitinga, piracum, piranha, tucunaré, tambaqui, tamoatá, entre tantos outros.

O gosto e o sabor da floresta estão presentes em cada prato, os muitos e diferentes ingredientes e maneiras artesanais de preparar nascem da mão e do saber das milenares culturas indígenas, determinando estilos e soluções estéticas que também orientam como servir e como consumir os alimentos.

Amazônia, celeiro e patrimônio de brasileiros, de sul-americanos, celeiro do planeta Terra. Tudo na região é exuberante e monumental. Pois se trata da maior floresta, das maiores bacias hidrográficas que devem e precisam antes de tudo ser preservadas.

Amazônia: o chão que melhor conjuga o significado do verbo viver.

4
Culinária da Bahia

Certamente a Bahia é boa de comer. Comer comida tradicional, que é preservada e que se identifica com a terra, com receitas emblemáticas incluindo azeite-de-dendê, especialmente nas culinárias do Recôncavo. Feijão e farinha de mandioca, tudo junto, misturado, marcam áreas do sertão, formando cardápios próprios de Minas Gerais e de Goiás. Contudo, há um forte imaginário de matrizes africanas que identifica o que se come e como se come na Bahia, lembrando ainda a mesa lusitana, colonial, oficial. E também o mundo, principalmente o Oriente. Assim, da Índia, da China, da Indonésia, do Ceilão chegaram frutas, especiarias, maneiras de combinar sabores, de manter e de criar receitas. E veio a cana sacarina e o açúcar.

Da terra nativa fazem-se variações sobre o que oferecem os produtos em sabores - a mandioca tem em destaque um prato tradicional conhecido como maniçoba. E são muitas as massas: puba, carimã, polvilho, farinhas, especialmente as do Recôncavo, famosas por ser muito finas, como grãos de areia da praia. Muito apreciada é a copioba, do engenho Copioba, também do Recôncavo, lugar tradicional da mandioca, do dendê e do fabrico de açúcar na Bahia.

Comidas de azeite-de-dendê	48
Doces	42
Comidas sem dendê	101
Molhos	9
Bebidas artesanais	6
Total de pratos	206

Cardápios de azeite-de-dendê ou de azeite-de-cheiro

Abará	Moqueca de camarão
Acarajé	Moqueca de carangondé
Amalá	Moqueca de carne verde
Amori	Moqueca de carne-seca
Arroz d'Auçá	Moqueca de fato
Arroz de Haussá	Moqueca de folha
Axoxó	Moqueca de maturi
Bobó de camarão	Moqueca de miolos
Caruru	Moqueca de ostra
Caruru de azedinha	Moqueca de ovos com camarão seco
Caruru de bredo	Moqueca de peixe em postas
Caruru de quioiô	Moqueca de peixe salgado
Caruru de vinagreira	Moqueca de peixes pequenos
Doboru	Moqueca de pititinga
Efó	Moqueca de pitu
Eguedé	Moqueca de siri mole
Farofa amarela	Moqueca de sururu
Farofa de azeite	Omolocum
Farofa de bamba	Peixe frito no azeite-de-cheiro
Latipá	Vatapá de bacalhau
Milho de Iemanjá	Vatapá de galinha
Moqueca de aratu	Vatapá de peixe
Moqueca de bacalhau	Xinxim de bofe
Moqueca de bebe fumo	Xinxim de galinha

Doces

Arroz-doce do sertão	Doce de leite
Baba-de-moça	Doce de leite com ovos
Bolinho de estudante	Doce de tamarindo
Bolo de aipim	Doce de tomate
Bolo de carimã	Doce de umbu
Bolo de milho	Fatias de parida
Bolo de tapioca	Jaca em compota
Bom-bocado de aipim	Jenipapo cristalizado
Caju cristalizado	Lelé de milho
Canjica	Mãe-benta
Cocada branca	Manjar
Cocada de mamão e coco	Manuê
Cocada preta	Melado
Cuscuz de milho	Mingau de carimã
Cuscuz de tapioca	Mingau de milho-verde
Doce de abacaxi	Mingau de tapioca
Doce de abóbora	Munguzá
Doce de banana em pasta	Munguzá de cortar
Doce de banana em rodelas	Pé-de-moleque
Doce de batata-doce	Quindim
Doce de caju	Rapadura

Cardápio sem azeite-de-dendê

Acaçá	Carne de porco assada em aribé
Acaçá de leite	Carne-de-sol com pirão de leite
Acaçá vermelho	Carneiro assado
Aferventado de carne de boi	Charque cozido
Almoço fresco	Cozido baiano
Andu	Dobradinha
Andu guisado	Ensopadinho de galinha
Anduzada	Ensopado de bacalhau
Angu	Ensopado de bacalhau com leite de coco
Arroz com nata	Ensopado de cabrito
Arroz de leite	Ensopado de camarão
Arroz de marisco	Ensopado de carne
Arroz-de-viúva	Ensopado de ostras
Assado de carne verde	Era peterê
Atapu com feijão	Escaldado de bacalhau
Bacalhau a martelo	Escaldado de caranguejo
Badofe	Escaldado de carne-seca
Bobó de feijão	Escaldado de ovos
Borrego estaqueado	Escaldado de peixe
Buchada de bode	Escaldado de peru
Buchada de carneiro	Farofa d'água
Cabidela de miúdos	Farofa de bode
Cabrito assado	Farofa de inhame
Caldo magro	Farofa de manteiga
Carne cozida com molho de escabeche	Farofa de sabiá

(cont.)

Cardápio sem azeite-de-dendê

Farofas feitas no prato	Miúdos de cordeiro
Feijão de azeite	Mocotó
Feijão de leite	Olubó
Feijão-de-tropeiro	Paçoca de carne-de-sol
Feijão-fradinho	Paçoca de carne-seca
Feijoada baiana	Peixe ao leite de coco
Frango assado na panela	Peixe assado no forno
Frigideira de bacalhau	Peru assado
Frigideira de camarão	Pirão de leite
Frigideira de caranguejo	Pirão de siri
Frigideira de carne	Pirão para cozido
Frigideira de ostra	Quiabada
Frigideira de siri	Quibabá
Galinha ao molho pardo	Quibebe
Galinha cozida	Quibombo
Galinha-de-parida	Quitandê
Guisado de miúdos de bode	Quizibu
Guisado de porco	Rabada
Inhame cozido	Roupa-velha
Lambreta	Sarapatel
Leitoa assada	Sopa de feijão
Malassado	Tatu ensopado
Maniçoba	Te-conheço
Mantinhas	Tripa de porco frita
Maxixada	Zorô
Meninico	

Molhos

Molho cru	Molho de pimenta e limão
Molho de acarajé	Molho Nagô
Molho de azeite e vinagre	Molho para cozido
Molho de escabeche	Molho para feijoada
Molho de lambão	

Bebidas artesanais

Aluá	Licor de gengibre
Aruá	Licor de jenipapo
Cravinho	Vinho de caju

Cuias: usos e símbolos da Amazônia

Cuias, cumbucas e cabaças

O FRUTO DO CABACEIRO, ÁRVORE DE ASPECTO SINGULAR, QUE CRESCE ISOLADO NO TRONCO OU NA PARTE NUA DOS GALHOS, É MUITO APRECIADO PELOS SELVAGENS, PORQUE SUA CASCA DURA E LEVE A UM TEMPO LHES FORNECE RECIPIENTES NATURAIS. ESSES VASILHAMES, CHAMADOS CUIAS, SÃO CONHECIDOS DE TODOS OS ÍNDIOS QUE DELES SE SERVEM PARA BEBER SEUS LICORES ESPIRITUOSOS NOS DIAS DE FESTAS. POR ISSO MESMO SE APLICAM OS SELVAGENS EM EMBELEZÁ-LOS, OU POR MEIO DE DESENHOS BRANCOS TRAÇADOS COM UMA PONTA SOBRE FUNDO COLORIDO OU POR MEIO DE ENFEITES MAIS COMPLICADOS, CUJOS DETALHES SE PINTAM DE DIFERENTES CORES.
PARA OBTER O FUNDO PRETO EMBEBEM DE RESINA O LUGAR QUE DESEJAM TINGIR E O ESFREGAM COM UM PEDAÇO DE CARVÃO AINDA QUENTE; PARA DAR O POLIMENTO FRICCIONAM FORTEMENTE COM UMA ESPÁTULA LISA DE MADEIRA MUITO DURA, O QUE PROVOCA UM BRILHO INALTERÁVEL.

(Jean Baptiste Debret, *Viagem pitoresca e histórica ao* Brasil)

À descrição da cuia feita por Debret, o tão conhecido documentarista de costumes e cenas da vida colonial brasileira, alia-se uma expressiva aquarela chamada pelo autor *Le calabassier*, na obra *Viagem pitoresca e histórica ao Brasil* (século XIX), apontando para o interesse diante de uma das manifestações artesanais mais marcantes do Norte do Brasil que é a cuia, e para os diferentes processos de sua decoração e uso, especialmente na culinária.

Embora marque a Amazônia como símbolo do Norte, o uso de meias cabaças é de ocorrência nacional, interagindo no cotidiano de milhões de brasileiros.

De origem botânica, no cuieiro (*Crescentia cujet*, Linn) o fruto é utensílio, prato, copo para uso nas cozinhas e mesas e ainda para conter farinha de mandioca, água, frutas, temperos, molhos de pimenta, açaí, mingaus de milho e de pacova; para vender e consumir tacacá; para beber cachaça; para o banho de ervas aromáticas e também mágicas; para os rituais dos terreiros afrodescendentes, entre tantas outras maneiras de servir e de integrar os objetos da casa, do mercado, da feira, da festa, sendo um dos mais verdadeiros símbolos da identidade cultural brasileira.

Há ainda o porongo, cabaça usada para beber o chimarrão no Sul do Brasil; meias cabaças para tantos outros usos na culinária, como objetos decorativos ou simplesmente para pegar água nas cacimbas do Nordeste.

Como instrumento musical tem-se a cabaça, ague ou piano-de-cuia, fruto do cabaceiro recoberto por uma rede de contas, búzios ou sementes, também conhecido como afoxé, percussão tradicional afrodescendente. O *afoxé* é instrumento que designa um cortejo de rua no carnaval, assim chamado especialmente na Bahia.

Cuias, cumbucas, cuiambucas, cabaças, cuités funcionam na vida brasileira de maneira utilitária, em especial no Pará. Significam também objetos de valor artístico, assumindo diferentes tendências estéticas, passando dos elementos barrocos, pela policromia de cenas regionais, e indo até as cuias apenas lixadas e laqueadas. As cuias atestam diferentes processos e contatos de uso e de expressão criativa de europeus, africanos, e marcam sempre um imaginário amazônico, caboclo, próprio da terra.[11]

Unem-se as cuias aos demais objetos de um artesanato fundado na floresta: cestos, peneiras, paneiros, objetos de cheiro com o emprego do patichuli; brinquedos, esculturas e utensílios de madeira, entre muitos outros materiais que, interpretados pelas culturas do Norte, são reveladores do homem da região.

Meia-cabaça, um símbolo ancestral

A meia-cabaça, fruta que revela forma arredondada, é comum em diferentes povos e culturas, representando significados sobre unidade e solidariedade.

É recorrente de um imaginário arcaico e por isso ancestral, sendo ainda fundador por relembrar mitos da gênese do mundo e dos homens.

O desenho circular da meia-cabaça é essencialmente feminino, identificando ventre volumoso, fertilidade, nascimento e assim continuidade da vida e da espécie humana.

---

[11] Fala-se de um imaginário sobre cabaças; contudo, a cabaça específica da categoria cuia do Norte é a originária da cuieira, embora Debret se refira ao cabaceiro. Contudo, do cabaceiro chegam também muitos outros objetos, conforme atestam os usos de cunho nacional desse fruto (*Lagenaria vulgaris*), também conhecido como cabaceiro-amargoso, fruto da África, da Abissínia (hoje Etiópia), também encontrado na Índia, perfeitamente abrasileirado como muitas outras espécies exóticas – a manga, a jaca e o coco verde, entre outros.

Ainda sobre o desenho circular vêem-se permanências em plantas arquitetônicas, em diferentes ocupações espaciais, nas coreografias de danças de roda, na formação de grupos de mando e de poder hierárquico, na forma de muitos utensílios de barro, madeira, fibras naturais, metal, nas pinturas corporais, unindo-se todas essas linguagens ao ideário dos contatos de homens entre homens e de homens com os deuses.

A meia-cabaça, em muitos rituais religiosos, especialmente os afrodescendentes, é um objeto que fala com o mundo dos deuses, dos orixás, e com o mundo dos antepassados.

Nos rituais de iniciação e nos rituais fúnebres dos terreiros na Bahia, Pernambuco e Maranhão, as meias-cabaças funcionam e atestam seus significados de união e de identificação com os sentidos mais fundamentais da vida e da morte, segundo critérios e preceitos religiosos que mantêm a unidade social, ética, moral das comunidades.

É comum usar a meia-cabaça para portar água e assim se marca um importante território simbólico de origem imemorial do nascimento. Pois a água significa vida, fertilidade e contato com origens remotas de um imaginário sempre dinâmico, que é o das religiões populares.

Também nos povos indígenas as meias-cabaças servem para conter pigmentos naturais, misturas de folhas, dos mais variados usos para a vida cotidiana e especialmente para a vida religiosa episódica e ritual.

A meia-cabaça é utensílio, é objeto sagrado, compõe indumentárias e refere-se aos conceitos mais antigos de utilização de formas da natureza pelo homem, no ideal de transformar e, assim, de fazer cultura.

Na mitologia iorubá, vê-se nas roupas rituais do orixá Exu, o comunicador e intermediador dos orixás, dos ancestrais e dos homens, o aparecimento de meias-cabaças, juntamente com tiras de couro, búzios, contas e outros materiais.

O forte significado da circularidade presente e constituinte do imaginário mitológico e cultural em torno da meia-cabaça está nos momentos mais marcantes de iniciações religiosas, rituais de oferecimento de comida, na guarda de alimentos, na formação de indumentárias, agregando-se a muitos outros objetos e contudo marcando sempre o símbolo que une a vida, a morte e a permanência dos contatos de homens e deuses.

O desenho circular é o desenho mais comum entre os povos e até hoje seus significados são reconhecidos e interpretados pelas culturas do mundo, valorizando a tradição e ao mesmo tempo assumindo diálogos com a contemporaneidade.

Notícias sobre as cuias

Alexandre Rodrigues Ferreira, na obra *Viagem filosófica pelas capitanias do Grão-Pará, Rio Negro, Mato Grosso e Cuiabá* (1786), se dedica, no tema memória, a um precioso relato sobre a cuia e as maneiras de produzi-la em Santarém, no Pará.

Além de estudos e iconografia, o autor coletou um conjunto de cuias que se encontram no acervo do Laboratório Etnológico da Universidade de Coimbra, em Portugal. Assim se refere ao conjunto: "Sobre as cuias que fazem as índias de Monte Alegre e de Santarém para ser apensas às amostras que remeti [...] n. 1 da primeira remessa".[12]

Certamente está em *Viagem filosófica* o primeiro estudo e documentação das cuias do Norte, detalhando o tema em etnografias que hoje ganham também significados históricos.

> A matéria, de que as índias fazem as cuias, é o fruto da árvore, que elas chamam... cuia inha, e os portugueses... cuieira. A cuieira, quase todo o

---

[12] Manuscritos organizados por Eduardo Galvão e Carlos A. Moreira Neto.

ano dá fruto; gasta dois meses para amadurecer, que é quando o recolhem. O sinal de que está maduro é quando, batido o fundo com as costas de uma faca, ele tine; isto é, como a casca adquire, pela madurez, uma consistência lenhosa, produz aquele som. Daqui vem que nas cuieiras se observam muitas vezes os frutos com alguns regos cicatrizados na casca mais exterior, procedidos das tentativas práticas que lhes fizeram. Uma boa cuieira chega a dar por ano 120 até 130 frutos, que vem a ser 260 cuias, partido cada fruto em duas metades. Planta-se ou de semente ou de estaca. No primeiro caso, necessita de passar cinco anos para frutificar; no segundo, bastam três. Cresce tanto nas varjas como nas terras firmes, e uma particularidade tem que, ainda que seja queimada, arrebenta de novo, vegeta e frutifica como d'antes. É árvore, esta, já há muito conhecida dos naturalistas, e se acha no sistema de Lineu com o nome de *Crescentia Cuyeté*.[13]

Destaco ainda no relato de Alexandre Rodrigues Ferreira a etapa tecnológica das pinturas e incisos sobre as cuias:

Seguem-se as tintas, que quotidianamente as preparam, sem as deixarem de um para outro dia; são o curi, a tabatinga, o tauá, o anil e o urucu; todas são purificadas antes de servirem e dispostas em pães, que outra vez desmancham em água, para as misturarem com outros símplices, a saber: o curi com o suco da semente do urucu, a tabatinga com o da raiz do algodoeiro, o anil com a tabatinga. O urucu é tirado da árvore e logo lavado no cumati. Tanto esta, como as outras tintas, são passadas e coadas por algodão descaroçado. Quando não há outra cor semelhante à que tem a ocra de ferro depois de queimada, queimam o tauá, que é a mesma ocra. As tigelas das tintas em que molham os

---

[13] "Viagem filosófica pelas capitanias do Grão-Pará, Rio Negro, Mato Grosso e Cuiabá", em *Memórias: antropologia*, vol. 2, tomo 2 (Rio de Janeiro: Conselho Federal de Cultura, 1974), p. 35.

pincéis são as coxas e as pernas. Com as saias levantadas até aquela altura estão pintando as suas cuias, as que são mais bisonhas; as mais polidas, porém, servem-se das folhas de mamona, por outro nome carrapato, no sistema de Lineu... Ricinus, e nelas têm as tinas, em que molham os pincéis. Eles são de várias qualidades; uns de pluma de saracura, outros de jacami e outros do acará garça branco. Além dos pincéis, usam de uns estiletes pontiagudos, para pontearem o ornato das rendas, que fingem, e para isso servem os espinhos do jamacaru (cacto) e outros que fazem da palmeira patauá.[14]

O texto do viajante português detalha de maneira sensível alguns elementos estéticos e simbólicos da cuia, ampliando assim formas artísticas e interpretações desse tipo de utensílio tão importante para os povos da Amazônia:

As cuias são os pratos, os copos e toda a baixela dos índios. Cada um tem em sua casa uma delas reservada para dar a beber, ou água, ou os seus vinhos ao Principal, quando o visita, ou casualmente, ou em algum dia de convite. Consiste o distintivo dela em ser ornada de algum búzio, seguro por uma bola de cera, toda cravada de miçanga, e sua muiraquitã, em cima, que lhe serve de asa em que pega o Principal.[15]

No amplo e diverso processo da produção de cuias, diferentes tipos foram ganhando valores criativos e ao mesmo tempo históricos. Contudo, um tipo prevalece e é o da cuia lixada, mantendo a coloração do fruto, ou então a cuia laqueada, muito popular e comum na comercialização em feiras e mercados da área amazônica.

A identificação da cuia mais tradicional é a de coloração negra, também chamada de cuia laqueada. A cuia é totalmente negra ou

---

[14] *Ibid.*, pp. 37-38.
[15] *Ibid.*, p. 38.

então se apresenta com uma borda dessa cor e o restante é lixado, mantendo a textura do fruto.

O trabalho artesanal da cuia, no que se refere ao processo de laqueação, segue as mesmas características descritas no relato histórico de Alexandre Rodrigues Ferreira.

> [...] E nela é que molham as mãos, para molharem as cuias pulverizadas da tisna, à proporção que se enxugam ao sol. Uma cautela praticam, antes de pegarem nelas, que é a de lavarem as mãos com a água em que infundem a raiz chamada jipioca, a qual lhes serve de sabão, para evitarem as imperfeições da pintura, se recaísse sobre um fundo menos limpo. Já a um canto da casa se tem alastrado uma camada de areia, bem repassada de urina choca. Nela se abrem tantas covas do tamanho e figura das cuias, quantas elas são; sobre elas as deitam, primeiro de boca para baixo, e assim as conservam por duas horas, e depois de costas. Serve o vapor alcalino da urina para fixar mais o fundo preto e lustrar o verniz do cumati.
> Chamam a isto as índias, ir à puçanga. Quando as tiram dela, pela primeira vez, espalham-nas pelo chão, coisa de meio dia, até perderem o fortum da urina; lavam-nas com a água da jipioca e põem-nas de boca para baixo, a escorrerem. Enxutas que estejam, outra vez lhes dão com o cumati, de modo que cuia enxuta, cuia molhada pelo mesmo tempo de meio dia, e depois volta para a puçanga da urina. Todas estas operações se repetem por quatro até cinco dias, isto é, de manhã e de tarde, até adquirirem o lustro que tem o fundo preto.[16]

---

[16] *Ibid.*, p. 37.

A estética das cuias

As cuias apresentam-se em diferentes tipos e tamanhos, distinguindo-se pelos elementos decorativos que assim identificam tendências estéticas e também indicam usos nas casas, nas cozinhas, entre outros locais.

São lixadas, laqueadas ou então, sobre essas superfícies já preparadas, vêem-se incisos e pinturas que geralmente tratam de temas da região, da fauna e flora amazônica.

As cuias trabalhadas com incisos são chamadas de "cuias bordadas", exibindo desenhos que fixam um barroco contemporâneo e popular. O termo bordado remete-se às tecnologias dos bordados sobre tecidos e técnicas afins como o crivo, o labirinto e o *richelieu*, ou mesmo à renda renascença ou irlandesa, todos seguindo desenhos que se aproximam de um amplo e rico imaginário barroco.

Certamente, a convivência nas igrejas, diante da azulejaria, das esculturas em madeira dos santos, anjos, frutas, sereias, aves, figuras fantásticas, une-se aos motivos e interpretações dos entornos da floresta, dos rios e também de um amplo e diverso imaginário das culturas indígenas da região.

Os bordados falam ainda formalmente com a talha dourada dos altares dos séculos XVII e XVIII, com a prata repuxada das alfaias das igrejas, pois, sem dúvida, vive-se um mesmo e intenso imaginário que circula nos rituais das missas, nas ruas, com as procissões e demais festas religiosas.

Sob um suporte nativo, a cuia tratada pela tradição e costume indígena recebe acréscimos por incisos, desenhos que recuperam e ao mesmo tempo identificam um Portugal barroco que em alguns casos se amplia com tinta dourada sobre a matéria – fruto –, geralmente escurecida.

Os motivos florais assumem os mesmos movimentos de um amplo e rico acervo da arte sacra católica e sua fixação além do tempo, repetida até hoje, por isso contemporânea, fazendo viver um barroco popular que identifica um tipo de cuia comercializada no mercado paraense Ver-o-Peso, de Belém, e no mercado amazonense de Manaus, entre muitos outros locais na região e em lojas de artesanato do país.

Nesses contextos do Norte os temas regionais são também interpretados por pinturas que têm estilo descritivo e estão nas paredes de bares, restaurantes, nas barracas das feiras, nos "lameiros" dos caminhões, tratando de paisagens e cenas que ainda combinam motivos amazônicos, também fixados sobre as cuias, seguindo as mesmas técnicas de pintura a óleo.

Não apenas nas cuias, mas em um mais abrangente imaginário tradicional e popular, vê-se e vive-se um barroco permanentemente interpretado e incorporado aos diferentes materiais e usos cotidianos e episódicos, como nas festas e demais celebrações coletivas.

No auto dramático do boi, especialmente no Maranhão, conhecido como bumbá ou bumba-boi, o personagem-tema, o boi, apresenta-se em fantástica e elaborada montagem de madeira que é recoberta pelo "couro" – tecido de veludo negro bordado e rebordado com miçangas, lantejoulas e canutilhos, mostrando imagens dos santos festejados no ciclo festivo: São João e São Pedro, além de outros temas que remetem à flora e à fauna locais.

O couro é um dos exemplos mais notáveis do "luxo popular", manifestando desejo e profunda identificação com esse barroco dominante em muitas expressões de domínio e de circuito tradicional, especialmente no Nordeste e no Norte.

Ainda se pode destacar, nas formas tradicionais de outros autos e danças populares, as indumentárias elaboradas e reveladoras de um barroco fixado no desejo permanente da festa, exibindo, nas ruas, nas praças e nos adros, sentimentos quase devocionais de um barroco revisitado por novos materiais, alguns até mesmo reciclados.

Outra vertente estética que caracteriza as cuias é a que integra, por incisos, iconografia indígena, trazendo desenhos que estão na cerâmica, na pintura corporal, na pintura sobre madeira, nos trançados de fibras naturais, na plumária, valorizando as culturas nativas e marcando territórios de identidade com a Amazônia.

Assim, a região de Santarém, no Pará, se destaca não apenas como um importante pólo de produção de cuias, mas por legar uma cerâmica arqueológica, datada de 1000 a 1500 a.C., na qual os novos artistas vêm recuperar os desenhos ou interpretar de maneira criativa modelos, formas e manter os incisos de tendência geometrizada, expressando alta sofisticação artística, transmitindo pelas meias-cabaças esse rico e fundamental imaginário das culturas indígenas.

> A cerâmica de Santarém tem como característica marcante a sua modelagem, que para alguns é rebuscada e lembra o estilo barroco.[17]

Vê-se como é importante o fruto da cuieira como base e suporte para tantas e distintas interpretações da Amazônia, da sua arqueologia, ecologia e demais expressões regionais do Norte, especialmente do Pará.

Para melhor compreensão dos processos tecnológicos e estéticos, pode-se classificar a produção das cuias segundo critérios etno-estéticos.

Uma classificação das cuias conforme elementos estéticos, certamente indicando usos cotidianos em festas ou como objetos de uso decorativo, pode ser esta:

---

[17] Meggers & Evans, *apud* Heliana Brito Franco, "Artesanato paraense: tradição e expressão de uma cultura", em *Nosso Pará*, nº 4, Belém, setembro de 1997, p. 69.

1. cuia lixada;
2. cuia lixada e laqueada;
3. cuia laqueada;
4. cuia laqueada e acrescida de desenhos por incisos e bordados, com temas étnicos indígenas da Amazônia;
5. cuia laqueada e acrescida de desenhos por incisos e pinturas;
6. cuia laqueada e pintada, policromia que exibe motivos da fauna e da flora amazônica.

Cuias de Santarém

Notáveis são as cuias produzidas pelo artesanato tradicional de Santarém. Notáveis pela técnica e pela estética, que convivem com os motivos tradicionais relatados por Alexandre Rodrigues Ferreira e com outros motivos emergentes, revelando um imaginário descritivo e de características ecológicas.

Contudo, as cuias se incluem na produção do artesanato/arte popular do Pará que reúne muitas outras formas, materiais e objetos em diálogo com a expressiva estética amazônica.

O fruto da cuieira é um elemento tão patrimonial como as expressões da cerâmica arqueológica da região, singularizando Santarém como a localidade da "arte das cuias".

> O tamanho dessas interessantes vasilhas varia de acordo com a aplicação que se tem em vista. Vemo-las desde o tamanho da metade de um ovo de galinha, cortado pelo eixo maior, até as de meio metro de diâmetro, elipsóides, que são utilizadas para guardar farinha. De permeio há as dos mais diversos diâmetros, usadas para se tomar as bebidas regionais: tacacá, açaí, mingau de milho, ou simplesmente água. Seu emprego como objeto de adorno dentro de casa é comuníssimo em

todo o Vale, enfeitando as paredes, com belo efeito decorativo, a parte convexa, pintada, colorindo festivamente o ambiente.[18]

Assim, as cuias integram-se em um amplo e variado artesanato regional marcado pelas ofertas de matérias-primas da Amazônia.

Os trançados em fibras naturais são uma longa e importante tradição do artesanato do Pará, destacando-se a fibra da palmeira tucumã, da juta, da jupati e do tururi, que resultam em cestas, bolsas, chapéus e peneiras.

Ainda da região de Santarém, situado na região do médio Amazonas paraense, local originário da importante cerâmica dos tapajós, na confluência dos rios Tapajós e Amazonas, vê-se o artesanato de objetos feitos de patichuli, geralmente acrescidos de plumária.

No artesanato do Pará destacam-se também os brinquedos e figuras da floresta feitos de miriti, madeira que é entalhada e policromada na construção de brinquedos por ocasião do Círio de Nazaré, produção voltada para o tempo da festa, quando se vêem nas ruas de Belém as chamadas árvores de brinquedos, verdadeiras instalações que marcam e identificam a maior celebração religiosa da Amazônia.

Outro material específico da região é a balata, árvore da família das *Sapotaceas*, sendo seu principal produto o látex, uma opção para a borracha extraída da seringueira.

As peças artesanais de balata são confeccionadas com o aquecimento das *pelas*, blocos de látex, mantendo processo tradicional e resultando em figuras de temática local, quase sempre animais da floresta.

Além do mencionado artesanato de brinquedos de miriti, é grande a variedade de madeiras na região, um verdadeiro celeiro, destacando-

---

[18] Adelino Brandão, "As cuias de Santarém", em *Recortes de Folclore*, s/nº, Araçatuba, 1956, p. 81.

se assim o trabalho do Instituto de Pesquisas da Amazônia, que identificou e sistematizou 117 espécies; contudo, para os trabalhos de entalhe, as preferidas são o pau-roxo, o angelim-rajado e o acapu, entre outras.

Há ainda o artesanato dos "cheiros do Pará", produção que traduz a variedade de espécies botânicas da Amazônia e seus usos para perfumar pessoas e ambientes.

No caso do Pará, os cheiros são característicos das festas juninas, especialmente na noite de São João. O muito conhecido "banho de cheiro cheiroso", reunião de variadas folhas e água, que se destina ao uso cerimonial das ervas de São João, mantém lembranças de um Portugal tradicional voltado para os mistérios do santo popular, também relacionado com o fogo do céu e das fogueiras na terra.

Voltando ao artesanato dos cheiros integrados em diferentes produtos, esses geralmente são miniaturas de utilitários em trançados de fibras naturais. O *cheiro* é uma reunião de macacaporanga, japana, cumaru, pataqueira, manjerona, mucuracá e patichuli, entre outras ervas aromáticas.

É, sem dúvida, a celebração dos cheiros da floresta, de um ideário tropical, de ecologia exuberante, atestadores do Norte, marcas sensíveis da Amazônia.

Assim, nesses entornos da vida e da natureza convivem tecnologias e materiais que têm imediata identificação com a floresta.

Objeto-fruto, a cuia traduz e simboliza culturas, povos e um amplo ideário de tropicalidade e de biodiversidade da floresta amazônica.

Gastronomia

Na condição de objeto e utilitário da cozinha amazônica, a cuia é indispensável, especialmente a do Pará.

Mingau de pacova

Seis bananas compridas e maduras. Bata com água no liquidificador e em seguida, em uma panela, leve ao fogo por 10 minutos. Junte a tapioca, adoçando com açúcar. Sirva em cuias, se quiser adicionando canela para apurar o gosto desse prato tradicional do Norte.

Tacacá

Certamente, a grande celebração da cuia está no consumo do tacacá, tanto nas ruas e nas bancas como nas casas.
500 g de tapioca (goma)
2 litros de tucupi
3 maços de jambu
800 g de camarão seco
3 pimentas de cheiro
sal
alho
1 maço de chicória
1 maço de alfavaca

Descasque o camarão e em seguida coloque o tucupi para cozinhar por 40 minutos, acrescentando sal, chicória, alho e alfavaca. O jambu é cozido por um período de 30 minutos. Em seguida, coloque 3 litros de água em uma panela e acrescente a goma, ficando por 30 minutos. Faça uma mistura com a pimenta de cheiro, o tucupi. Sirva quente na cuia essa fantástica e deliciosa mistura.

Glossário

ALFAIAS – Conjunto de objetos de variados usos, incluindo louças, prataria, cristais, vidros, tecidos, entre muitos outros tipos de matérias-primas, usos e significados cotidianos e episódicos.

BANANA COMPRIDA – O mesmo que pacova.

Cacimba – Tipo de poço comum na região do sertão nordestino.

Crivo – Técnica de renda de agulha, desfiando e rebordando com os mesmos fios.

Cuia – Recipiente de diversos tamanhos, feito do fruto maduro da cuieira, cortado ao meio e esvaziado o miolo. É laqueado por dentro e ornamentado ou não por fora com desenhos pintados ou gravados. Do tupi *ku'ya*.

Cuieté – O mesmo que cuia.

Inciso – Técnica artesanal de executar desenhos por ranhuras feitas por diferentes materiais pontiagudos sobre materiais diversos: barro, madeira, frutos, entre outros.

Labirinto – Também conhecido como crivo.

Pacova – O mesmo que banana ou para designar um tipo de banana. Maneira amazônica de dar nome à banana.

Paneiro – Tipo de cesto de trama larga e aberta feito de fibra natural, sendo usado geralmente no transporte e embalagem de farinha de mandioca e frutas.

Renda renascença ou irlandesa – Tipo de renda de agulha.

Richelieu – Técnica artesanal entre o bordado e a renda.

São Paulo: a boca multicultural de uma cidade

Gostos para todos

O ato de comer é fundamental para a vida. Vida do corpo, vida dos símbolos que fazem o homem manifestar cultura e história, assim revelando seu grupo, sua sociedade, seu tempo, sua economia, sua arte e criatividade. Pois escolher ingredientes, organizar cardápios, preparar artesanalmente nas cozinhas os alimentos e dessa maneira criar a comida é antes de tudo experimentar o que a natureza oferece, selecionando e socializando sabores.

São Paulo, a grande cidade do mundo, também oferece as cozinhas do mundo, os gostos do Ocidente e do Oriente, reunindo milhares de estabelecimentos que fazem, servem e vendem comidas.

Síntese do Brasil e também síntese da tradição e da contemporaneidade de centenas de povos, culturas e civilizações, a cidade bem merece a homenagem de que se mostrem alguns aspectos saborosos da sua ampla, variada e surpreendente "mesa social".

Ela oferece, para todos os estilos, gostos, desejos e paladares, comidas que vão desde a tapioca servida em feira-livre, passando pelos sanduíches de salaminho, de queijo e de carne assada encontrados nos botequins, até as ofertas de *sushi* nos restaurantes japoneses, as pizzas e as *pastas* nas muitas cantinas italianas. E mais: doces de amêndoas, quibes e outras delícias perfumadas e características dos restaurantes árabes e sírio-libaneses; cozinhas da Índia, da China, do Vietnã, da França, da Hungria, da Bahia, de Minas Gerais, do Rio Grande do Sul e do próprio Estado de São Paulo, entre tantas mais que exibem gastronomia também própria, em mesas que mostram a união, a diversidade e o fascínio dessa grande boca que é a metrópole paulista e seu povo.

Sem dúvida, o mundo, o gosto do mundo, está em São Paulo. Para muitos, São Paulo é a capital gastronômica do mundo, pois os temperos, as especiarias, as bebidas, as receitas, os objetos que apóiam as tecnologias do fazer e os que contribuem nas mesas para servir, para esteticamente revelar cada prato, indicando como será consumido e antes de tudo apreciado, liturgicamente olhado, quando em seguida chega o momento pleno da boca.

Encontros nacionais à mesa

A história dessa capital do mundo, da comida do mundo, é também a da capital que abriga milhares de migrantes do Brasil e imigrantes de inúmeros povos.

O Nordeste está visivelmente atuante em São Paulo, um dos maiores núcleos de migrantes da região tropical, da Bahia, Pernambuco, Paraíba, Piauí, Ceará, Rio Grande do Norte, Maranhão, Sergipe e Alagoas.

Para manter elos permanentes com a terra, com o litoral esplêndido, o sertão, a seca, o verde das serras e os muitos costumes que juntos formam as identidades, vive-se em São Paulo às voltas com música, dança, festas, devoções religiosas e principalmente comidas. Nos ingredientes, nos preparos, nos oferecimentos do que vai à boca estão o grande motivo e o grande sentimento de ser nordestino fora do Nordeste, mantendo-se unido à terra, aos gostos da terra.

Manteiga de garrafa, carne-de-sol, farinha de mandioca, inhame, fruta-pão, macaxeira (aipim), jerimum (abóbora), jaca, manga, caju, dendê, camarões defumados e salgados e tantos outros ingredientes fazem reviver receitas familiares, domésticas e outras gerais, próprias dos ciclos festivos, como a gastronomia à base de milho presente nos festejos de Santo Antônio, São João e São Pedro, santos de junho, homenageados com fogueiras, danças de quadrilha, forró, coco, fogos e especialmente milho assado, canjica de milho verde, mungunzá de milho branco, bolos de milho, outros bolos de massas de macaxeira, ovos, açúcar, muito açúcar, pois os doces nordestinos são açucarados lembrando a própria história da região, terra da cana-de-açúcar, dos engenhos.

São ainda do gosto regional nordestino as carnes de bode, de galinha, de porco, de que resultam pratos tradicionais como buchada de bode, galinha à cabidela, sarapatel ou sarrabulho, sempre acompanhados da boa pimenta, fresca, ou em forma de molho.

Sim! Acarajé, uma celebração pública de baianidade e da forte e marcante presença africana nas mesas e nos hábitos alimentares do nordestino, do brasileiro.

Vale mencionar tantos outros encontros com tradições mineiras, gaúchas, amazônicas, especialmente paraenses, com o celebrado pato no tucupi, tacacá, doces e sorvetes de açaí, cupuaçu, bacuri e mais frutas do Norte, das inúmeras ofertas de sabores das florestas, das terras das grandes águas do rio Amazonas. Também peixes, muitos, servidos ao coco, ao dendê, com temperos verdes, cheirosos; assados, cozidos, em moquecas, e aí se destacam os cardápios do Centro-oeste, do Pantanal, mostrando, pela boca, encontros profundos com a natureza.

As carnes de gado bovino, ovino e suíno, com os churrascos de fogo de chão, tradicionais, marcam o território do Sul do Brasil, dos hábitos de comer os assados, beber bons vinhos da região, queijos, salames e o tão popular e emblemático chimarrão, bebida feita de erva-mate.

Assim o Brasil está à mesa em São Paulo, vivendo nessa cidade internacional as mais profundas marcas e identidades da nacionalidade.

Encontros internacionais à mesa

Dos muitos contingentes de imigrantes que chegaram a São Paulo, especialmente para trabalhar no campo, com o café, logo após a libertação dos escravos africanos em 1888, formava-se mão-de-obra vinda da Europa e do Oriente para, também assim, milhares de homens, mulheres e crianças iniciarem nova vida.

A terra desconhecida deles, o trabalho, a construção de outros costumes ocorreram junto à preservação de tradições, religiões, músicas, danças, festas e principalmente comida. Pois comer a comida da terra de além-mar é o mesmo que estar experimentando a terra de origem, vivendo o país, o grupo étnico, a família, reativando assim os mais íntimos laços de memória que acontecem pela boca, comendo, bebendo, celebrando histórias, assumindo identidades.

Sem dúvida, os japoneses, os italianos, os árabes, sírio-libaneses, entre tantos outros segmentos culturais que co-formaram e construíram São Paulo, têm presença marcante no cotidiano da cidade. Assim, homenageando todos os outros imigrantes do mundo, veremos alguns aspectos da gastronomia tradicional desses três exemplos de povos, civilizações e histórias: japoneses, italianos e sírio-libaneses.

A primeira leva de imigrantes japoneses para o Brasil ocorreu em 18 de junho de 1908, sendo que, no início do século XX, a importação de mão-de-obra da Europa ganhava quase metade dos imigrantes procedentes da Itália. A chegada de italianos no Brasil já se dera em 1808 com a vinda da comitiva de D. João VI; contudo, em meados do século XIX vêem-se os grandes contingentes de colonos da Itália, em especial tendo por destino o campo, para trabalhar com o café. Esses colonos foram organizadamente para o Sul, aí desenvolvendo sua tecnologia vinícola e seu conhecimento dos queijos e embutidos de carne de porco.

Entre a Europa e o Oriente, vieram os sírio-libaneses, que, até a Segunda Guerra Mundial, pertenciam à Turquia. Essas chegadas começaram entre 1871 e 1900, continuando em 1918 e indo até 1975.

Grande presença integrada à vida brasileira é a dos imigrantes e descendentes, que fizeram do seu trabalho e da sua cultura, especialmente da sua comida, notáveis patrimônios de origem.

Suas melhores receitas e adaptações a novos ingredientes tornaram a cozinha que traziam um meio de construir hábitos e conformar o gosto brasileiro.

Há uma evidente valorização da gastronomia do Japão, Itália e sírio-libanesa no Brasil. O sushi amplia seus territórios, sempre bem acompanhado do saquê; as pizzas e as *pastas* fazem aqui um quase delírio nacional, servidas com um bom vinho tinto ou mesmo com a cerveja, costume da mesa alemã que ficou e fortaleceu o gosto de imigrantes e de brasileiros que, quando juntos, se igualam pela boca. E o quibe, comida já tão nossa, tão brasileira, quentinho, perfumado, mostra a que ponto assumimos e vivemos esse sabor dos povos árabes. Ainda integramos a tais paladares imigrantes o nosso feijão, o churrasco, o angu de milho, o dendê, os queijos, os doces de frutas, o coco verde, o caju, a pitanga, pois viver a multiculturalidade é viver cardápios e partilhar mesas que cada vez mais são brasileiras. Somente assim, pela boca, pode-se conhecer verdadeiramente uma cultura, um povo, e para conhecer São Paulo há de se provar angu, quibe, buchada, saquê, pizza, churrasco, tapioca, risoto, queijo de cabra, acarajé, abará, bolo de milho, doce de jaca, chucrute, torta de maçã, sorvete de açaí, sushi, tacacá, pão ázimo, cocada, banana, caju, pitanga, morango, champanhe, vinho, alfenim e tudo mais que puder traduzir em diversidade de formas, receitas, ingredientes e sabores esta cidade tão nacional e tão internacional. Dominante, muitas vezes dura, feita de cimento e ferro, ela ainda assim é feita de povos, de desejos, de memórias, de encontros. Os encontros mais definitivos se dão na boca, na boca da cidade, onde há o gosto de todos e todos os gostos do mundo.

Receitas para experimentar

Do Japão

Sushi

Bolinhos de arroz frio, temperados com vinagre, sal, açúcar, envoltos em peixe cru, camarão e outros produtos do mar. Há também o maki, sushi feito com algas do mar, que deve ser acompanhado de saquê, aguardente feita de arroz.

Sashimi

Comida crua que tem como recurso mais de dez tipos de peixes e polvo. São fatias bem definidas e tecnicamente realizadas por um especialista que desenvolve essa arte milenar japonesa, apoiando os diferentes peixes em cenoura, nabo ou outra base para ser consumida.

Da Itália

Massa básica

A base, o fundamento de boa parte da comida italiana que chegou e ficou em São Paulo, se faz de massa.
Ingredientes: tabletes de fermento, leite, manteiga, sal e farinha de trigo. Faça as misturas, deixando descansar por 30 minutos, como se faz com o pão, e agora é só empregar a massa para compor o prato desejado e comer assim a Itália pela boca.

Pizza

A comida é originalmente napolitana e hoje se tornou um hábito do mundo. É massa de pão em forma de disco e tradicionalmente coberta de tomate, ou então, conforme a inventiva do cozinheiro, poderá ser qualquer outro ingrediente, inclusive doce.
Além das pizzas arredondadas do sul da Itália, há as de formato quadrangular de origem romana.
A técnica de botar a massa sobre pedra quente remonta a mais de 4 mil anos, sendo até hoje uma maneira muçulmana de fazer pão.

Sírio-libanês

Ataif

Doce de ricota feito de massa, recheio e calda.
Ingredientes da massa: fermento, leite, açúcar, farinha de trigo, água.

Ingredientes da calda: açúcar, água, suco de limão e água de flor-de-laranjeira.

O doce adquire o formato de pastéis e o arame da calda perfumada é um forte elo com a sensualidade e o requinte da mesa árabe.

Quibe

Comida árabe feita de carne moída e trigo integral, acrescida de hortelã. O quibe poderá ser cru, frito ou assado.

Os acarajés do Recife

Pasme o leitor ao saber que os acarajés mais próximos da África em formato e técnica são os encontrados nas vendas ambulantes da cidade do Recife. Sim, não os da Bahia, comumente vistos nas bancas, tabuleiros ou ganhos de rua, notadamente na antiga São Salvador.

Aqueles acarajés pequenos, verdadeiros bolinhos de massa de feijão fradinho, cebola moída e sal, bem batidos em consistência e ponto que somente a prática diária fornece, são fritos em azeite-de-dendê, publicamente dourados e exalantes de um perfume que primeiro ganha a saliva da boca para depois invadir a razão. No Recife, os acarajés compartilham das bancas de tapioca, peixe e fato fritos, além de doces industrializados e bebidas alcoólicas, cachaça principalmente, vendida em pequenas doses.

A iconografia existente e os relatos contemporâneos de estudiosos das relações África–Brasil apontam o acarajé como um dos marcos da diáspora do homem africano no país. Isso é fortalecido pelo que se inclui no alimento enquanto significado étnico, assumindo espaço na comunicação não verbal – aliás, muito desenvolvida na cultura afro-brasileira como forma de resistência e manutenção de identidades dos processos repressivos e colonizadores.

Alimento sagrado, incluído nos cardápios votivos, o acarajé encontra-se vinculado à alimentação de Orixás muito populares, como Xangô e Iansã, penetrando também nos hábitos alimentares de milhares de brasileiros.

Volta-se ao Recife e, no perímetro urbano da cidade, encontra-se aquele tipo de acarajé comum em cidades africanas como Lagos, Porto Novo e outras que muito têm de ligação histórica e social com o povo brasileiro.

É muito comum no final da tarde, início da noite, o forte cheiro do dendê fervente exalando a massa frita, às vezes acrescida de pequenos camarões secos e salgados sobre os bolinhos (acarajés). Assim, comer uma tapioca ou um acarajé antes de ir para casa, enquanto se espera o ônibus, é costume cultivado no tumulto de uma cidade como o Recife, onde as vendas ambulantes definitivamente se enquadram na paisagem humana local, no cotidiano.

Essas vendas são mais freqüentes nas festas, merecendo destaque o carnaval e as comemorações de Nossa Senhora do Carmo, padroeira da cidade. Nesses momentos, os acarajés dignamente africanos ainda estão afastados da concepção dos "sanduíches", que são os grandes acarajés acrescidos de molhos e recheados à vontade do freguês.

Na cidade do Salvador, Bahia, desculpem-me os baianos ortodoxos, aqueles redondos e panificados acarajés tiveram muito da influência pós-guerra, quando decisivamente os costumes alimentares americanos avassalaram as mesas mais dignas dos seus regionalismos em receita e em estética. Os acarajés das baianas de rua, quituteiras, donas de tantos segredos culinários, são assim apresentados: a massa é a convencional, porém os acréscimos de vatapá, salada de tomate e cebola ou mesmo o uso do molho Nagô (com muita pimenta diluída) faz com que um outro modelo assuma a grande interpretação da civilização africana no Brasil.

Ainda os baianos, aqueles do candomblé, oferecem os grandes acarajés, alongados e especialmente preparados em honra de Xangô e Obá. São também tradicionais festas públicas dos terreiros os chamados "acarajés de Iansã", oferecidos em gamelas e recipientes de cobre que entram no barracão – salão de dança – sobre a cabeça das filhas de Iansã, já em estado de santo, vestindo roupa ritual, ao som do *ilu* ou do *aguerê*.

Os pequenos acarajés na cozinha baiana são incorporados ao hábito de fritar os três primeiros acarajés que serão despachados na rua em oferta a Exu ou aos Eguns.

De volta ao Recife, louva-se uma cidade que, apesar de tão permeada por tantas influências, consegue, de maneira peculiar, manter um costume afro-brasileiro arraigado a modelos assentados na África. Isso reforça o valor coletivo de uma cultura, quando o alimento não transgride o ideal dos traços definidores de uma ampla autoria, sem assinaturas determinadas. O alimento, além de servir como subsistência, é pictórico e simbólico, servindo para identificar grupos e regiões.

porque eu como tudo

Um copo d'água

Como elemento revitalizador e purificador, a boa água de beber é, ainda, uma das melhores maneiras de bem receber.

Oferecer água a quem chega, visitante amigo ou estranho, é ato imemorial de aplacar, querer paz, transmitindo simbolicamente votos de vida, de fertilidade e certamente saciando a sede.

A água, um elemento de comunicação e de sociabilidade, prepara o corpo e o espírito para os diálogos de homens, deuses, antepassados. Ela é um primeiro e ancestral contato com a natureza aí representada, segundo as mitologias, na gênese do mundo e do homem.

Beber água é sem dúvida uma necessidade, um componente para o corpo que é fundamentalmente água. Nas tradições iorubás, oferecer água ao visitante é uma obrigação de chegada, assim como o católico sente a obrigação, ao entrar em uma igreja, de buscar imediatamente a água benta em pia especial, ou assim como o mulçumano se prepara em abluções antes de entrar e principalmente de pisar o chão sagrado da mesquita.

No candomblé baiano é comum o visitante buscar, próximo à porta de entrada, um recipiente contendo água. Assim, com o uso de uma quartinha de barro, caneca ou outro tipo de utensílio, um pouco de água é depositado no solo, desse modo permitindo uma chegada protocolar, de respeito aos costumes afrodescendentes.

Também nos candomblés é oferecido um copo d'água para beber, para tranqüilizar o corpo de quem chegou da rua, chegou quente, e necessita ser acalmado, preparado para viver o novo ambiente, o terreiro.

O contato água e corpo é um elo fundamental dos princípios da vida, nutrindo o homem e formalizando seus múltiplos papéis sociais.

Lembro-me da visita que fiz ao rei de Kêtu, no Benin, África ocidental, na ocasião em que o candidato ao cargo cumpria os muitos rituais de iniciação para ocupar suas funções no poder social e no poder religioso.

Fui ver o rei com muita emoção, pois o então candidato teria de cumprir visitas e permanência nos cinco palácios, sendo o último desses o local da coroação, quando viria de Ifé, na Nigéria, o Onin, rei, para a culminância da sagração, em que se proclamaria: "Temos um novo rei de Kêtu".

Localizei o futuro rei do palácio preparatório à coroação. Fui recebido por um de seus ministros, pois o visitante não se dirige diretamente ao rei: transmite sua mensagem ao ministro escolhido e este as repassa.

A chegada do rei ao palácio havia sido precedida de idas aos demais palácios e ao mercado real de Kêtu. Nessa terra, outras relações chegavam com força e sentimento e eram as dos muitos costumes e princípios religiosos dos candomblés Kêtu, ou, como eles preferem, da "Nação Kêtu" na Bahia, especialmente Salvador – terreiro da Casa Branca, casa-matriz de onde vieram o Gantois e o Ilê Axé Opô Afonjá, e amplíssima descendência de centenas de candomblés.

Todos ungidos pelo orgulho ancestral de manterem as memórias das terras de Edé, orixá fundador, popularmente trazido no imaginário afrodescendente como *odé*, o caçador, e especialmente Oxóssi, conhecido em todos os terreiros como o rei do Kêtu.

Antes de entrar no palácio, o ministro trouxe uma meia-cabaça, uma cuia, contendo água que deveria ser bebida e também depositada no chão. Senti-me em um candomblé da Bahia. Na sala do rei, ele em seu trono sobre um palanquim e, em esteiras, sentados, os seus ministros. Na porta, mulheres e crianças. Saudei o rei como se faz com a ialorixá ou o babalorixá, realizando o iká, prostrando-me no chão e em seguida cumprimentando e iniciando, assim, um diálogo repleto de cerimônia, no qual pedi autorização para cantar um canto que é importante nos candomblés Kêtu e que lembra o céu de Kêtu, com este começo: "Ara Keture...".

Água, sempre a água trazendo memórias, histórias, licenciando entradas e contatos em diferentes níveis sociais e sagrados.

Sede de água no trajeto de retorno a Ketonu, lugar da hospedagem. Buscando água na chegada, agora olhando o mar, novamente os caminhos líquidos, caminhos sobre o Atlântico Negro, como o chama o historiador Alberto da Costa e Silva. Do país da costa do Atlântico de lá da África chegaram milhões de homens e mulheres para a costa do Atlântico de cá, no Brasil.

A noite chegou e com ela o desejo incontrolável de comer. Próximo, um lugar que servia peixe e acaçá e durante a refeição, na rua, um grupo de iniciados Vodum, em cortejo, como para Lissá, divindade da criação do mundo, semelhante a Oxalá dos iorubás.

Novamente a água, água da criação. Água de beber e de viver.

Frutas tropicais

MAS NÃO HÁ PECADO CONTRA O PALADAR: NÃO HÁ ABACAXI FRESCO QUE SEJA MAIS SABOROSO QUE UM SORVETE DE ABACAXI; NEM BANANA CRUA QUE SEJA SUPERIOR EM GOSTO A UMA BANANA ASSADA COM AÇÚCAR E CANELA; NEM CAJU FRESCO, COM SEU INEVITÁVEL RANÇO, MAIOR OU MENOR, QUE DÊ MAIS PRAZER A UM GOURMET QUE UM DOCE DE CAJU EM CALDA [...]

(Gilberto Freyre, *Açúcar*)

O Brasil é um país que comunica uma forte e fascinante natureza tropical. Florestas, rios, áreas como a Amazônia, que o mundo olha, valoriza e já aponta como celeiro de plantas, frutas, animais, sendo um dos mais importantes patrimônios de biodiversidade do planeta Terra.

Sem dúvida, aí estão as possibilidades de alimentar, matar a fome de alguns milhões de brasileiros que vivem em condições subumanas, onde a comida nem sempre está todos os dias à mesa. A natureza tropical oferece muitos tipos de frutas nativas, aquelas que nascem no nosso chão, não são importadas de outros países: araçá (*Psidium guineensis*), araticum (*Anona montana*), bacuri (*Platonia insignis* Mart.), biriba (*Rollinia mucosa*), cacau (*Theobroma cacau*), castanha-do-brasil (*Bertholleti excelsa*), cupuaçu (*Theobroma grandiflorum*), graviola (*Annona muricata* L.), jenipapo (*Genipa americana* L.), mangaba (*Hancornia speciosa*), maracujá (*Passiflora edulis*), murici (*Byrsonima crassifolia*), piquiá (*Caryocar villosum*), pitomba (*Talivia esculenta*), taperebá (*Spondias mombim* L.), tucumã-do-amazonas (*Astrocaryum aculeantum*).

Pitanga, o gosto vermelho

Outra fruta nativa da terra é a pitanga, de forte odor, cor e de uso principalmente no Nordeste.

O odor da pitanga é tão marcante como o seu gosto. A pitangueira (*Eugenia pitanga*), cujo fruto em língua tupi quer dizer vermelho, integra-se à culinária em forma de doce, suco, sorvete, torta, sendo consumida preferencialmente *in natura*.

A pitangueira é uma espécie da qual se retiram folhas odoríficas utilizadas para compor ambientes em festas tradicionais.

As folhas servem de tapete para a passagem de procissões desde o Brasil Colônia, juntamente com folhas de mangueira, também odoríficas, e folhas de canela, tendo a mesma qualidade das anteriores. Também em festas familiares, aniversários e casamentos há o costume de forrar o chão com essas folhas.

Folhas de pitangueira compõem cenários de presépio; no dia 6 de janeiro, Dia de Reis, há o ritual de demonstrar a cena de Belém, e as folhas que integraram a montagem são cerimonialmente queimadas. A isso se chama queima da lapinha, pois lapinha é outra denominação para presépio na Região Nordeste.

Das bebidas feitas à base de pitanga destaca-se o conhaque de pitanga, criado pelo sociólogo pernambucano Gilberto Freyre. É uma receita secreta e de família, reunindo diferentes ingredientes e tendo na fruta tropical motivo e tema de celebração.

Guaraná, a fruta da floresta

O guaraná foi relatado pela primeira vez em 1669 pelo padre Batendont na sua publicação *Chronica*, que diz o seguinte: "Têm os andirazes em suas matas frutinhas que chamam guaraná [...] e em uma cuia bebida dá grandes forças, que indo os índios à caça um dia até outro não têm fome."[19]

O guaraná (*Paullinia cupana*) é tido como fruta afrodisíaca, fruta forte, que recompõe, dá energia, feito o açaí. É uma planta nativa da Amazônia, de cultura pré-colombiana, muito antiga, sendo o fruto utilizado por diferentes povos indígenas do Norte do Brasil. É também consumido como xarope, em pó, em bastão ou industrializado em forma de refrigerante.

As muitas propriedades medicinais do guaraná, já comprovadas, somente reforçam o vigor e a importância que têm as florestas do país, onde, certamente, muitas descobertas estão por acontecer nesse verdadeiro universo de vida que é a Amazônia.

Para muitas culturas indígenas, o aparecimento do guaraná se relaciona com os mitos da floresta.

Açaí, a fruta do Norte

O açaizeiro (*Euterpe oleracea* Mart.) é uma palmeira muito popular no Norte, na área amazônica, sendo também conhecido como açaí-do-pará e juçara, especialmente no Maranhão.

---

[19] Disponível em http://www.waikyru.com/guarana.php, acesso em 6-6-2008.

O chamado "vinho", vinho de açaí, é seu suco, sendo essa uma das maneiras mais comuns de chamar a fruta. Em muitas comunidades é o principal alimento, sendo consumido diariamente de diferentes maneiras: "vinho" misturado com farinha de mandioca; misturado com camarão seco; como suco, sorvete, torta, bolo, entre outras modalidades.

Nas feiras, nos mercados, nos portos da Amazônia, o açaí é anunciado com uma bandeira vermelha, fazendo com que as populações tenham acesso ao tão querido e apreciado fruto, fruto da terra.

Outras frutas que são chamadas exóticas, que não são naturais do Brasil, integram-se decisivamente nos nossos hábitos alimentares, fazendo com que se tornem também nossas, pois foram aclimatadas e popularizadas em todo o país.

Manga, a fruta de carne doce

A mangueira (*Mangifera indica* L.) é originária do Oriente, especialmente da região compreendida pela Índia e a Birmânia.

A manga é considerada a rainha das frutas tropicais. Acredita-se que a mangueira era uma espécie muito importante quando os portugueses chegaram à Índia. A difusão da mangueira no mundo se dá no ciclo das navegações, sendo introduzida inicialmente nas costas oriental e ocidental do continente africano e, depois, no Brasil.

Tratando-se de uma fruta de tão excelentes qualidades, tão apreciada no Oriente, bem como no Brasil, é preferencialmente consumida ao natural e é também importante na preparação de condimentos quase indispensáveis à cozinha oriental.

A mangueira chegou ao Brasil em 1700, na ilha de Itamaracá, em Pernambuco, ganhando assim a costa do Nordeste e em seguida todo o país. Foi muito recebida no Brasil tropical, havendo total identificação com seu meio ambiente de origem, também tropical. A fruta é consumida também em doce, suco, sorvete, torta ou em forma de salada.

É uma árvore muito comum nos arruamentos das cidades e vilas dos trópicos, onde a frutificação é abundante, resultando também em bons resultados paisagísticos.

Em Belém, a mangueira destaca-se na arborização das ruas, praças e avenidas, o que vem aliviar do forte calor tropical do verão. Em virtude dos exuberantes mangueirais urbanos, Belém é chamada de cidade das mangueiras.

São muitos os tipos de manga, todos apreciados, recebendo nomes regionais diferenciados, como: manga-cacau, manga-coco, manga-coité, manga-cametá, manga-cavalo, manga-chama, manga-de-cheiro, manga-coquinho, manga-espada, manguita, manga-rosa, manga-rosinha, manga-carlota, manga-iré, entre outras.

Yes! Nós temos bananas

Todas as bananeiras hoje cultivadas são híbridas entre a *Musa balbisiana* e a *Musa sarminata*.

Um grupo é genericamente chamado de *bananeira-pão*, cujos frutos são consumidos cozidos ou assados, como a batata, inhame ou batata-doce.

A banana-pão possui maior porte e seu principal elemento é o amido; quando quase madura, não é doce.

O outro grupo é o da bananeira-fruta; reúne um conjunto enorme de tipos de portes variados e de frutos muito diferentes quanto à forma, à cor e à qualidade de sabores. Todas elas são doces quando maduras e consomem-se como frutos.

As bananeiras são originárias da Ásia e sua difusão se deu por meios ecológicos.

Desde tempos muito antigos se deve ter reconhecido o interesse da bananeira como planta alimentar. Fornece fruto em menos de um ano, reproduz-se com facilidade, o fruto pode ser consumido de diferentes maneiras, é fácil de descascar, não tem sementes nem caroço e a planta mantém-se quase indefinidamente em produção.

Tendo em conta que os árabes já conheciam a bananeira há milênios, tudo indica que o enorme interesse pela planta tenha orientado sua difusão pela costa ocidental africana. A existência da bananeira nas Américas, antes da chegada dos espanhóis e dos portugueses, ainda está por esclarecer; contudo, há a possibilidade de ter ela chegado às Américas com as viagens de Colombo.

Os maiores produtores de banana-fruta localizam-se nas Américas: Brasil, México, Colômbia, Costa Rica, Honduras, Equador, Venezuela e Panamá, e os de banana-pão encontram-se na África: Ruanda, Nigéria, Togo, Zaire e Zâmbia.

A variedade de consumo da banana-fruta no Brasil se dá principalmente ao natural, ou cozida e acrescida de açúcar; assada com o acréscimo de queijo de coalho; frita e pulverizada com açúcar e canela em pó, ou ainda frita e comercializada com sal, tipo batata frita, como a pacova no Amazonas, muito popular em Manaus. Os tipos mais freqüentes de banana-fruta no Brasil são: banana-prata, banana-ouro, banana-maçã, banana-d'água, banana-comprida, banana-são-tomé, banana-da-terra, banana-inajá, banana-branca, banana-roxa, banana-pacovão, entre outras.

Coco, comidas de coco

Um dos símbolos tropicais de um Brasil tropical é, sem dúvida, o coco verde, popularmente chamado de coco-da-baía. Mas o nosso tão querido e conhecido coco é originário da Índia. Chegou com o colono português e abrasileirou-se, sendo uma fruta profundamente identificada pelo brasileiro.

O coco está integrado à mesa e aos nossos hábitos alimentares. Desde a refrescante e nutritiva água-de-coco, passando pelos doces, cocadas, tortas, bolos, sorvetes, indo aos pratos que misturam arroz e feijão ao coco. Ainda peixe ao coco, sururu ao coco, lagosta ao coco e tudo mais que esse acréscimo, que destaca sabores, foi criativamente incorporando, fazendo com que a cozinha seja um dos espaços mais criativos e dinâmicos de um povo, de uma cultura. Sem dúvida, tudo o que leva coco é muito gostoso, é muito brasileiro!

O coqueiro (*Cocos nucifera* L.) é considerado pelos orientais uma planta providencial, porque dele se retira tudo aquilo de que o homem necessita para viver, do alimento ao vestuário, ao material para construir habitação. É comum dizer-se: se algum dia tivesse havido paraíso, nele, com certeza, o coqueiro ocuparia um merecido lugar de destaque entre as demais espécies.

Os portugueses tomaram pela primeira vez contato com o coqueiro quando da viagem de Vasco da Gama à Índia.

É certo também que algumas cartas – mapas – da costa ocidental africana têm desenhadas palmeiras com frutos idênticos aos cocos, quando o coqueiro ainda não seria conhecido. Trata-se de uma palmeira próxima, possivelmente a palmeira do dendezeiro.

A inclusão do coco, em especial da água-de-coco, nos cardápios das embarcações, por ocasião do ciclo dos descobrimentos, ampliou a qualidade do que comiam a bordo – pratos secos, salgados, defumados e conservados.

Sem dúvida, a dimensão gastronômica do coco se dá no Brasil. Gabriel Soarez de Souza informa: "As palmeiras que dão coco se dão na Bahia melhor que na Índia".[20]

---

[20] José E. Mendes Ferrão, *A aventura das plantas e os descobrimentos portugueses* (Lisboa: Instituto de Investigação Científica Tropical, 1993), p. 122.

Sabongo

Raspa-se um coco e unta-se um recipiente com um pouco de mel de engenho, ou melado, acrescentando cravo, levando os ingredientes ao fogo até adquirirem ponto de consistência, um ponto forte.

Essa receita oriental, possivelmente indiana, conhecida nos engenhos de açúcar do Brasil, provavelmente é a ancestral da nossa tão conhecida e celebrada cocada.

Arroz de coco

600 g de arroz
1 litro de leite de coco
2 cebolas
sal

Coloque água para ferver e adicione o leite de coco, a cebola e o sal. Em seguida, acrescente o arroz, deixando tudo cozinhar.

Cocadinha

Meio coco ralado
4 gemas
1 colher, de sopa, de manteiga
açúcar
farinha de trigo

Misture todos os ingredientes, levando ao fogo, retirando antes de açucarar, colocando em local limpo para, então, dar os tamanhos desejados às cocadinhas.

Bolo-de-rolo

Se o acarajé é o símbolo mais imediato e marcado com o imaginário africano na Bahia, diga-se dos iorubás do Benin e da Nigéria, o bolo-de-rolo é, certamente, quase um brasão da culinária pernambucana.

O primeiro é salgado, de dendê dominante, integrado ao comércio de rua, bancas, tabuleiros, sendo que, anteriormente, em gamelas de madeira o acarajé era marcado nas ruas de Salvador como venda ambulante e anunciado com pregões. Até hoje ouço nas ruas do bairro do Santo Antônio, em Salvador, a venda ambulante de acaçá com pregões antigos. E é uma emoção ouvir: "Acaçá de leite! Acaçá de leite!". O mesmo acontecia com o acarajé, com o abará, com a cocada, agora todos reunidos no tabuleiro em venda localizada em pontos da cidade; alguns pontos antigos, marcando tradição do bem comer no final de tarde, quando o cheiro do dendê convida, seduz para o encontro com o acarajé.

Bolo-de-rolo é doce. Assim reafirma uma identidade que, por ser doce, é uma solução pernambucana, herdeira que convive com tantas outras; muitos doces que Gilberto Freyre, em *Açúcar* (1938), lista em enorme quantidade de bolos com receitas e nomes os mais variados.

Bolo-de-rolo é para ser comido em casa, ou em ambiente que se possa, diante de um prato, olhar e desejar a fatia, que, segundo o costume, deve ser bem fina. Eu, particularmente, prefiro regada de Porto tinto, um quase tocar o céu...

O bolo-de-rolo é um prato também do universo feminino, como o acarajé, sendo que ele, bolo, deve ser degustado com a calma necessária; repetir também é uma necessidade humana, podendo ainda acompanhar o café ou mesmo o chá; jamais um refrigerante; água, um pecado.

Atribui-se sua origem a receita ibérica, lusitana com certeza, bolo básico: farinha de trigo, ovos, leite, fermento e recheio de doce de amêndoas, na verdade um creme que nas terras tropicais incorpora recheio nativo, com o uso da goiaba, do araçá; diga-se, uma delícia.

Bolo-de-rolo é um rocambole fino aqui no Brasil, de paredes até finíssimas, parece até um concurso de malabarismo culinário para saber quem faz ou enrola o bolo mais fino, quase milimétrico; e, sendo assim, é avaliado, apreciado em devotamento quase religioso.

Contudo, sabe-se que o princípio do rocambole está tanto nos chamados pratos salgados como nos doces, presente nos cardápios de vários povos e culturas.

Lembro-me de rocambole de batata-inglesa e recheio de carne moída bem temperada. É bolo de paredes largas, grossas, dando umas duas ou três voltas, uma gostosura se acompanhado de feijão; memórias de infância.

Volta-se ao celebrado bolo pernambucano, que vai se afirmando além-Nordeste como um doce que bem traduz a multiculturalidade que tanto orgulha o recifense. Universo do açúcar exportado pelo porto do Recife, vindo da zona da mata, orienta sem dúvida comportamentos e formação de paladares, de gostos que, para a região, nascem nos pratos muito doces, sendo uma forte base de identidade.

Atribui-se também uma marca holandesa a esse bolo, como aliás há uma tendência de "holandizar" Pernambuco, como nova distinção de valor. Contudo, sabe-se das realizações comerciais, científicas e artísticas desse período marcado pelo conde alemão Maurício de Nassau (século XVII), representante do consórcio comercial Companhia das Índias Ocidentais. Bem, quem recebeu maior quantidade de elementos culinários novos foram os então precocemente chamados holandeses, visto que politicamente nem existia a Holanda como o país que conhecemos.

A farinha de mandioca foi uma novidade para a mesa européia dos países baixos, unindo peixe seco e alguma fruta nativa, e assim se foram reorganizando os gostos dos soldados, comerciantes, dirigentes desse então celebrado Brasil Holandês.

Certamente, essa busca de notabilizar uma região pelos avanços de um grupo europeu reflete-se em muitos aspectos da longa e complexa civilização do açúcar. O foco, sem dúvida, é comercial: escravos, fábrica e exportação e aí, certamente, entram os interesses pessoais do administrador desse processo social e econômico, Nassau, que se abre a um processo de sedução tropical na exuberante natureza: frutas, tipos humanos, águas de rio, de mar.

Milho, farinha americana

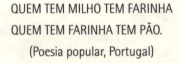

QUEM TEM MILHO TEM FARINHA
QUEM TEM FARINHA TEM PÃO.
(Poesia popular, Portugal)

Entre as espécies botânicas, o milho (*Zea mays* L.) foi sem dúvida a que teve maior impacto na economia dos povos do mundo. Alguns autores dizem que os Descobrimentos já teriam sido válidos pelo conhecimento do milho e pelas decorrentes modificações na agricultura dos continentes.

O vocábulo "milho" aparece em antigos escritos; por isso, muito antes das classificações sistemáticas, a palavra é utilizada para nomear diferentes plantas, certamente pelos aspectos comuns de todas serem gramíneas e produtoras de um tipo de grão consumido há milênios na alimentação animal e humana.

> [...] el pan que usam es de maiz que es um grano como garavanço, dal qual ay mucha abundancia em toda la Índia.[21]

---

[21] "O pão que usam é de milho, que é um grão como o garavanço, do que há muita abundância em toda a Índia." C. Jerônimo Girava França, "Os portugueses no século XVI e a história natural no Brasil", em *Revista Histórica*, 15 (57-60), Imprensa Oficial, Lisboa, 1926.

É importante observar que antes da época dos Descobrimentos já existiam no Velho Mundo, na Europa, várias plantas chamadas de milho. Assim, é compreensível que, chegando ao conhecimento outra planta, com aspectos e utilização semelhantes, fosse ela incluída no nome geral "milho", embora as especificações "milho maiz", "milho grosso" e "milho da América" sejam referentes a esse novo milho após os Descobrimentos do Novo Mundo, das Américas.

O milho encontrado pelos espanhóis no México foi inicialmente para o sul do seu país, Sevilha, e dessa maneira os portugueses conheceram o grão novo e o introduziram em Portugal.

O grão novo foi então trazido para o Brasil pelo colono português ou nas novas terras já havia seu cultivo e uso, assim considera Pio Correa, e observa como área de milho o sudeste do Brasil e o Paraguai.

É extensivo o uso do milho na cozinha brasileira, formando cardápios como o nosso tão celebrado angu de milho e diferentes complementos de couve e produtos de carne suína, ou então em cardápios festivos por ocasião do ciclo junino com a canjica de milho verde, bolos ou as espigas assadas nas fogueiras cerimoniais de São João, o santo do fogo, da transformação.

Note-se que a broa de milho, tão conhecida dos brasileiros, é um tipo de pão que forma a identidade do povo português, incluindo assim a "farinha americana".

Banana split

Verdadeiros ancestrais dos *shopping centers* são as ainda celebradas lojas de departamentos, que reúnem de um tudo para a casa, para o lazer e aí com destaque as opções de comer e de beber.

Elas vão de um simples e socializante cafezinho, ou, para a sede imediata, de uma boa água mineral com gás, gelo e limão, para refrescar no verão tropical, até a elaboradíssima guloseima à base de sorvete, a tão querida e estimada *banana split*.

Lembro-me das visitas mensais a uma loja de departamentos no bairro de Botafogo, no Rio de Janeiro – a Sears, rede americana que causou muitas sensações estéticas e de consumo nos anos 1950 e 1960, sendo quase a catedral do culto ao objeto. Objeto desejado, estimado ou mesmo objeto descoberto no encontro dos muitos andares rigorosamente bem refrigerados, um oásis para o calor carioca.

Tudo levava ao sonho idealizado do sorvete logo após visitas, algumas compras e promessas de futuras compras, para poder então voltar a um lugar tão especial, marcado pela culminância da visita, que era o direito à deslumbrante vista do Pão de Açúcar ao sabor da *banana split*.

Comer era apenas um detalhe, pois o ritual se iniciava no momento em que as compras e as pesquisas de objetos haviam sido concluídas e chegava a hora de escolher entre a *banana split* e o *milk shake*, certamente de chocolate, ou, em momentos muito especiais, de morango.

Diante do impecável atendente todo de branco, em balcões de aço, debruçava-me e com orgulho quase cívico pedia:

– Uma *banana split*.

Vinha a resposta imediata:

– De quê?

Eu respondia:

– De creme, de chocolate e de morango.

– Calda?

– Sim!

– De quê?

– De chocolate e caramelo. [Às vezes, de morango.]

Outra pergunta:

– Castanhas?

– Sim! Muitas.

Tudo era organizado sob o olhar atento, canibal, e a chegada, finalmente, um recipiente de vidro grosso alongado em que ficavam fatias de banana e, sobre essas, as bolas de sorvete, caldas e por último castanhas e, para finalizar, cerejas em calda que avermelhavam aquela escultura gelada, pronta para o gozo imemorial do comer.

Verdadeiramente, a visita à Sears e a seu lugar de comer, creio chamado lanchonete, integrava um amplo momento ritualizado e esperado, cumprindo assim um roteiro que se repetia como uma quase premiação e celebração de encontro familiar unido com os muitos sabores doces dos sorvetes e seus complementos da culinária *fast-food*, então um marco pós-Segunda Guerra Mundial.

Falar em *fast-food* remete imediatamente ao sanduíche, solução que inclui praticidade necessária à vida nas cidades e ainda criatividade, sofisticação ou mesmo o clássico, digo delicioso, mata-fome, que é o pão francês com mortadela ou o não menos clássico *hot-dog*, cachorro quente, se acompanhado de uma boa mostarda escura, holandesa, uma delícia.

É certo que o conceito e forma do sanduíche vai se dar no século XIX, na Inglaterra, ou, no caso brasileiro, o que se pode chamar de *fast-food*, comer rápido, já compõe há muito os imaginários das cidades, destacando-se desde os ganhos de comida, nos séculos XVIII e XIX, com as mulheres que vendiam angu, mingau, milho cozido, feijão, miúdos, caruru, frutas, vinho de dendê, alfenins, acaçá de leite, refrescos, entre tantos outros, em que também se incluem pipoca, maçã do amor, algodão-doce, biscoito de polvilho ou ainda a dinâmica de certas comidas que no consumo urbano ganharam novos significados. Exemplo é o acarajé contemporâneo, verdadeiro sanduíche. Abriga molho de pimenta, salada, caruru, vatapá entre o bolo feito de feijão-fradinho, sal, cebola e grande sabedoria ancestral de saber mexer a massa e de saber a temperatura ideal do azeite-de-dendê para a fritura, para conseguir o crocante cheiroso do acarajé.

Sem dúvida, a comida é tema e causa para se deslocar, buscar, encontrar, experimentar lugares, situações, momentos sociais, pessoas, marcar rotinas, viver transgressões, se incluir em cenários reais e simbólicos de uma lanchonete a uma praça, uma esquina, um ambulante que passa e que traz memórias.

Banana split, única, de sabor especial, inesquecível, era aquela vivida na loja de departamentos, em socialização familiar, em trocas de símbolos e de lugares hierarquizados nos entornos de comer em público.

Certamente, pela grande importância dessa guloseima gelada e doce, o paladar ganhou critérios e sentidos para escolher e reencontrar sabores.

Ainda pela grande importância dessa *banana split* reconheço que a memória gustativa incorpora os cheiros, a temperatura, os sons do lugar. Pois, na verdade, essa *banana split* não era comida e sim vivida.

Feijão e arroz: emblemas do comum

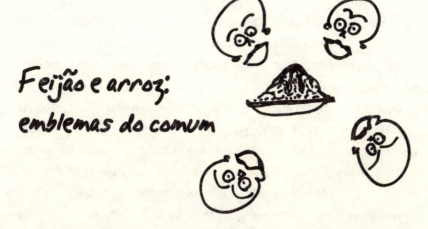

Nada mais cotidiano, do dia-a-dia, da casa, da rua; em prato feito ou como opção de cardápio ou ainda como única opção, o feijão e o arroz. Ambos misturados são parceiros de matar a fome. Um autêntico mata-fome. É tradicional e festivo também o feijão gordo, acrescido de lombo, de carne fresca e seca, de temperos que identificam regiões – cominho, pimenta-do-reino, folhas de louro, folhas de hortelã, alho, cebola, pimenta-malagueta –, ainda legumes, partes de porco: porco decomposto em orelha, rabo, pé, peles e gorduras; o torresmo de porco, indispensável ao acompanhamento do feijão. Falo, sem dúvida, do nosso feijão-preto.

Para o contraponto dos sabores, frutas como laranja, abacaxi e banana ao vivo ou frita atestam um dos muitos holandesismos da nossa culinária.

O feijão magro, aquele que se confronta com o feijão gordo, apóia a compreensão do feijão diário e do feijão de final de semana, de reuniões de amigos, o feijão festivo, o gordo, é claro.

Feijão refogado tem cebola, tem alho, gordura ou óleo. Como cheira um bom refogado! Um honesto feijão-preto, certamente, tem o seu lugar garantido. Feijão refogado: um apelo quase divino, um convite quase dionisíaco. Além desse feijão-preto, tão comum no Sudeste, outros virão em paladar, em sofisticadas maneiras de servir e principalmente de comer. Feijão-mulatinho, mulato, manteiga, xaxa-bunda, branco, fradinho, entre outros. Uns maduros e outros verdes.

O feijão verde na mesa nordestina acompanha carnes assadas, macaxeira, inhame, farofa de jerimum, manteiga-de-garrafa – delícia trazida da Índia pelos portugueses –, indispensáveis nas carnes-de-sol, nas tapiocas com queijo de coalho derretido, um gosto quase sexual para o corpo e um estado de graça para o espírito.

O feijão é emblemático do bem receber, da fartura, das artes culinárias do brasileiro. Vamos botar água no feijão. Aumentar o feijão. Socializar o feijão. Feijão, arroz e farinha. O básico. O indispensável. As pessoas se reúnem em torno do feijão. Feijão na marmita, na terrina, no prato, prato fundo, na cuia, na meia-cabaça; comendo de colher, de mão, fazendo bolos com a farinha, acrescentando pimenta para melhorar o gosto, sentir prazer quase masoquista, arder ao entrar pela boca e ao sair pelo cu.

Feijão aos sábados. Sábado, dia sacralizado da feijoada. A classe média sobrevivente ainda mantém um hábito de feijoadas acompanhadas de cerveja, caipirinha, batidas diversas de frutas tropicais.

O feijão é íntimo, acompanha o homem brasileiro desde a infância. Caldinho de feijão, caldinho grosso dá vitamina, alimenta, fortalece e é servido em mamadeira ou em prato, lambança festiva infantil. Caldinho de feijão para adulto, bem temperado com pimenta, acompanhado de uma "branquinha", aguardente pura, "purinha" – com limão, sem açúcar, uma ancestral da caipirinha –, ou ainda a boa "lourinha", "suadinha" – a cerveja –, antecipando os pratos de feijão, carne, farofas, legumes, saladas e demais gostosuras.

Feijão à mesa, sobre as esteiras, de prato na mão, no fundo do quintal, na roda de samba, na esquina, no botequim, no barzinho famoso, nos botecos especializados. Certamente esses têm os melhores feijões, nem sempre rigorosamente higiênicos, contudo amorosamente divinais.

Feijão nos momentos religiosos. A feijoada do Ogum, comida de orixá guerreiro e das ruas, irmão dileto de Exu, de Oxóssi, entre outros, que estão na vida do brasileiro. A feijoada passa a integrar o cardápio sagrado do candomblé, um brasileirismo, uma comida da vida comum é aceita na mesa dos deuses. A comida com dendê ou sem dendê é elo litúrgico; quando o santo come, o homem come, ambos comem e se relacionam pelo axé da boca – união, coesão e partilhamento da boa comida.

As comidas dos terreiros são gostosas e nutritivas, fazem bem à alma e principalmente à barriga.

Sem comida, o feijão de Ogum servido cerimonialmente sobre esteira circundada por filhos-de-santo; ao som dos atabaques, agogô, adjá e cânticos chamando por Ogum é momento nascente em terreiros de Salvador, Bahia, não integrado à ortodoxia das festas públicas dos Nagô, Jeje, Angola-Congo.

Popularizou-se a festa do feijão e muitos terreiros assumiram essa obrigação, notadamente os de candomblé.

O feijão-preto como massa de acaçá e também dedicado ao orixá Ogum foi visto em São Luís do Maranhão. O procedimento técnico é o mesmo empregado para os acaçás branco e vermelho – de milho branco e de milho vermelho, respectivamente. Outras massas de feijão são usuais e tradicionais para o acarajé e o abará. Fala-se do feijão-fradinho.

Feijões nos *Ajeuns* nos candomblés. Após o toque, a festa, a comida culmina e reforça os laços de amizade, laços de santo, comida comunal. Aí o feijão-preto, em feijoada mais elaborada ou simplesmente com carne-seca, tem seu valor juntamente com outras "comidas de branco" – arroz, saladas, maionese, pastéis, empadas, entre outras. Há também carnes de aves e caprinos que foram imolados segundo os preceitos e vivificaram, em sangue, os assentamentos dos deuses – orixás, voduns, inquices – nos pejis dos terreiros.

Há algo de sagrado no feijão-preto. Ele está na feijoada de Ogum, convive no cotidiano de milhares de brasileiros, representa festa, representa ciclos religiosos.

Também na Semana Santa, feijão e arroz de coco, pratos com dendê – vatapá, efó – fazem o cardápio familiar dos baianos. Semana Santa é época de comer pratos com leite de coco e azeite-de-dendê.

A mistura fantástica feijão-preto e arroz branco expõe um resultado simbólico marcante, o da miscigenação, da mulatinidade. Feijão atua sobre o arroz. O arroz perde a sua brancura e fica acrescido de preto, ganha nova identidade.

Há algo de forte nas misturas, preferencialmente de consistências moles – feijões de caldo grosso, pirões, vatapá, caruru, mingaus –, são resultado de diferentes ingredientes com sabores e personalidades peculiares que se juntam para formar novos sabores, novas apresentações visuais – a estética das misturas. Contudo, a mais comum, emblematicamente comum, é o feijão com arroz. Tudo está igual, é rotina – virou feijão-com-arroz. É o trivial diário, na comida, nas relações sociais – virou feijão-com-arroz. Nas práticas sexuais, fazer "papai-e-mamãe" virou feijão-com-arroz. Sem dúvida, feijão com arroz adjetiva e situa alimento e comportamentos sociais e culturais de sínteses históricas e de identificação do brasileiro.

Filé candomblé

Se há um campo totalmente aberto aos mais variados acréscimos étnicos, culturais, multiculturais e certamente de intensa criação, esse é o da gastronomia. Além disso, a comida e tudo o que ela representa se tornaram tema, foco e atenção midiática no mundo, especialmente no mundo globalizado. Aí a comida ganha um sentimento imediato de matar a fome pelos organizados sistemas unificadores e banalizadores das redes internacionais, *fast-food*, ou então ganha um olhar de quase único, perfeito, místico êxtase com a cozinha de autor, de herdeiros dos grandes chefes, ou na contemporânea tendência *fusion*.

São cenários sociais e principalmente econômicos que dão cada vez mais à comida um lugar de vivência, de experiência, de lazer, de muitas e diferentes formas e estilos de socializar, de ter prazer, especialmente o prazer de comer a comida. É também viver os entornos; comer as cores, os objetos, o lugar, pois o ato de comer sempre comportou e apontou para amplas e diversas formas de exercer ação mais plena e complexa do que apenas ingerir nutrientes, lipídios, sais minerais...

O *glamour* da comida na sociedade multiétnica e ao mesmo tempo globalizada tende a valorizar o que é memorial, identitário, revelador de culturas, de povos, de regiões, agregando certamente o que a comida mais revela em ingrediente, que é o símbolo. Pois comem-se principalmente símbolos nesse destino histórico do homem onívoro.

Esse homem que come de tudo, apontado e selecionado pela cultura, pelo momento social, ritual, ético e moral apoiando a tradução do que se come e de como se come.

Chamar a comida, nominar o prato é um ato de identificação, de reconhecimento, que se dará plenamente diante da comida e na culminância do próprio sentimento sensorial e cultural de comer.

Cabe mencionar exemplo recente de um caso típico dessa multiculturalidade na gastronomia aliada ao desejo de internacionalizar nomes e pratos, para assim conquistar maiores e melhores meios de trazer o comensal, de conquistá-lo pelo nome do que vai comer.

Assim, ao chegar em elegante restaurante do Recife, onde já experimentei com o mesmo agrado lagostas tenras ao suave molho de manteiga e uma suculenta e arrebatadora dobradinha combinada com limão, delícias!, desejei repetir esse ritual de prazer. Pedi o cardápio e, como sempre, li antes a sugestão do *chef*, pois, sem dúvida, essa é a sua maior inspiração do dia ou o que melhor o mercado, a peixaria ou o açougue podem oferecer naquele momento. Assim, certamente, é aconselhável seguir o que indica quem faz a comida.

Li então *filé candomblé*... Fiquei curioso sobre como seria essa tradução tão criativa e contemporânea de trazer na carne uma síntese de fé religiosa e tradicional de matriz africana. Fiquei idealizando se o filé candomblé teria algum acompanhamento à base de azeite-de-dendê, visto que há uma forte identificação de cardápios sagrados e de cardápios dos homens por meio desse delicioso ingrediente: acarajé, abará, efó, vatapá, xinxim de galinha, caruru, bobó de camarão, arroz de hauçá, moquecas variadas, entre tantos outros.

Então chamei o garçom e, expressando muita curiosidade, perguntei: "Como é o filé candomblé?". O garçom olhou para mim e disse:

"Senhor, é filé *cordombleu*... foi um engano do rapaz da cozinha que digitou a sugestão do dia". Então eu disse: "Ah! Seria tão bom um verdadeiro filé candomblé como uma forma brasileira de trazer à mesa tema tão dominante e recorrente ao nosso imaginário!".

Pedi o filé *cordombleu*, imaginando como seria simplesmente gostoso; já então pensando na sobremesa, um queijo de coalho assado e recoberto de mel de engenho.

Cordon bleu significa cozinheiro de mérito, grande mestre do forno e do fogão. Deve-se historicamente à ordem do Cordão azul criada por Henrique II da França, quando proclamado rei da Polônia.

É um distintivo de louvor e de técnica desejado pelos *chefs* como atestação e especialidade técnica, segundo preceitos e orientações da tradicional cozinha francesa.

Café: hábitos da mesa brasileira

VOU MANDAR ESCREVER SEU NOME,
NA FOLHINHA DO CAFÉ,
PARA TODOS FICAREM SABENDO,
MEU AMOR CHAMA JOSÉ.
  (Poesia popular, São Paulo)

Vamos tomar um cafezinho...

Tão brasileiro, profundamente integrado aos nossos hábitos do cotidiano, sendo um dos melhores símbolos do bem-receber, é o cafezinho; pois servir um café, partilhar uma conversa no balcão do botequim, da padaria, em casa, no restaurante ou no bar, é viver o momento de encontro. Assim, o brasileiro é um povo que bebe e gosta de café. Café com leite, café carioca, com um pouco de água; café pingado, com um pouco de leite; café puro; café na xícara ou no copo; na xícara de porcelana ou no copo de vidro grosso, é sempre um prazer, uma emoção; pois o café estimula, faz a gente estar pronto para o dia, arremata as refeições, complementa sabores de doces, logo após comer a sobremesa.

É assim o café, trazido da África, da Etiópia, do oriente desse continente tão próximo do brasileiro, pois sem dúvida a nossa afrodescendência chega de diferentes lugares: da costa ocidental, golfo de Benin; da área austral, Congo e Angola; da costa do Índico com Moçambique e pela civilização afro-islâmica há mais de mil anos na co-formação da civilização ibérica, fazendo do homem português também um colono africanizado.

> Nas encostas da montanha
> O café vamos plantar,
> Mas primeiro devemos
> O terreno preparar.
> (Poesia popular, São Paulo)

Algumas espécies nativas de *Coffea* estão na faixa equatorial que percorre grande parte da África, desde a Etiópia até o Congo, expandindo-se para o sul, chegando a Angola. A espécie *Coffea arabica* é da Etiópia, sendo levada pelos árabes, provavelmente no século XVI ou início do século XVII, para o Iêmen, ao sul da península arábica, no litoral do mar Vermelho. O comércio ampliou-se com os holandeses que levaram sementes para Java (Indonésia), onde a cultura do café foi introduzida em 1690. Assim, o *Coffea arabica* iniciou sua trajetória e chegou a outros lugares do mundo; de Java para o Ceilão, ao sul da Ásia, alcançando esse continente pela costa de Malabar, na Índia (1700). Em seguida, China, Formosa, Filipinas, Nova Guiné, entre outras localidades.

De Batávia (Java), o café viajou para as Américas via Amsterdã (Holanda), em cujo Jardim Botânico a espécie *rubiácea*, cafeeiro, é encontrada por volta de 1706. Os holandeses presentearam o rei Luís XIV, da França, com muda retirada daquele Jardim Botânico, sendo então cultivada no Jardim Botânico de Paris, e de onde saíram mudas para as Américas, levadas por um oficial da Marinha francesa, De Clieux; mas somente uma delas chegou a este lado do Atlântico, sendo plantada na ilha de Martinica, nas Antilhas. Assim, teria sido ela a mãe de milhões de cafeeiros existentes nas Américas.

O café na América do Sul chegou pelo Suriname em 1714, seguindo para Caiena, em 1718, e entrando no Brasil em 1727.

> Atravessei o rio a nado,
> Num barquinho de café,
> Para ir ao outro lado,
> Para encontrar com José.
> (Poesia popular, São Paulo)

O café que vem de longe

Da África, pelas mãos dos árabes, chegando ao mercado da Europa, o café atingiu as Antilhas, daí a América do Sul, enfim o Brasil.

As primeiras mudas e sementes foram trazidas ao Brasil pelo sargento-mor Francisco de Melo Palheta, em 1727, que as obteve em Caiena, aonde fora em missão oficial do governo brasileiro, estando Claude d'Orvilliers como governador da Guiana Francesa depois de verificar os marcos entre o Pará e a Guiana, no rio Oiapoque.

A *Coffea arabica* desenvolve-se muito bem em terras amazônicas, do Norte, terras tropicais de Belém do Pará, daí espraiando-se pelo Brasil, ocupando territórios, chegando ao gosto do nosso povo, retomando hábitos antigos e ancestrais que agora aproximam o continente africano, o mundo islâmico do Novo Mundo, América, caracterizando internacionalmente uma bebida nossa, certamente integrada a essa tão evidente afrodescendência.

Depois do Pará, o café chega ao Maranhão em 1728, em 1747 no Ceará, em 1770 na Bahia; segue pelo Vale do São Francisco e entra em Goiás. A produção atendia ao consumo doméstico até fins do século XVIII, quando a alta de preços, decorrente do mercado do Haiti, dá impulso à sua cultura nos países coloniais da América e da Ásia. Em 1770, dom José Joaquim Justiniano Mascarenhas Castelo Branco, bispo do Rio de Janeiro, faz os primeiros plantios no Rio de Janeiro, distribuindo mudas e sementes de sua fazenda e orientando novos agricultores. Espalham-se os cafezais por Minas Gerais e Espírito Santo, chegando no Vale do Rio Paraíba, São Paulo.

Assim, em 1790, o café marca e fica em São Paulo, terra consagrada como do café, terra que segue um novo ciclo após as minerações de ouro e diamante. O ouro transforma-se e muda de cor. Grãos vermelhos e maduros de café; café torrado, marrom, novos cheiros, sabores e mercados. É São Paulo desbravando nas fazendas o amplo e importante ciclo econômico do café.

> Amar sem ser amado,
> É o mesmo que coar café
> Num coador furado.
> (Poesia popular, São Paulo)

Esse Brasil agrário nasceu no século XVI do plantio de *cana sacarina*, cana-de-açúcar, e ganhou no século XIX o mundo como o grande produtor de café. Terras do Vale do Paraíba, São Paulo, momento também do fim do tráfico de escravos, 1850, mais tarde a libertação oficial em 1888.

Novos caminhos, novos trabalhadores chegam com a imigração organizada da Itália, povos para trabalhar o café, o ciclo econômico dominante, do novo ouro que vai até a boca como bebida não apenas brasileira, mas de gosto mundial.

Além do gosto característico, o café tem um cheiro dominante, marcante, pois o ato de torrar o café é um anúncio que estimula o paladar, a boca, culminando na bebida quente, saborosa, um verdadeiro símbolo nacional.

> Minha terra tem café,
> Que dá frutinha miudinha,
> Quem beber deste café,
> Ficará bem mulatinha.
>   (Poesia popular, São Paulo)

Os processos artesanais de torrar café têm suas histórias aliadas às cozinhas grandes e generosas das fazendas. Os processos do plantio, colheita, torrar, fazer e servir café seguem diferentes rituais, tendo no fruto estimulante o elo socializador de receber em casa, pois na bebida se constrói o imaginário do brasileiro junto a uma xícara de café, embora a erva-mate e outras bebidas façam também os nossos patrimônios regionais.

O café é torrado geralmente em torradores redondos e usa-se ainda torrar o café em panelas e em caldeirões de ferro.

O café torrado está no ponto quando adquire cor marrom-escura. Se o café é de tipo doce, adquire cor marrom-clara; se for ácido, a torra tem que ser mais forte, para não dar bebida ácida.

O saber popular e tradicional orienta as tecnologias do torrar, do cuidar dos gostos, mais tarde celebrados com açúcar, acompanhado de biscoito, bolo ou mesmo com licor, conhaque, vinho do Porto, entre outras.

Café, bom de ver, de cheirar, de tomar e assim se sentir mais brasileiro.

Omin dudu

Os iorubás, na África Ocidental, chamam o café de *omin dudu*, água preta, sendo uma bebida cerimonial no Brasil, em terreiros de candomblé seguidores do modelo nagô, em uso que lembra os ancestrais, tendo inclusão nos cardápios dos ritos fúnebres chamados *axexê*, quando o morto é lembrado, culminando em ato comunal de um café da manhã que apresenta variedade de frutas, bolos, pães e especialmente café.

Bolo de café

1 xícara de manteiga
4 ovos
2 xícaras de farinha de trigo
1 xícara de fubá de arroz
1 xícara, de chá, de café forte
1 colher de sobremesa de fermento
1 pitada de sal

Bate-se a manteiga com os ovos, o açúcar e o sal. Depois de bem batido, junta-se o café, a farinha, o fermento e o fubá de arroz. Bate-se ainda uns dois minutos e leva-se ao forno, em fôrma untada com manteiga.

Glossário

ÁGUA DE BATATA – Café fraco.
BAURU – Abundância de mato no cafezal. Dizem: "Está um bauru", isto é, está um matagal.
BOCA DE PITO – Café tomado antes de fumar.
BRUACA – Pequena caixa de madeira feita de couro, que se coloca nas cangalhas do burro de carga.

BUGAIO – Bugalho; jogo com felipe de café ou pequenas pedras, usado por moças e crianças.

CAFÉ TROPEIRO – Segue a mesma técnica do café muçulmano, sem uso do coador, realizando a decantação do café.

CAPÃO – Caroço de café em que um grão é grande e o outro é pequeno, o que acontece quando toma chuva de pedra.

CHAFÉ – Café fraco, ralo.

FELIPE – Caroço de café, achatado, com três ou mais grãos.

LEVANTA – Varredura, varredela ligeira, antes da colheita.

MANGOTE – Mangas compridas, avulsas, usadas pelos colonos na colheita de café, presas aos polegares por meio de duas alcinhas e amarradas às costas por dois cordões ou tiras.

PANHA – Colheita de café; apanha; apanhação.

PINHA – Botão, bem fechado, da flor do café.

REPASSE – Ato de apanhar ou varrer o café que restou na árvore ou no chão, após a primeira colheita, quando não foi bem feita.

RONCOLHO – Bago de café que só tem um grão.

TIMBÓ – Café amargo, muito forte, com pouco açúcar.

TINTURA – Café muito forte, café escuro.

VACA – Peça de tábua retangular, de mais de um metro de largura, com dois tirantes de cordas terminados em alça, usada para esparramar e amontoar o café no terreirão, durante a secagem; é operada por três pessoas, duas que puxam a vaca, colocando nos ombros as alças de corda e a terceira que lhe dá direção, manejando um cabo de madeira.

XIBÉU – Café fraco, com muita água.

Caju: sabor nativo

O CAJUEIRO PERTENCE À FAMÍLIA DAS ANARCADIÁCEAS, QUE INTEGRA EM TORNO DE QUINHENTAS ESPÉCIES CONHECIDAS, ENTRE AS QUAIS A *ANARCADIUM OCCIDENTALE* L., SEGUNDO SOUTHEY A ÁRVORE MAIS ÚTIL DA AMÉRICA. NATIVO DO BRASIL, MAIS DO NORDESTE, FOI LEVADO PARA A ÁFRICA, PARA A ÍNDIA E A AMÉRICA CENTRAL. O NOME TUPI SEGUIU COM O CICLO DE NAVEGAÇÃO DOS PORTUGUESES, ESTANDO NO ORIENTE E NO OCIDENTE. MUITOS DIZEM QUE O CAJU É A FRUTA MAIS BRASILEIRA DE TODAS.

(Mauro Mota, *O cajueiro nordestino*)

O Brasil ainda revela seus imaginários de um paraíso tropical, certamente em virtude das chamadas "belezas naturais", reunindo diversos ecossistemas que incluem amplo litoral, montanhas, florestas, vales, áreas alagadas como o Pantanal, o cerrado, bacias hidrográficas magníficas como a da Amazônia, rios quase continentais como o São Francisco; enfim, cenários privilegiados de flora, fauna e também de diferenciada ocupação humana, de cultura e de interpretações dessa diversidade que identifica e marca o país.

Entre os muitos símbolos desse Brasil tropical, de natureza variada e generosa, estão as frutas. Frutas carnudas, coloridas, saborosas, de odores e de gostos especialíssimos. Muitas frutas chegaram pela mão do colono português, introduzindo a manga, a jaca, a fruta-pão, a banana, todas originárias do Oriente; contudo, as frutas *da terra*, nativas, são muitas e de ocorrência nacional, caso do nosso tão conhecido e celebrado caju.

> [...] umbus, cajás (cujo refresco ou o sorvete depura o gosto e nos transporta a um deleite de eleitos, próprio do sabor de néctar ao sol do Nordeste), abius, araçás, canas, jacas e oitis veras goiabas [...] pinhas, graviolas, cajus, pitangas e carambolas; jambos, pitombas e tamarindos; cocos, melões, limas-de-umbigo e mimo-do-céu; maçarandubas, e mais limão e melancias e até mesmo a fruta-pão.[22]

A exuberância e variedade de formas, de estéticas ecológicas, sempre marcam as nossas frutas (diga-se: frutas do mundo aqui nacionalizadas e tantas outras nativas, *da terra*), que juntas constituem esse rico acervo de cheiros e paladares que fizeram com que os viajantes – homens de arte e de ciência vindos de diferentes partes da Europa para conhecer, documentar e revelar ao mundo essas terras "exóticas", de um Brasil tropical – pudessem exercer várias formas de documentação.

Entre tantos viajantes artistas destaco Albert Eckhout, pintor que chegou ao Brasil, a Pernambuco, por convite de Maurício de Nassau, em 1637-1644.

Eckhout nasceu em Groningen, Holanda, em 1610 e integrou a corte de Maurício de Nassau, convivendo com outro pintor, Frans Janz Post.

---

[22] Sílvio Oliveira, *Inventário poético do Recife* (Rio de Janeiro: Civilização Brasileira, 1979), p. 98.

O trabalho visual, as pinturas de Eckhout, têm excepcional valor de documentário, registrando pessoas, tipos de características étnicas bem definidas e principalmente elementos de uma natureza muito colorida, diferente, marcada por frutas, árvores, flores, animais e cenários de uma exuberante natureza. No caso, destaco uma das pinturas mais conhecidas de Eckhout, chamada *Mameluca*, em que se vê exímio trabalho de desenho botânico de cajueiro e seus frutos.

A obra de Eckhout, de 1641, encontra-se no Museu de Copenhague, ofertada por Maurício de Nassau ao rei Frederico III, da Dinamarca.

Mameluca retrata um tipo étnico, mistura de elementos raciais entre o branco, no caso o português, e o ameríndio, o nativo do Brasil.

Em descrição detalhada da pintura de Eckhout, temos a seguinte análise: "[...] Ainda em plano próximo salienta-se uma árvore, um cajueiro (*Anacardium Occidentale* L.) abundantemente frutificado e com os cajus em diferentes estados de maturação [...]".[23]

O interesse por retratar o caju em um conjunto de onze telas destaca a ocorrência e o significado da fruta para a Região Nordeste, para uma ampla área da costa brasileira.

A fruta de muitos usos

> DE VÁRIAS CORES SÃO OS CAJUS BELOS,
> UNS SÃO VERMELHOS, OUTROS AMARELOS,
> E COMO VÁRIOS SÃO NAS VÁRIAS CORES
> TAMBÉM SE MOSTRAM VÁRIOS NOS SABORES:
> E CRIAM A CASTANHA
> QUE É MELHOR QUE A DE FRANÇA, ITÁLIA, ESPANHA.
>
> (Botelho de Oliveira, "Ilha de Maré")

---

[23] Clarival do Prado Valladares, *Albert Eckhout: pintor de Maurício de Nassau* (Rio de Janeiro: Livroarte, 1981), p. 119.

O cajueiro é uma árvore celebrada e está no variado imaginário tradicional e popular brasileiro. Além do consumo da fruta *in natura* e de muitos outros aproveitamentos da culinária enquanto doce, vinho, castanha assada, muito apreciada e consumida como acompanhamento de bebidas ou na receita de "bolos" como o pé-de-moleque, um prato que integra a mesa festiva do ciclo junino e é alimento diário de muitos brasileiros.

E também das formas doces: em calda, como passa destacando o açúcar da fruta, a tão celebrada passa de caju, um quase símbolo do Ceará que está ainda em pratos salgados, destacando-se a famosa moqueca de maturi.

As bebidas feitas de caju ampliam possibilidades gastronômicas e comerciais. Inicialmente, a tão conhecida cajuada, o suco de caju, excelente bebida refrescante e muito saudável. Ainda de maneira industrial, a cajuína e o "vinho de caju", além do licor e de outras criações próprias da dinâmica inventiva das cozinhas.

> Sou amante da branquinha
> do caju sou camarada
> Sou amigo do copinho
> Quando bebo uma bicada.[24]

A estética do caju e do cajueiro

> CAJUEIROS DE SETEMBRO
> COBERTOS DE FOLHAS COR DE VINHO
> ANUNCIADORES SIMPLES DOS ESTIOS
> QUE AS DÚVIDAS E AS MÁGOAS ALIVIAM.

---

[24] Pereira da Costa, "A pimenta", *apud* Mauro Mota, *O cajueiro nordestino* (Recife: Fundação da Cultura Cidade do Recife, 1982), p. 120.

> AQUELES QUE, COMO EU, VIVEM SOZINHOS.
> AS PRAIAS E AS NUVENS E AS VELAS DAS BARCAÇAS.
> QUE VÃO SEGUINDO ALÉM RUMOS MARINHOS
> FAZEM COM QUE POR TUDO SE VISLUMBREM
> LUMINOSOS DOMINGOS EM SETEMBRO.
> CAJUEIROS DE FOLHAS COR DE VINHO.
> PRESSÁGIO, AMOR DE NOITES PERFUMADAS.
> CHEIAS DE LUZ, DE PROMESSAS E CARINHOS,
> VIVAS CANÇÕES SERENAS E DISTANTES.
> CAJUEIROS DE SABORES INOCENTES
> DEBRUÇADOS À BEIRA DOS CAMINHOS.
>
> (Joaquim Cardozo, *Cajueiros de setembro*)

A forte presença do caju no imaginário brasileiro ocorre em diferentes técnicas artesanais, retratando a fruta como tema principal ou compondo cenas regionais presentes no nosso artesanato/arte popular.

Na xilogravura, o caju é um componente que centraliza muitas obras, ocorrendo ainda de maneira alegórica. Há uma referência dominante ao caju como símbolo do trópico, do sol, das cores fortes e quentes e assim é interpretado e incluído em vasta produção dos gravadores populares.

Entalhes de madeira, pinturas sobre tecido, bordados, pinturas em material cerâmico, sobre outras superfícies, pinturas sobre papel e tela, entre muitas outras técnicas, revelam a inventiva tradicional e contemporânea de mostrar o caju e sua trajetória, unindo o valor da fruta telúrica e demais temas que identificam a natureza brasileira, o cotidiano, a festa, o homem regional.

Também nas tradições orais, na literatura, nas cantigas, o caju é um tema muito freqüente, fazendo diferentes autores louvar e relacionar a fruta com estéticas que revelam o Nordeste interpretando o homem do litoral, o ciclo das colheitas em um tempo em que os cajueiros chegam com suas flores brancas e dão frutas coloridas, exalando odores, anunciando sabores e preferências do brasileiro.

Como o coqueiro (*Cocos nucifera* L.) para o oriental, notadamente o indiano, o cajueiro seria o mesmo para o brasileiro, representando-o, se houvesse uma árvore símbolo do paraíso, em virtude das inúmeras possibilidades do seu aproveitamento para a vida do homem.

O cajueiro é uma árvore de múltiplos usos, sendo para o nativo, o da terra, uma espécie botânica que alimenta, que produz remédios, cuja madeira é empregada para a construção de embarcações, especialmente a jangada, além de representar no imaginário popular uma das plantas mais queridas do Nordeste.

Assim, estabelecem-se profundas relações entre o brasileiro e o cajueiro, tendo na fruta uma forte referência de cultura.

Pois o homem, esse eterno tradutor do meio ambiente, usa e dá significados aos inúmeros elementos da vida natural e assim vai representando os seus entornos e se representando, construindo identidades.

Bolo pé-de-moleque

QUATRO OVOS, SEIS XÍCARAS DE MASSA DE MANDIOCA, MEIO QUILO DE AÇÚCAR DE SEGUNDA, UMA XÍCARA DE CASTANHAS DE CAJU, UM COCO, TRÊS COLHERES DE SOPA DE MANTEIGA, ERVA-DOCE, CRAVO E SAL.
ESPREME-SE A MASSA, PASSA-SE NUMA PENEIRA, DEPOIS JUNTA-SE O LEITE DE COCO TIRADO COM UM POUCO D'ÁGUA. EM SEGUIDA, OS OVOS, A MANTEIGA, O AÇÚCAR, AS CASTANHAS, UMA COLHERZINHA DE SAL E OUTRA DE CRAVO E ERVA-DOCE.
LEVA-SE AO FORNO NUMA FÔRMA UNTADA E PÕEM-SE EM CIMA ALGUMAS CASTANHAS DE CAJU INTEIRAS.

(Gilberto Freyre, *Açúcar*)

Moqueca de maturi

A moqueca urbana, das nossas mesas, é um tipo de guisado de peixe, de carne, de camarão, de ovos, de maturi, entre outros, temperado com azeite-de-dendê, leite de coco e pimenta, entre outros.

Há ainda a chamada moqueca de folha, que, segundo a tradição, é a moqueca original e feita de peixe com muita pimenta malagueta, envolto em folha de bananeira e depois moqueado, tipo de cozimento que acontece com uso de grelha, certamente um costume indígena.

Para se fazer moqueca de maturi, os ingredientes são: maturi, azeite-de-dendê, azeite de oliva, leite de coco, cebola, tomate, sal, cheiro-verde, pimenta malagueta.

Carne de caju

Dez cajus inteiros, uma cebola, quatro dentes de alho, dois tomates, azeite de oliva, sal, pimenta-do-reino e cheiro-verde.

Prepare a massa dos cajus e adicione os demais ingredientes em uma panela. A carne de caju é acompanhada de arroz.

Doce de caju à moda de Pernambuco

ESCOLHEM-SE CAJUS QUE NÃO ESTEJAM MUITO MADUROS E QUE SEJAM SEM MÁCULA, E QUE DEVEM SER DESCASCADOS COM UMA CASCA DE MARISCO, DE MODO QUE SE TIRE TODA A PELE, E OS TALOS, PARA QUE O DOCE NÃO FIQUE PRETO; PIQUEM-SE COM UM PALITO, EXTRAINDO-SE METADE DO SUMO, DEPOIS DESTA OPERAÇÃO FERVAM-SE EM CALDA, E LOGO QUE TENHAM FERVIDO, RETIRE-SE TODO O DOCE DO FOGO E DEIXE REPOUSAR ATÉ O DIA SEGUINTE, A FIM DE FICAR A FRUTA BEM REPASSADA NA CALDA.

DEPOIS TORNA A VOLTAR TUDO AO FOGO, PARA TOMAR O COMPETENTE PONTO. RETIRE-SE E GUARDE-SE EM VASILHAS.

(Gilberto Freyre, *Açúcar*)

Glossário

MATURI – É a castanha verde empregada em forma de moqueca, especialmente na Bahia.

PÉ-DE-MOLEQUE – Tipo de doce à base de amendoim e calda açucarada, compondo, junto com as cocadas, um cardápio tradicional das vendas ambulantes, comida de rua; notar o emprego do nome para um tipo de bolo que é usual no Nordeste.

XILOGRAVURA – Gravura feita de matriz de madeira, recebendo impressões em papel ou tecido, entre outros materiais.

Feijoada: uma preferência nacional

É preciso comer

Comer é um ato pleno de celebração e de significados.

Comer é, inicialmente, um ato biológico, pois para viver é preciso comer, mas também é um ritual cotidiano pleno de símbolos. Símbolos da casa, da rua, das manifestações religiosas, das festas, dos restaurantes, do *fast-food*, da feira, do mercado, entre tantos outros lugares da nossa comunidade, da região, do país.

À mesa vivem-se grandes momentos familiares, com amigos ou então construindo novas relações sociais e ainda confirmando laços e parentescos em torno de uma comida e de uma bebida.

Os ingredientes, seleções de temperos, modos de fazer e de servir atestam os diferentes sistemas ecológicos, etnias, culturas, formando assim identidades de povos, civilizações, de indivíduos singularizados pelo que comem, como comem, onde comem e principalmente o que significa de valor, de memória e de funcionalidade cada prato, cada receita, cada gastronomia. Gastronomia é patrimônio, tão patrimônio como uma igreja barroca, uma jóia de ouro ou qualquer outro testemunho cultural.

A comida inclui-se como um dos mais importantes patrimônios de um povo, tão importante como a língua que é falada, a história e a mitologia que explicam o aparecimento dos fundadores de uma cultura, de uma civilização.

Por isso, cada vez mais a gastronomia, internacionalmente, é valorizada, mantendo assim diferenças de cardápios, produtos e usos dos alimentos integrados à vida dos grupos, dos povos e, sem dúvida, de cada indivíduo.

O Brasil, em sua diversidade ecológica, étnica, social e cultural, encontra no feijão e variedades de tipos um alimento que identifica o país. O brasileiro tem hábitos alimentares cotidianos e também nos cardápios especiais, comemorativos e de festas, em que o feijão, temperos e adubos que enriquecem receitas e sabores de dezenas de pratos fazem as delícias dos encontros e das celebrações.

Feijão e dendê, uma combinação tradicional da mesa afrodescendente; feijão, carne-de-charque e farinha de mandioca, uma mistura regional, nordestina; feijão-preto, carnes e miúdos de boi e de porco, arroz branquinho, temperado com cebola, couve à mineira, molho de pimentas frescas e uma boa "branquinha", fazem o cardápio da tão celebrada feijoada. Ainda laranja, torresmo e outros acréscimos, como a farinha de mandioca seca, fininha. É a chamada feijoada clássica carioca, ganhando notoriedade e aceitação em todo o Brasil.

Feijão é gostoso e tem "sustança", sendo dos alimentos, certamente, o mais popular e básico para novas receitas e assim conquistando outros sabores, pois a cozinha/gastronomia é um permanente espaço de tradição e de mudança, espelho do que acontece com a própria cultura.

Feijoeiros

Sob as denominações de feijoeiros e feijões estão incluídas plantas e sementes de diversas espécies, reunindo dezenas de tipos. As espécies principais são do gênero *Phaseolus*: *Phaseolus aconitifolius* Jac. var. (origem americana), *Phaseolus angulares* Wild (origem japonesa), *Phaseolus aureus* Roxhg (cultivado há muito tempo na Índia), *Phaseolus lunatus* L. (origem na Guatemala) e *Phaseolus vulgaris* L. (origem na América do Sul).

Levado para Portugal no século XVI, o *Phaseolus vulgaris* L. resultou em profundas transformações na agricultura e na alimentação, combinando-se com o milho e a abóbora, substituindo algumas leguminosas como as lentilhas e criando novos cardápios.

Para Angola, introduzido pelo brasileiro, foi o *Phaseolus aureus* Roxhg, assim como a nossa mandioca, nativa que também compõe com o feijão a dieta mais popular e nacional desse país africano.

Feijoadas: as grandes misturas

Os pratos misturados, reunindo diferentes tipos de carnes, pescados, crustáceos, temperos, leguminosas, são uma antiga tradição européia, reunindo assim em uma mesma panela ingredientes que se complementam, intercambiando sabores e adquirindo rica e especial identidade. Exemplos: o cozido português, o cozido espanhol, ou ainda o *cassoulet* na França, feito de feijão-branco, incluindo carnes de carneiro, porco, toucinho de porco, pato, ganso e muitos outros temperos.

Certamente, em contextos históricos no Brasil colônia e império, os cardápios dos escravos eram variáveis conforme as opções dos ingredientes. Contudo, vigorava uma base formada de pirões de milho, de farinha de mandioca, opções de peixes salgados e frutas que, integrando-se aos outros cardápios, a saber, os europeus, trazendo a experiência de muitos contatos com especiarias, receitas e modos de fazer e de servir orientais, ampliaram os gostos e as opções gastronômicas.

O homem português, já habituado às misturas de legumes e carnes variadas, de certa maneira é um agente civilizador do comer no Brasil, estando também sensível aos aspectos econômicos e sociais para novos pratos e novas misturas.

Atribui-se a aceitação nacional da feijoada a seu valor nutritivo, pois ela, muito mais que um prato, é um verdadeiro cardápio. O feijão e as misturas refletem também uma grande mistura de povos, etnias e culturas que caracterizam o brasileiro em diferentes cenários ecológicos do litoral atlântico aos sertões, serrados, pantanais, vastas bacias hidrográficas como a amazônica, entre outros.

Além de forte inspiração na cozinha ibérica, Portugal e Espanha, os encontros da África com a vida brasileira fazem da feijoada um prato/cardápio que traduz aspectos do ser brasileiro. Do encontro plural, complexo e de identidades tão marcadas pelo que se come e se manifesta nos rituais diversos da alimentação.

Um processo brasileiro

Spix e Von Martius falam de uma alimentação grosseira de feijão-preto, fubá de milho e toucinho de porco, cardápio bem popular, semelhante ao de escravos em Minas Gerais e na Bahia, com feijão, banana, toucinho e carne-seca.

Aí está a base da nossa tão celebrada feijoada brasileira, segundo um estilo à carioca, feita de feijão-preto, porco em diferentes interpretações: orelhas, pés, rabinhos, toucinho, todos devidamente bem salgados para assim conservar as iguarias, acrescentando-se carne fresca, daí o nome verde e de boi; carne-seca ou carne-de-charque, também salgada, além dos embutidos como lingüiças de carne de porco de diferentes tipos: defumada, paio e outras. O feijão bem cozido, deixando aquele caldo grosso, generoso, e as carnes em quantidade, pois comer feijoada é o mesmo que comer muito e com muita gente – se há um prato socializador, é sem dúvida a feijoada.

Atribui-se à feijoada uma procedência afrodescendente, trazendo, em especial, os miúdos do porco para um aproveitamento gastronômico, ampliando e enriquecendo as opções da dieta alimentar dos escravos, sempre combinadas com as frutas disponíveis, como a banana.

Há ainda uma combinação obrigatória na feijoada histórica e na contemporânea, que é a do acompanhamento de frutas cítricas. A laranja em pedaços e o limão misturado com cachaça e açúcar, certamente para apurar e apontar sabores das carnes salgadas, do arroz, da farinha de mandioca que cobre o feijão ou em forma de farofa acrescida de ovos e demais temperos. Ainda as pimentas, sempre frescas, especialmente vermelhas, como vermelho é o fogo, e o sabor que amplia o gosto e estimula comer, comer muito em tempo quase mágico que a comida indica e traduzindo inúmeros significados para o cotidiano e a festa.

Além da nacional feijoada de feijão-preto, notadamente no Nordeste há a feijoada de feijão-mulato ou feijão-mulatinho, seguindo o mesmo princípio de carnes, mas prevalecendo carne-de-charque, carne fresca e acréscimos com as chamadas verduras – quiabo, abóbora ou jerimum, jiló, maxixe, entre outros. Essa feijoada caracteriza-se pelos adubos frescos.

Caldos e outras bebidas anunciam que chegou a feijoada

O caldo grosso e apurado do feijão bem cozido e enriquecido pelas carnes e variados temperos é considerado excelente *abrideira*, ou seja:

o caldo de feijão, ou, como é popular e carinhosamente chamado, "caldinho de feijão", é um início, um preparar do paladar para a feijoada que assim se anuncia.

O mesmo acontece com outros pratos fortes ou de "sustança", como o cozido e o mocotó, cujos caldos são separados e servidos antes da refeição. Quase sempre os caldinhos têm acréscimos de pimenta, azeite-de-oliva e sal, conforme o desejo de quem consome.

Ainda outra consagrada "abrideira" é a aguardente de cana-de-açúcar, a tão nossa e celebrada cachaça, também chamada de "branquinha" ou "purinha".

A cachaça acrescida de limão e açúcar resulta em uma bebida integrada ao cardápio da feijoada, que é a tão conhecida "caipirinha".

O limão funciona também na feijoada, como acontece com a laranja, como digestivo das muitas misturas, gorduras, temperos, pimentas que fazem a delícia desse banquete tão popular e tão brasileiro.

Os cítricos (*citrus* sp.), em que se incluem o limão e a laranja, são originários da Ásia. As frutas chegaram à Europa pelo Mediterrâneo por intermédio dos árabes, atingindo a Península Ibérica. Os árabes também difundiram alguns cítricos na costa ocidental africana.

O Brasil, juntamente com o Egito, Moçambique, África do Sul, Argentina, Estados Unidos, China, Turquia, Índia, Itália e Espanha, está entre os maiores produtores do mundo.

Glossário

ADUBOS – Temperos, enriquecimentos de vários produtos nas receitas.
CARNE-SECA – O mesmo que carne-de-charque ou carne-do-sertão.
FEIJÃO DE AZEITE – Feijão do tipo mulato ou do tipo fradinho, temperado com azeite-de-dendê.
FEIJÃO E CARNE – O mesmo que feijoada.

Feijoada completa – Com uma variedade de carnes salgadas e carnes frescas.

Feijoada simples – Geralmente, com carne-seca e carne fresca.

Sustança – Bom alimento, sendo o mesmo que alimento forte, que sustenta o homem por um dia. Um autêntico e generoso mata-fome é a feijoada, consagradamente um prato de sustança.

Calendário

1. Os dias da semana consagrados à feijoada são quarta-feira e sábado. É cardápio que exige tempo e certa reflexão para ser lentamente consumido, conforme os rituais indicados. Inicialmente, um caldinho, uma *abrideira*, depois os feijões e os acréscimos seletivos das carnes, combinando-se farinha ou farofa, molhos de pimenta e pedaços de laranja.
2. O ano todo é tempo de incluir feijoada nos cardápios semanais e nos das festas populares, entre outras datas especiais.
3. Feijoada, ou um convite para feijoada, significa o mesmo que um convite para festa, tendo em vista a ritualidade de consumir a variedade de ingredientes que fazem o cardápio.
4. Feijão de Ogum é feijoada ritual religiosa servida nos terreiros de candomblé, geralmente no mês de junho, cumprindo um cardápio devocional ao orixá dos metais, da agricultura e da guerra, que é Ogum para os iorubás, na África ocidental.

Nego-bom & Souza Leão: o bom do doce em Pernambuco

A *ZUCKERROHR* OU *ZUCKERSCHILF* É CHEIA DE SUCO DOCE EM SEU INTERIOR; POR FORA APRESENTA MUITOS NÓS OU ARTICULAÇÕES E É PLANTADA DUAS VEZES POR ANO, OU SEJA, NOS MESES DE AGOSTO E JANEIRO, DA SEGUINTE MANEIRA: FAZEM-SE AO LONGO DO CAMPO COMPRIDAS FILEIRAS COM UM PALMO DE ALTURA A PARTIR DO SOLO, TANTAS QUANTAS COMPORTE O TERRENO, DE MODO A SEMPRE DEIXAR ENTRE DUAS DELAS UM ESPAÇO DE MEIA BRAÇA. EM SEGUIDA, A CANA-DE-AÇÚCAR É PLANTADA AOS PEDAÇOS, NO TAMANHO AQUI DESENHADO, UMAS SEGUIDAS DAS OUTRAS, AO LONGO DA PARTE ALTA DAS FILEIRAS, PARA QUE OS PEDAÇOS ALCANCEM UNS AOS OUTROS E SE TOQUEM, E EM SEGUIDA SÃO DE NOVO TOTALMENTE COBERTOS DE TERRA. AO FINAL DE OITO, DEZ OU DOZE MESES, DEPOIS DE CHEGAR A ÉPOCA PRÓPRIA E ESTANDO A CANA-DE-AÇÚCAR GRANDE O SUFICIENTE, [A PLANTA] É CORTADA, LEVADA PARA O ENGENHO, SENDO O SUCO ESPREMIDO, FER-

> VIDO EM AMPLOS TACHOS PARA O PREPARO DO AÇÚCAR, [QUE É FEITO] SOB FOGO ALTO E À CUSTA DE GRANDE CALOR E MUITA FADIGA.
>
> (Zacharias Wagener, "Cana de çuquere")

O açúcar sem dúvida marcou e marca um amplo conjunto patrimonial do brasileiro, sobretudo do Nordeste, especialmente de Pernambuco.

Para o homem da região há uma construção de imaginários e de maneiras de ver o mundo e de se auto-representar que transita pelos engenhos, pela *plantation* da cana sacarina, que expõe do melado ou do mel de engenho ao açúcar moreno-mascavo e às caldas perfumadas de cravo e canela. Com orgulho telúrico se diz: o doce de Pernambuco é mais doce, tem mais açúcar. Expõe-se um caráter do *ethos* do "Leão do Norte" que se identifica enquanto fundamentação histórica, social e econômica com a saga unificadora do açúcar e de ampla gastronomia doce, diga-se muito doce.

Na casa, na rua, à mesa e no tabuleiro, variado cardápio é oferecido para o gosto do dia-a-dia ou para a festa, familiar ou do santo, quando se experimenta na fé múltipla e recriada na igreja e no xangô, por olhar e paladar plurais, uma religiosidade também ungida pelo que é doce para comer e para beber.

É o açúcar, alma do doce, determinando tecnologias culinárias e estilos de tratar e de desenvolver receitas que vão formando o acervo gastronômico do que vem da "cana", além da maneira como as diferentes matrizes etnoculturais vão criando, preservando e abrasileirando ingredientes e resultados de novos e de alguns já conhecidos sabores que particularizam Pernambuco.

Construir o "gosto", o "paladar", é um processo que chega da cultura, das opções, das escolhas, dos ingredientes que significam, para o grupo, a comunidade, o segmento étnico, um sentido/sentimento de "pertença", de fazer parte de um "lugar", de ocupar territórios geográficos e ideológicos.

Para o pernambucano, o convívio com o doce, a valorização do açúcar, é distintivo da identidade regional, partilhada com Alagoas e Paraíba, de uma "civilização" plantada e cultivada nos canaviais.

Há um forte barroquismo nos doces e em especial nos bolos, pois Pernambuco é um território tradicional de bolos, pães, biscoitos, costumes seguidos e apreciados pela população do Recife.

A padaria/confeitaria é uma instituição cultural importante na formação e na manutenção do paladar. Assim, vive-se na boca a celebração plena do que Gilberto Freyre tão bem mostra em sua obra fundante ao situar o conceito de *tempo tríbio*.

O cravo e a canela de uso milenar na Índia e no Ceilão, conservantes dos alimentos, invadem as receitas do "reino", dos portugueses, à época do Renascimento, século XVI. Portugal, país de povo mundializado distinguindo-se, na Europa, como o eixo entre o Oriente e o Ocidente, também é detentor das receitas de ovos e açúcar, saberes conventuais; memórias que vivem nos doces contemporâneos, identitários tanto em receitas quanto nos rituais de comer. Dessa feita projetam, pedagogicamente, hábitos alimentares para gerações futuras. Eis aí o que Gilberto afirma em dimensão sociológica e antropológica sobre um comportamento patriarcal do Nordeste, da "terra do açúcar", construindo e expressando papéis sociais de indivíduos, famílias, grupos, integrando o que é remoto com o que é contemporâneo e ao mesmo tempo indicando o que é futuro. *Tríbio* é o gosto, é o paladar do pernambucano, certamente na afirmação e na dimensão cultural do que é doce enquanto um ponto de referência de sua identidade, de sua singularidade de integrar uma região, um chão de terras de "massapé", um chão de açúcar.

Sem dúvida, o doce celebra, identifica, nomeia, compõe e ainda alimenta, tem gosto e sabor, traz referências complexas do passado e do presente, indicando o futuro.

> A marmelada, o caju e a goiabada formaram-se desde os tempos coloniais, os grandes doces das casas-grandes. A banana assada ou frita com canela, uma das sobremesas mais estimadas das casas patriarcais, ao lado do mel de engenho com farinha de mandioca, com cará, com macaxeira; ao lado do sabongo e do doce de coco verde e, mais tarde, do doce com queijo – combinação tão saborosamente brasileira.[25]

A intimidade entre o doce e a família, receitas exclusivas, projeções e estilos de casas, de cozinhas quase santuários; senhoras tão especializadas como os mestres de engenho, fazendo o suco da cana virar açúcar, ou ainda doceiras para a venda de tabuleiro, na feira, no mercado, andando na rua, oferecendo o sabor itinerante do açúcar da terra.

> O Nordeste do Brasil, pelo prestígio quatro vezes secular da sua sub-região açucareira, não só no conjunto regional, como no país inteiro, se apresenta como área brasileira por excelência do açúcar. Não só do açúcar, também área por excelência do bolo aristocrático, do doce fino, da sobremesa fidalga [...] quanto do doce, do bolo de rua, do doce e do bolo de tabuleiro, da rapadura de feira [...] boa de saborear com farinha, juntando a sobremesa ao alimento de substância.[26]

Certamente, a mandioca e o açúcar, juntos, fazem o mais notável conjunto alimentar da região; bases para comer, subsistir, verdadeiro mata-fome.

---

[25] Gilberto Freyre, *Açúcar: uma sociologia do doce, com receitas e bolos do Nordeste do Brasil*, cit., p. 78.
[26] *Ibid.*, p. 33.

O artesanato do doce, o conhecimento individual e delicado de selecionar ingredientes, organizá-los e então fazer, um a um, com a dedicação dos mosteiros medievais experimentando misturas, descobrindo novos sabores, marcando acentos autorais, dão um valor de realização artística, de assinaturas percebidas no ato de comer.

São milhares de brasileiros que fazem doces e vendem nas ruas, em bancas, tabuleiros, em pontos já conhecidos nas cidades, mantendo o costume de comer bolo de milho, cocada, doce de tamarindo, munguzá, entre muitas e muitas outras ofertas de viver nos condimentos, nas frutas da terra e outras, exóticas, mas que o consumo já fez ficarem e serem da terra, nossa, cardápios da região.

A feitura artesanal do doce é também uma realização estética, pois, para ser gostoso, ele tem que ser bonito, porque inicialmente se come com os olhos e depois se come com a boca e, finalmente, se come com o espírito. Comem-se os cenários e os entornos sociais incluídos no gosto, no ato complexo e pleno que é o de comer. Certamente, come-se Pernambuco em cada reconhecimento, pelo paladar, do que é doce.

> Perícia quase rival das rendeiras. Tais doceiras, como artistas, não consideravam completos seus doces ou seus bolos sem os enfeites [...] sem assumirem formas graciosas ou simbólicas de flores, bichos, figuras humanas [...] em que as mãos das doceiras se tornassem, muito individualmente, mãos de escultoras [...].[27]

Cada receita é um encontro, uma descoberta, uma forma de manter um conhecimento familiar, uma experiência, pois ingredientes, quantidades, maneiras de fazer e, mesmo, a vocação da doceira compõem o ideal do bom doce.

---

[27] *Ibid.*, p. 47.

Trata-se de realização subjetiva, de experiência pessoal própria da formação do paladar, no caso de Pernambuco fundamentalmente orientada pela nostalgia do engenho, pela afirmação telúrica do doce mais doce, do melhor doce, da arte do doce que só os da terra sabem fazer, sabem expor na boca um sentimento de "lugar".

O valor patrimonial do doce ocupa cada vez mais lugar nos repertórios da gastronomia regional do Nordeste e, em destaque, de Pernambuco.

Não há doce melhor, não havendo, portanto, a formação de hierarquia nesse âmbito da cultura, pois cada doce indica um processo entre os muitos dos receituários, das tecnologias de preparo, dos contextos ritualizados por gênero, religiosidade, prescrições do consumo, indo ao ato individual ou socializado de comer, de dar ao gosto doce as dimensões simbólicas dos momentos da vida, do cotidiano e da festa, indicando um tipo ou forma de se relacionar com o que se come, como se come e em que condições sociais se come.

Banana de rodelinha, doce japonês, pamonha, canjica, bolo-de-rolo, filhó, rabanada, cartola são todos doces da "terra", pernambucanizaram-se em acréscimos, em criação, em consumo, marcando e identificando autoria regional e da civilização do açúcar.

Se a rabanada tem procedência judaica ou se o filhó traduz uma receita muçulmana, dá-se ao que se come um sentido ampliado do lugar de feitura e do lugar do consumo. *Cartola*, sobremesa tão pernambucana, tão telúrica e regional nordestina, nasce na combinação gastronômica da banana, *Musa paradisiaca*, da Ásia, ou, se preferirmos, na visão americana da pacova, com o queijo em sua versão de manteiga, produto decorrente da introdução na Bahia do gado bovino por Tomé de Sousa, gado esse de procedência européia, culminada pela mistura de canela – *Cinnamomum zeylanicum* Blume –, que chegou do Ceilão, do Oriente, com o açúcar – produto originário da

Saccarum officiale L., da nossa tão conhecida cana-de-açúcar, também do Oriente, da Índia, trazida nas rotas comerciais dos árabes para a Europa, unindo o mundo nas descobertas de sabores e de povos.

Nesse exemplo do "doce pernambucano", prato multicultural, unindo a mão muçulmana dos filhos de Alá, que professam o islamismo, o *Alcorão*, com a mão lusitana, que à época fincava a cruz dominadora em nome de Deus, marcando o cristianismo, apontando a *Bíblia*, vê-se uma comida que traduz estilos, continentes, religiões, maneiras tão peculiares de ver, entender e de se situar no mundo.

Dá-se a esse doce valor e reconhecimento telúricos; vê-se, contudo, a união de ingredientes, todos exóticos, em particular do Oriente. Inicialmente pode-se afirmar a cartola como "prato oriental"; criado no Brasil, mas adquire a mão e a concepção nativas, do Nordeste, especialmente de Pernambuco, embora sobremesa similar ocorra no Estado de Minas Gerais, chamada de "mineiro de bota".

A pulverização da mistura de açúcar e canela é marca tradicional muçulmana que apura o gosto da banana envolta no queijo nesse doce apreciado e reconhecido como de destaque no cardápio pernambucano.

O mesmo se pode dizer do queijo de coalho assado e ungido pelo bom mel de engenho, grosso e escuro, fazendo um paladar sensual pela mistura de sal e açúcar.

Pernambuco forma-se enquanto território duplamente africanizado, como afirma Gilberto Freyre, em *Casa-grande & senzala*. Recife mouro, muçulmano, de treliças, de cozinhas internas, espaços possíveis da mulher européia, iniciada na cozinha doce; não na cozinha de fora, própria para os serviços de matar, sangrar e pelar o bode, mas naquela das receitas de doces açucarados, das caldas grossas com gema e açúcar, dos bolos, realizações que culminam na memória e na identidade de um lugar tradicional da mulher branca, tão branca como o açúcar.

São panoramas do século XIX, primeiras décadas do século XX, mas permanece na mão e no saber da mulher doceira a arte do açúcar, como também de *chefs*, de padeiros confeiteiros continuadores dos deliciosos bolos, pães, biscoitos que são anunciados pelo perfume dos fornos, fazendo a boca molhar de desejo do gosto anunciado; gosto formado, ensinado e vivido nas experiências transmitidas pela cultura.

O bolo sempre desempenhou relevante sentido social, marcando e acompanhando todos os momentos da trajetória de uma sociedade. Bolos autorais, de criações coletivas ou individuais.

Em Portugal, o bolo possuía uma função indispensável à vida do "reino". Representava solidariedade humana. Entre os muitos tipos de bolo figuravam o de noivado, casamento, visita de parida – mulher que recentemente teve filho, pariu –, aniversário, convalescença, entre demais situações. Além do bolo, uma bandeja de doces constituía presente muito significativo, de alto potencial para estreitar relações sociais.

Até hoje, no Brasil, oferecer um doce, partilhar um bolo, um doce em calda, receita especial de família, é um importante elo que celebra encontros, festa, fortalecimento de relações. Certamente, o açúcar do doce adoça e aproxima as pessoas.

O bolo, uma realização cotidiana e episódica, é tão marcante para Pernambuco como a cocada para a Bahia, o creme de cupuaçu para o Pará, o sagu para o Rio Grande do Sul.

Há na doçaria pernambucana um conjunto de bolos assinados por famílias, que encontraram nas receitas maneira de manter memória coletiva e preservar identidades, auferindo, sem dúvida, valor e significado patrimonial, territorial, por ser de uma região do açúcar dominador.

Assim, a receita do bolo é um importante tesouro, tão tesouro como aqueles formados por jóias, rendas, bordados, objetos de prata, porcelana, cristais, entre tantos outros.

A receita do bolo Souza Leão é um patrimônio originalmente da família Souza Leão, ganhando o valor de patrimônio regional e mesmo nacional.

> Ingredientes: 1 kg de açúcar, 2 cocos, 2 kg de massa de mandioca mole, 400 g de manteiga, 5 xícaras de água, 12 gemas, sal a gosto.
>
> Maneira de preparar: Lave bem a mandioca e ponha em um saco grande de pano para sair a goma, peneirando a massa em seguida. A massa é colocada em um recipiente juntamente com as gemas. Dos dois cocos, é retirado o leite, juntando-se com três xícaras de água quente, colocando-os na massa da mandioca. Faça em seguida uma calda no fogo com açúcar, manteiga, duas xícaras de água quente adicionada na massa. Tempere com sal e leve a assar, em fôrma untada com manteiga, em fogo quente. Bolo pronto para 20 porções.

Os bolos de Pernambuco assumem em sua maioria um sentido autoral, seja de família, seja de indivíduo, seja de um "lugar", de uma padaria/confeitaria ou mesmo de um engenho, de uma cidade. Contudo, a maior parte dos doces é coletiva em marca autoral, sendo referenciada por título que serve para uma extensa análise sociológica e também histórica. Exemplo é o tão popular *nego-bom*.

A base da receita é a banana, alimento da dieta tradicional dos escravos, juntamente com a farinha de mandioca, daí haver sempre nas áreas de plantio e beneficiamento da cana sacarina uma ou mais casas de farinha para dar de comer, melhor dizendo, "encher o bucho" do trabalhador, a fornalha interna, a barriga. Creio que até hoje isso pouco mudou nas composições das dietas alimentares de grande parte da população incluída em região situada como herdeira da civilização do açúcar.

A essa base acrescentam-se limões e muito açúcar, formando massa que é modelada em bolinhas e novamente passada no açúcar e embalada em papel, sendo um dos doces mais populares de Pernambuco, servindo para adoçar a boca, dar o bom hálito da palavra que nasce do que é doce.

A receita escrita e também oralmente indicada pelas mulheres, exclusivamente da família Souza Leão, foi por décadas um tesouro guardado pelo segredo e só transmitido para outras mulheres da mesma família, sendo nos casamentos um dos mais importantes presentes o acesso à receita, determinando assim um valor de inclusão e de pertencimento à família.

Os cadernos de receita e as transmissões orais são os principais meios de passar conhecimentos acumulados na condição feminina, especialmente no que se refere às receitas de doces. Há, sem dúvida, um amplo imaginário sobre os doces, relacionando o papel social da mulher na casa, na cozinha, enquanto verdadeira guardiã dessa memória pessoal, familiar e que ao mesmo tempo traduz memórias mais amplas, regionais, chegando até o plano mítico dos repertórios ancestrais, inerentes à condição de "ser mulher". Pois ser mulher é ser aquela que sabe, detém conhecimentos sobre os doces.

Volta-se à atualidade de ver e de entender o doce em seus contextos de saberes culinários tradicionais e significados patrimoniais em *Açúcar: em torno da etnografia, da história e da sociologia do doce no Nordeste canavieiro do Brasil* (1ª edição, 1939), de Gilberto Freyre.

Assim, "o bom do doce de Pernambuco" nasce de uma longa experimentação de comer doce em feira, mercado, tabuleiro, banca, padaria/confeitaria, restaurante, nas casas de história nobre dos engenhos, nas casas em tempo de festas, tantas casas como tantas ruas, esquinas, praças, beiras de estrada, engenhos, cooperativas de doceiras, invadindo cozinhas, acompanhando fazeres, sentindo odores dos processos, culminando na estética que assina cada receita, auferindo dignidade e individualidade.

Certamente, nesses mergulhos doces, muitas, muitas conversas com quem sabe fazer doce, gosta de comer doce e tem memórias de autores e lugares de fazer e de comer doce.

Lembro-me de conversas animadas com dona Madalena, mulher de Gilberto, especificamente sobre arroz-doce. Tantas receitas, variações nos complementos, como leite de coco, raspinha de limão e gema e, sempre presentes, pontuando e dando sentido ao prato, o cravo e a canela. E ainda elementos decorativos para as generosas travessas de arroz-doce com o uso de face quente ou de fôrmas em ferro também quentes aplicadas sobre base generosa de canela em pó, resultando em culinária próxima do tão afamado prato da culinária francesa, o creme *brûlée*. Os muitos intercâmbios de receitas e de processos artesanais próprios do mister de cozinhar incluem-se na concepção ampla de patrimônio cultural, pois todos os elementos que integram a construção do prato são tão importantes como o próprio prato em imagem e sabor.

Novamente os pioneirismos de Gilberto Freyre são retomados, já indicando em *Açúcar* maneiras ampliadas de entender e de valorizar o doce em dimensão visual, tecnológica, gastronômica, estética e especialmente nos atos do fazer e do servir. Servir à mesa, servir a partir do tabuleiro, na rua ou na feira, cada maneira indica rituais de sociabilidade. Pois comer o doce é incluir no gosto as texturas, cores e odores, formas que compõem, em cada receita, esses acréscimos episódicos que chegam na emoção, que chegam das relações sociais.

O Recife, com seus muitos cenários e paisagens, oferece momentos patrimoniais ricos e integrados às memórias de lusitanos, lusitanos moçárabes, africanos, especialmente os bantos (África austral), holandeses, judeus, libaneses e outros imigrantes visíveis na arquitetura, nos rios, nas árvores, nos jardins e principalmente na população, que, reunida, revela ou, melhor, sugere um lugar entendido como uma "cidadesereia", na expressão de Gilberto Freyre. Nas festas, nos rituais religiosos e principalmente nas cozinhas, com as comidas, destacam-se os doces, possibilitando pelos cardápios conhecer e interagir com a cidade.

Bolo Cabano, bolo Cavalcanti, bolo Guararapes, bolo Dom Constâncio, bolo Fonseca Ramos, bolo do mato, bolo divino, bolo toalha felpuda, bolo de São Bartolomeu, bolo de estouro, bolo de mandioca, bolo dos namorados, bolo engorda-marido, bolo manuê, bolo de milho, bolo de macaxeira, bolo de bacia Pernambuco, bolo de amor, bolo de São João, bolo republicano, bolo Santos Dumont, bolo Luiz Felipe, bolo de festa, bolo espirradeira, bolo de vatata, bolo ouro e preta, bolo sem nome, bolo de fruta-pão, bolos fritos do Piauí, bolo de milho seco, bolo novo de macaxeira, bolo fino, de massa de mandioca, bolo de milho de dona Sinhá, bolo de milho pau-d'alho, bolo de coco sinhá-dona, bolo padre João, bolo brasileiro, bolo-de-rolo pernambucano, bolo de mandioca à moda de Dom Gerôncio, bolo 13 de maio, bolo de castanha de caju, bolo Souza Leão, bolo Souza Leão-Pontual, bolo Souza Leão à moda de Noruega, bolo baeta, bolo Dom Pedro II, bolo senhora condessa, bolo tia Sinhá, bolo fino. A essa lista de base etnográfica organizada por Gilberto Freyre, sendo o bolo um dos eixos mais notáveis e importantes de *Açúcar*, venho acrescentar outro bolo, experimentado recentemente, chamado bolo Santo Antônio, também pernambucano, integrado a essa memória fundante da civilização do açúcar, da alma pernambucana.

O bolo Santo Antônio é feito de farinha de trigo, açúcar, manteiga, leite de coco, margarina, fermento e ovos. Uma delícia!

Bolos tradicionais, memoriais, novos bolos, novas experimentações de sabores, contudo *bolos*, grandes indicadores de expressão e de realização culinária de Pernambuco.

Creio que nessas terras de brava gente, "Nova Roma", como diz o hino do estado, de tantas batalhas de povo aguerrido, tenha o doce ocupado não apenas um lugar de destaque nos hábitos alimentares, nem que o açúcar co-formasse somente processos econômicos fundantes de uma civilização. É o doce ou o que é doce um elemento integrado ao caráter e à ação contínua e dinâmica da voz e da vida desse "Leão do Norte", desse tão doce Pernambuco de ver e de comer.

A face da alface

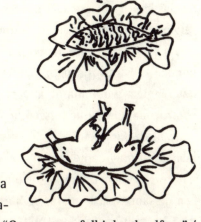

Se há alimento marcado pela modernidade, esse é a alface. Verdadeiro símbolo de dietas anoréxicas. "Comer uma folhinha de alface" é a expressão que traduz metáfora de não comer nada ou comer quase nada.

Crespa, romana, tipo repolho, a alface apresenta-se de diferentes maneiras para o consumo, contudo sempre crua. Diga-se devidamente lavada, higienizada, aliás comportamento marcante no consumo de alimentos *in natura*.

O uso alimentar da alface remonta, para alguns, a um período entre 500 e 4.500 anos a.C., prevendo-se que seu consumo se iniciou em área mediterrânea na Europa. A nossa *Lactuca sativa*, alface do dia-a-dia, certamente no imaginário contemporâneo é cada vez mais o emblema do alimento natural que não engorda, pois cada folha de alface é igual a 15 calorias e ainda tem a propriedade de conter vitaminas A, C, niacina, cálcio, fósforo, ferro.

Comum na chamada estética dos pratos, diga-se de restaurantes, bares, botequins ou mesmo em casa, estão lá folhas de alface. Base para bolinhos, frangos assados, bifes à milanesa ou mesmo, agora com verdadeira funcionalidade comestível, integradas a saladas, saladas verdes.

As saladas com os mais variados ingredientes são, geralmente, oferecidas com valor especial nos sistemas urbanos mais usuais do *self-service*, ou no tão brasileiro "a quilo".

Há então uma busca pelo que é verde em folhas, surgindo o dito popular: "Estou que nem lagarta, só comendo folha". Contudo, de novo impera a dominante alface; certamente é o que mais encarna o controle daqueles que buscam manter a silhueta ditadora *fashion*.

A busca por refeições saudáveis, geralmente, nasce nas opções chamadas naturais, como se nem tudo o que se come procedesse da "mãe natureza". Assim, o ideal verde ou o que é verde assume o valor simbólico de saudável, de mata, de horta, de jardim, de elo retomado com uma agricultura fundamental, retrato do homem integrado no seu meio ambiente.

Sem dúvida, há movimentos em busca de receitas, dietas, cardápios livres de insumos industrializados. Apenas tratados segundo cuidados orgânicos. Aí novamente a comida é destacada como ícone do que é natural.

Volta-se à nossa tão celebrada e conhecida alface, que, na maioria das vezes, apenas decora travessas, pratos, bandejas, retornando à cozinha sem ter sido tocada.

É a alface itinerante, cumprindo seu papel de verde necessário à mesa, trazendo uma certa elegância gastronômica. Como se fosse um cuidado de guarnecer, de dar base ao alimento principal. Mesmo assim, é a hortaliça mais consumida no Brasil!

Viva a oliva

Do outro lado do Atlântico, precisamente no Mediterrâneo, nascem, crescem as oliveiras, das quais provêm frutos tão apreciados e saborosos chamados azeitonas.

Tradicionalmente, as azeitonas são complementos que aromatizam e temperam inúmeros pratos e bebidas elaboradas, como os tão consagrados *drinks*. Exemplo: martini seco com azeitona verde, boiando no copo, em geral numa taça de formato cônico, sendo elemento indispensável para a imagem e o sabor dessa mistura. Assim, o paladar é preparado para um canapé ou para uma boa colher de caviar, acreditando que o melhor seria uma vodca em estado congelado, uma delícia.

Contudo, no nosso cotidiano, são muito lembradas e consumidas as azeitonas, compondo com carne moída, bem temperada, recheios de pastéis, aqueles de massa grossa, feitos em casa, fritos no não menos generoso azeite de oliva. Quentinhos, saídos da frigideira, busca-se logo no recheio a azeitona em pedaços ou inteira, geralmente preta e pequena, um quase prêmio que aguça o desejo de comer outro pastel, outro pastel, outro pastel.

Cobiçadas são também as azeitonas que acompanham os recheios das empadas, não menos estimulantes que as dos pastéis.

De uma árvore chamada oliveira, que chega a durar mil anos, os frutos, filhos das oleáceas, com mais de trinta espécies, destinam-se aos mais variados consumos da gastronomia tradicional – à etnogastronomia e às "cozinhas de autor e a fusion", entre tantas outras.

Inicialmente verdes, depois acinzentadas e finalmente pretas, as azeitonas integram-se à estética dos pratos, são valorizadas, marcam sem dúvida os povos que beiram o mar e que têm muito sol e convivem com água muito azul.

Esse gosto mediterrâneo culmina no azeite, azeite virgem, azeite aromatizado com ervas, verdadeiras jóias líquidas, como aliás ao azeite se refere Homero, chamando-o de ouro líquido.

Para se fazer 1 litro de azeite são necessários 5 quilos de azeitona.

Destinando-se o azeite às saladas, aos molhos, às frituras, aos assados e à famosa combinação azeite, pão e vinho tinto, constata-se que essa é uma herança grega, assumida e consumida como uma das bases da cozinha ocidental.

Nessa celebração da oliveira, caso exemplar é ainda o da internacionalmente conhecida "salada grega". Em tigelas matriarcais, de louça grossa, generosas, estão pedaços de tomate, rodelas de pepino, de cebola, azeitonas, queijo branco culminando, melhor o de cabra, inundados na fartura do azeite de oliva; complemento é o pão embebido no prato, para então arrematar o bem-comer.

Se há vinho tinto ou mesmo branco, se for tempo de verão, chega-se quase ao Olimpo, tocando nas memórias dos deuses.

Em tudo que toca a oliveira acrescenta, apóia e revigora o corpo e o espírito do homem. Assim, acredita-se, como os gregos, que a primeira oliveira foi plantada por Atenas.

Que seja!

Agora vou direto ao vidro pegar uma azeitona.

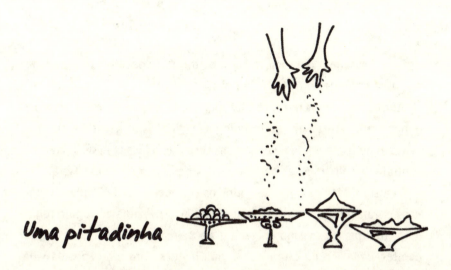

Uma pitadinha

Se há um lugar secreto, cheio de segredos, verdadeiro espaço iniciático, é a cozinha.

Fala-se da cozinha enquanto espaço físico e fala-se da cozinha enquanto testemunho da civilização; de grupos, de sociedades, de etnias, de culturas; pois, sem dúvida, grande parte das memórias convive entre panelas, tigelas, colheres e principalmente receitas.

A transmissão oral é ainda a melhor mídia para informar e principalmente legar processos culinários agregados às receitas e aos estilos de cada cozinheira ou cozinheiro, ou ainda *glamour* de ser *chef*, quando todos atuam nas escolhas das palavras que se unem às escolhas dos ingredientes.

Cada receita assume um papel e um sentimento próprio, pois cada receita é um acervo, um testemunho patrimonial em que o confiado é transmitido no rigor da regra: quantidade, etapas do processo, utensílios, estética pela cor, cheiro e forma, chegando-se finalmente ao gosto, ao destino, momento do contato entre comida e pessoa.

Contudo, as mídias impressas – livros, cadernos de receitas, jornais, revistas e a sempre crescente mídia web, reúnem, comunicam, passam receitas do cotidiano, receitas de festas, receitas que se integram aos ritos de passagem de povos e culturas do mundo, pois cada vez mais se busca entender o outro pela boca.

Aproximam-se os territórios, os lugares, as opções de especiarias, de implementos artesanais, de tecnologias culinárias, querendo recuperar, pelo ato de fazer comida e comer, maiores interações com os diferentes, contudo semelhantes, os habitantes deste planeta chamado Terra.

Transmitidas aos milhares todos os dias pelas mídias contemporâneas e transmitidas na ritualidade da palavra próxima ao fogão, fogareiro, trempe, ou mesmo na feira e no mercado na escolha de ingredientes, cada receita é um tema, uma história, um momento da vida de uma pessoa, de uma sociedade.

Por mais detalhadas, testadas, registradas, as receitas, quando experimentadas. podem verdadeiramente traduzir os sabores sugeridos, ou mesmo destacar sabores nas misturas, nas técnicas de trabalhar cada alimento; como servi-lo, como trazer à boca repertórios simbólicos tão complexos que fazem um arroz branco refogado no alho e óleo ou uma maniçoba repleta de rituais para tornar comestível a maniva – folha da mandioca – exemplos de sabores que remetem a pessoas e lugares.

Sabe-se que a cozinha é lugar aberto a mudanças, aos experimentos e principalmente às marcas e estilos individuais, personalizados, assumindo verdadeiras assinaturas no ato de servir comida e principalmente no ato de comer e expressar comentários: "Hum! Que gostoso..."; ou então: "Exagerou no sal; a mão está pesada na pimenta", entre tantas outras maneiras de avaliar e viver o gosto à mesa.

Encontra-se assim um valor propagado e aliado aos cozinheiros e cozinheiras, que é a mão, mão de cozinha, vocação aliada à técnica, ou então a capacidade de improvisar, de criar e de traduzir o desejo do outro, inicialmente passado pelo próprio desejo de construir e estabelecer sabor.

Bem, todas as receitas do mundo ficam à disposição da escolha e da ação personalizada de variação: uma pitadinha de sal, uma pitadinha de pimenta-do-reino; uma pitadinha de azeite; uma pitadinha de açúcar e por aí vai – segue-se um caminho autoral e intransferível.

Na cozinha, a diferença está na *pitadinha*...

Cachaça: boa de beber

COM QUE IMPIEDADE SE QUEIMA SEM COMPAIXÃO O BAGAÇO. ARRASTA-SE PELAS BICAS QUANTO HUMOR FAZEM DE SUAS VEIAS.

(André João Antonil, 1711)

Pela goela abaixo desce a branquinha – água que passarinho não bebe – abrindo refeições, abrindo conversas, aproximando pessoas ou representantes do que é sagrado.

É a abrideira, um contato privilegiado entre o sabor, o ardor, o estilo de bebida forte, bebida masculina, inaugurando diálogos com o mundo.

É bebida que aproxima o santo. Seja que santo for, santo individual, coletivo, santo identificado, nominado, ou mesmo santo inventado na hora.

Dar bebida para o santo. Dar para o santo. Jogar no chão o primeiro gole como um pedido de licença, saldando o chão, saldando ancestrais e homens.

Oferecer à terra é oferecer aos vivos e aos mortos, celebrando uniões entre hoje, ontem e desejando uma fala simbólica com o amanhã.

Terra, chão, território ancestral; território concreto do trabalho, das relações sociais.

Cachaça no boteco, no botequim, na banca de feira e de mercado, na esquina, no bar, ou mesmo em casa, evoca um sentido/sentimento do mundo dos homens.

É a bebida forte que determina um território masculino e que também celebra a conquista do herói. Herói internalizado ou mesmo herói inconsciente. É a lembrança do provedor, do caçador, do guerreiro, daquele que chega para marcar um papel, uma função social. Tudo isso transita pelo amplo imaginário fundante da nossa bebida forte, a cachaça.

A cultura judaico-cristã incumbiu-se e determinou o papel histórico e patriarcal do homem. Em permanente atualização, o papel relativiza-se entre a caçada do provedor, a ida ao supermercado, ou mesmo provendo na quitanda mais próxima e que também é resumo da realidade/alimentação.

São comportamentos, formas de contatar com o mundo externo. Nesse contexto, a bebida é um limite quase irreal entre o tempo histórico e o tempo mágico.

Baco certamente já sabia o que fazia com a razão e o pragmatismo dos homens.

No mundo afrodescendente, os guerreiros como Ogum e Exu são marcados pelas bebidas alcoólicas – no caso nacional, pela cachaça ou mesmo remotamente pelo vinho de dendê.

Dendê, um sinal que identifica e amplia o olhar sobre o africano no Brasil.

O *emu*, vinho de dendê para os africanos do ocidente e *malafo* para os africanos austrais, esteve presente nas vendas de rua das quituteiras/quitandeiras, especialmente na Bahia.

Bebida forte extraída da seiva fermentada do dendezeiro, era consumida como bebida relacional aos orixás, sendo ainda bebida de resistência, que marcava um lugar afrodescendente no Brasil.

O vinho de dendê foi substituído pela cachaça, que recebe o título de malafo em área de concentração banto.

O dendezeiro, *igí-opé*, árvore sagrada, funde-se com o orixá e com o homem-vegetal, que se vê em símbolos imemoriais dos festivais da colheita, do plantio, dos ciclos agrários. A bebida retirada da árvore tem um sentido profundamente sacrifical. É a imolação do vegetal.

Beber, consumir o vegetal em líquido elaborado é sentir, sem pudor, a chegada da natureza em espírito.

É comum dar ao assíduo e fiel bebedor o título de "pé-de-cana". É uma fusão de homem e cana, o vegetal e o homem, misturando-se um símbolo e em ação contatos físicos e de representação entre a cultura e a natureza.

Outro exemplo está na imolação de vegetais ternos, como bananeira, pitangueira, cana-de-açúcar, que servem de elo do devoto com São João quando são acesas fogueiras em louvor ao santo. Aí, o verde une-se ao fogo, fogo do sacrifício, quando também se bebe e se come ao redor do mesmo fogo.

A cachaça encarna um sentimento nacional. O sentimento do brasileiro.

Há também uma representação mimética entre a cachaça e o machismo.

Esse vinho de borras, a cachaça brasileira, é resultado da cana sacarina, oriunda do sudoeste asiático.

> Uma espécie de bambu que produz mel sem intervenção das abelhas, servindo também para preparar uma bebida inebriante.[28]

---

[28] H. Parreira, "História do açúcar em Portugal", em *Annais JIU*, 7 (1), 1952, pp. 1-321.

É comum, em muitas religiões, a ingestão de bebidas para facilitar o contato com deuses e ancestrais.

A cachaça é bebida de contatos, de socialização, e também uma bebida solitária. É uma busca pelo espírito da cana-de-açúcar.

Profundamente espiritual e espiritualizada é a cachaça: um ser, uma entidade socialmente incluída nos rituais cotidianos ou em complexas situações de liturgias, de cerimônias coletivas, intermediando pessoas e personagens.

Jean Baudrillard afirma que "tudo é solúvel no amor, tudo é solúvel através do amor". Digo: tudo é solúvel na cachaça. Não é uma apologia, nem uma enebriada defesa da "purinha", da "branquinha".

Ela não necessita de defesa e sim de conhecimento e de compreensão integrada à vida e aos símbolos da cultura.

É o olhar do antropólogo que até se arrisca a dizer que aprecia a bebida. Uma boa Havana, por exemplo, cachaça envelhecida, feita em Minas Gerais, é inconfundível na cor, no odor, no sabor e nas possibilidades de transitar entre o corpo e o espírito.

Cachaça, uma bebida acima do bem e do mal.

Cachaça, uma bebida de reconhecimento nacional, consagradamente forte.

Bebida forte para um povo forte.

Prato feito

Inicialmente, a opção de montar, organizar o prato que se vai comer é uma tradução e escolha de alimentos conforme o lugar, o tipo de mesa, o ritual social que se vive e que é representado na própria comida. Que é identificado no que se come.

Comida do dia-a-dia; na casa, na rua, na banca de feira e de mercado, no bar, na lanchonete, no restaurante ou na indústria *fast-food* que tenta em alguns casos humanizar cardápios; opções do usuário para se sentir uma pessoa e não um boleto de caixa ou ainda um código no computador.

Sem dúvida, a relação pessoa e prato que será ingerido é um momento de memórias, de histórias, de referências de paladares.

O prato feito na infância; pois criança não escolhe, quem escolhe é a mãe – das papinhas industrializadas às frutas, como a famosa banana amassadinha, e até o feijão com arroz, entre tantos e tantos outros alimentos que vão formando o gosto pelo sal, pelo açúcar, pelos temperos, pelos odores e texturas, além das cores das comidas, que são todas introduções à cultura. Pois o paladar é uma construção da cultura. É uma atestação e referência social, étnica, econômica, ecológica e essencialmente simbolizadora de pessoas, de lugares, de memórias, de ancestralidade.

No seguimento aos modelos do que comer, como comer, incluem-se quantidades, complementos, bebidas e demais rituais da comensalidade, ou ainda se inclui a pertença ou pertencimento a um grupo, a uma sociedade. E aí, novamente, o prato construído, também síntese estética, cromática, hierarquizada nos alimentos selecionados.

Tomo como estudo de caso o Recife, de referência urbana contudo marcado pela forte civilização do açúcar, destacando-se formas de comer com farinha de mandioca, carne bovina e carne caprina e inclusões da rapadura. Falo de uma dieta alimentar tradicional e de uma base social comum aos costumes do habitante do litoral e da zona da mata, justamente onde se desenvolveu a *plantation* da cana sacarina, dos engenhos de fazer açúcar.

Nesse contexto do açúcar, sempre se valorizou a carne enquanto um elemento que nutre e que traz poder. Comer carne, ter carne à mesa, representa de maneira ancestral o homem caçador, provedor, detentor da conquista do alimento que é simbolizado na carne sangrenta; contudo, carne, sempre carne: carne de charque, carne-de-sol, carne fresca ou carne verde; carne, um alimento que celebra o conceito cultural do bem comer.

Para o plantador e coletor da cana-de-açúcar, o prato feito se dá na "bóia", comida pronta e arrumada em marmita, um tipo de prato feito. Caracteriza o então chamado "bóia-fria", comida fria; comida que chega da casa, preparada geralmente na madrugada, antes de seguir o trabalhador para o seu afazer, no caso, nos canaviais.

Há um conceito dominante de que comida boa é comida quente, comida aquecida. Nesse caso, o prato feito segue seu destino, na marmita de metal ou de material plástico, onde se vê geralmente uma ordem de alimentos que se repetem em outras situações, quase sempre no almoço.

No botequim, nas casas de farinha que oferecem almoço, nos fornecedores de "quentinha", ou mesmo no restaurante francês mais sofisticado, o prato chega pronto. Cumpre-nos obedecer e comer.

Volto ao prato feito popular que é fiel à ordem de valor dos alimentos. Assim, numa base de feijão, de várias cores, este é recoberto generosamente de farinha de pau, farinha de guerra, farinha seca – a nossa tão gostosa e celebrada farinha de mandioca. Aí segue-se, nessa arrumação em camadas, o arroz e por último a carne. Se a carne for bovina, é a excelência do prato; ou então carne de galinha, nobre, mas não tão nobre como a bovina; e na ausência de um tipo de carne, um ovo frito. Dessa maneira, o principal, o que é culturalmente saboroso, culmina o prato feito e é o símbolo que será visto pelos demais. Quase sempre se come primeiro o feijão com o arroz, deixando o principal, para coroar, culminar a refeição.

O prato feito é um sinal das opções alimentares e como destinar aquele que organiza o prato detém um *saber* no aproveitamento da comida, nas opções da comida, marcando o que comer no dia-a-dia.

Milhares de brasileiros se sentem representados nos bóias-frias, contingências do comer o possível. Comer o frio, relações de poder e de dominação de alguns que comem quente com a massa que come frio.

Atribui-se também o valor da comida feita na hora, comida fresca, quente, recém-saída das panelas. Auferindo qualidade especial do comer, do comer bem, do montar o prato conforme o gosto e desejo pessoal; na quantidade desejada, na seleção, na recombinação de alimentos; autorizações de comer o que quiser, pois isso é o verdadeiro poder perante a comida.

O prato feito é uma boa síntese do que e como come o brasileiro. Diria o trabalhador brasileiro que come fora de casa e leva consigo a sua comida. Alguns, uma salada *diet*, para poucos; a grande maioria, arroz e feijão e carne quando possível, talvez um ovo frito, ou ainda uma sardinha, fazem os cardápios, as dietas alimentares do comer, do sustento à boca.

O chamado "prato pirâmide", ou aquele que é nominado por "prato de estivador", é o mais cheio, transbordando em utensílio, chamado de "prato fundo". Porque estivador: condiciona-se aquele que trabalha com a força bruta do corpo; carregador de navios, carregador dos sacos de açúcar entre demais produtos.

Em memórias da Bahia, um dos pratos usuais dos estivadores dos trapiches da cidade do Salvador, no século XIX, era o próprio chapéu de palha que ficava repleto de feijão, comida vendida na hora do almoço pelas quituteiras, negras de ganho, ancestrais das chamadas baianas de tabuleiro, em especial na feitura do acarajé.

Há um elemento comum nessas montagens de muita comida, para dar "sustança" ao trabalhador braçal, que é a farinha de mandioca, muita farinha para cobrir o conjunto de alimentos, para fortalecer o prato.

Assim unem-se como base alimentar o feijão e a farinha, aliás uma combinação nacional e certamente deliciosa.

O fruto da terra

Nada mais notável, genuinamente da terra americana, do que a raiz, *fruto* que dá de comer a milhões de pessoas e que, de maneira direta e fundamental, identifica o que come o brasileiro, e é, sem dúvida, a mandioca. A nossa mandioca (*Manihot esculenta* Crantz) é ainda tema de análise e de investigações de botânicos, arqueólogos, biólogos, entre outros profissionais, voltados para esse magnífico tema de compreensão do brasileiro.

Contudo, há concordância sobre oitenta espécies já reconhecidas como sul-americanas, crendo-se que as primeiras áreas de cultivo tenham ocorrido no centro do Brasil, em região que inclui Minas Gerais e Bahia.

Embora inúmeras tradições orais queiram falar e traduzir de onde e como esse fruto da terra chegou ao mundo dos homens, há um relato mais conhecido e ampliado conforme se justificam conceitos fundamentais que são tema da antropologia da alimentação. Esta argumenta a endofagia enquanto um forte caminho que justifica e situa povos e segmentos étnicos.

Assim se vê a história de Mani. Há muito, muito tempo, uma mulher, filha de um cacique, pariu uma menina muito branca, bem diferente em aspecto do seu povo. A criança morreu e no lugar em que foi enterrada brotou uma planta, uma nova planta para aquela sociedade. A planta cresceu e frutificou; surgiu um fruto também desconhecido, que foi comido. Atribuiu-se ao aparecimento do fruto um ressurgimento do corpo de Mani.

Vê-se nesse relato um ato antropofágico, pois, comendo Mani, membro da sociedade, o poder seria mantido pelos outros membros. Também ao comer Mani, enquanto corpo representado no novo fruto da terra, estariam comendo a si mesmos, numa evidente forma de preservar identidades pela endofagia.

Justifica-se dessa maneira o surgimento da mandioca, enquanto forma de sacralizar a terra, terra-mãe de onde chegam os alimentos para o homem.

O uso extensivo da mandioca no Brasil é exemplo e atestação do alimento mais nacional, compondo inúmeros cardápios, formas e soluções gastronômicas que ganham experimentos na cozinha *fusion*, entre outras buscas contemporâneas de ampliar usos e sabores do fruto da terra.

Sem dúvida comida americana, combinando-se com o milho, que ocorre em verdadeira civilização de povos que há muito usam o milho como alimento solar, sagrado, funcional nos sistemas de poder dos incas, maias e de outras civilizações das Américas.

O sentido mitológico da mandioca é revivido nos beijus, nas gomas, nos processos de fazer farinha, no tucupi que dá caldo e sabor aos peixes, aves, carnes temperadas por pimentas nativas, por folhas como o jambu, camarões, entre tantas delícias da floresta.

M'beiu (nheengatu), *beiju* – feito de massa de polvilho ou tapioca, produto do fruto da terra, em alguns casos misturado com coco, e que vai, em recipiente de barro ou mesmo de metal, para assar sobre fogo organizado em forno. Após o processo, a comida é embalada em folha de bananeira. Beiju torrado duas vezes é o *meiuticanga*; beiju torrado usado no preparo do caxixi é o *beijuturua*; beiju combinado com farinha de mandioca é o *beijucica*; beiju preparado com a massa de tapioca sem outros complementos é o *tipiaca*; beiju enriquecido de frutas é o *beijuquira*; beiju feito com tapioca misturada com água e coco, no formato de bolos, é *beiju de água*; beiju preparado com o polvilho ou de tapioca acrescentando sal e pimenta é o *beijupoqueca*; beiju assado em moquém com banha de tartaruga é o *marapatá*; beiju de tapioca dissolvido na água é bebida *carupe*; beiju preparado com tapioca e farinha de milho; beiju preparado após o cozimento, torrado, acrescido de água para fermentar, tornar-se azedo, é bebida *crichaná*; *curadá* é também outro nome para o beiju seco feito de tapioca.

A *puqueca* é um tipo de beiju com pimenta e embrulhado em folha de bananeira; o *curuta*, beiju acrescido de castanha de caju; *membeca*, beiju mole; *tirin*, beiju seco, geralmente ao sol; *carimã*, massa feita com farinha do mesmo nome, usual para bolos, pamonha; *teica*, beiju preparado com a massa da tapioca; tapioca ensopada, acrescida de leite de coco, geralmente servida sobre folha de bananeira tenra. Ainda os beijus urbanos, especialmente os oferecidos nos fins de tarde à beira-mar no Nordeste, ampliaram e globalizaram os chamados recheios, que são tradicionalmente de coco ralado ou então combinando com queijo de coalho; e há carne de charque, chocolate, leite condensado, entre muitas possibilidades conforme a inventiva da chamada "tapioqueira".

A mandioca que conhecemos e utilizamos é encontrada em estado rústico ou já domesticada, contudo, nunca silvestre. Sem dúvida, essa planta, tão fundamental para o continente sul-americano como é a macieira para o mundo ocidental cristão, é germinal, verdeiro *axis mundi* para os povos desse continente. Assim, a mandioca e seus inúmeros produtos formaram, ao longo dos séculos, diferentes sistemas de representação social e cultura, e, principalmente, fizeram parte da formação da comida americana.

Pelo amplo uso do fruto da terra e variadas soluções culinárias pode-se dizer que o brasileiro é um grande apreciador, consumidor, comedor de mandioca, desde a farinha seca, farinha de pau, até a tão celebrada farinha de mandioca, em muitos e saborosos estilos de confecção e de produção artesanal nas casas de farinha; desde a Amazônia até o extremo sul do país. Há ainda o polvilho, massa de tapioca, pãezinhos de queijo, cuja alma é a mandioca; bolos, massas, tantos, enfim. A mandioca está à mesa, integra e identifica quem somos, esse notável fruto da terra. De sabor genuinamente nativo, telúrico.

Atribui-se à publicação *Plantarum Universalis*, de 1691, o início de um estudo botânico de classificação da mandioca. Mais tarde, em 1705, na publicação *Metamorphosis Insectorum Surinamensium*, entrou a iconografia da mandioca. Lineu, em *Philosophia botânica*, de 1753, fala da mandioca, chamando-a de *manihot*. Assim, começa ao olhar internacional um interesse crescente por essa raiz que chamo afetivamente de "fruto" pelo que representa e assume para a alimentação diária de grande parcela da nossa população.

Um punhado de farinha de mandioca levado diretamente à boca é um eficaz e usual mata-fome, como também o é misturar com água, o que na Amazônia se chama de *chibé* ou *caribe*, sendo denominação geral para os habitantes da região a de *papa-chibé*.

Farinha, o primeiro e ainda o alimento fundamental na escolha do brasileiro.

> A raiz da mandioca assemelha-se a um nabo em formato, mas tem dois ou três pés de comprimento e mais ou menos a grossura de um braço. Sua casca parece-se com a da aveleira e sua polpa é branca.[29]

---

[29] Joan Nieuhof, *Memorável viagem marítimo e terrestre ao Brasil*, tradução de Moacir N. Vasconcelos (São Paulo: Martins, 1942), p. 283.

Chamada de "pão da terra", a mandioca funcionou também para o pão, ou melhor, para a hóstia, alimento espiritual dos católicos. Então o corpo de Deus tropicalizado na mandioca adquire um sentido especial, telúrico, em confronto com a receita tradicional do pão ázimo, sem fermento. Pão judaico que sinaliza a fuga do Egito.

Mandioca, *fruto*, alimento para todos os usos e finalidades.

> É a mandioca um alimento bastante forte e mais agradável do que o pão para os portugueses, índios e negros, e até para os nossos soldados.[30]

Certamente, um *fruto* bom de comer, alimenta, faz bem, é gostoso, tem amido (concentração de carboidratos), glicose, frutose, sacarose e rafinose, maltose, além de vitamina C, entre outros.

No Brasil, o Pará assume a maior produção de raízes; e como polvilho é o Paraná que mais produz; sendo no mundo o maior plantador a Nigéria, África Ocidental. Sistemas alimentares no Brasil e especialmente na África têm na mandioca uma base para realizar culinárias tradicionais e adaptativas, em processo de invenção e de valorização de tantas possibilidades que a mandioca oferece segundo os padrões das culturas e incluída em cenários globalizados na cozinha *fusion* ou nas interpretações regionais com as chamadas "novas cozinhas". Vale observar que a extensão da mandioca atinge vários países em diferentes continentes; contudo, é o Brasil o país no mundo que realiza plantio e colheita durante o ano todo.

É o *fruto* que na terra melhor se encontra para dar de comer, matar a fome de milhares de brasileiros.

De base autóctone, nativa, as experiências de plantio, colheita e uso culinário, profundamente integradas ao imaginário mítico de co-

---

[30] Gaspar Barléu, *História dos feitos recentemente praticados durante oito anos no Brasil*, tradução de Cláudio Brandão (Belo Horizonte/São Paulo: Itatiaia/USP, 1974), p. 137.

munidades indígenas, formam o aprendizado e as virtudes desse *fruto* tão brasileiro, tão nacional em cultura agrícola e em presença na mesa.

Jean de Léry relata o papel da mulher indígena nos processos tradicionais e ancestrais no trato das raízes secas que serão transformadas em farinha; isso ele registra no livro *Viagem à terra do Brasil* (1558).

> Depois de arrancar as raízes, as mulheres secam-nas ao fogo no bucan ou então as ralam, ainda frescas, sobre uma prancha de madeira cravejada de pedrinhas pontudas e as reduzem a uma farinha alva como a neve [...]. Fazem farinha de duas espécies: uma, muito cozida e dura, a que chamam de uhi antan, farinha dura, comprimida, farinha de guerra, usada nas expedições guerreiras por se conservar melhor; outra menos cozida e mais tenra, a que chamam uhi pon (farinha puba), muito mais agradável do que a primeira porque dá à boca a sensação do miolo de pão branco ainda quente.[31]

Esse trato feminino com o fruto da terra volta e é presente nas casas de farinha, onde assume o homem a função de lidar com o fogo, pois outros imaginários de povos lusos, imigrantes da Europa, de povos da África Ocidental, da África Austral unem-se aos dos povos nativos, povos das florestas.

A mulher nesse contexto trata a raiz, limpa-a; na seqüência prepara-se a massa, tarefa tanto masculina como feminina.

No momento do forno, o homem assume o seu papel ancestral de lidar e de dominar o fogo. Fogo remoto das fogueiras do caçador, em que é retomado o papel fundante do caçador/provedor, aquele que traz e oferece o alimento. Vive-se sempre essa busca pela caça perdida.

Sem dúvida, de todos os muitos produtos vindos do "fruto da terra", é a farinha, nos mais notáveis tipos e acréscimos de coco e pimen-

---

[31] Jean de Léry, *Viagem à terra do Brasil* (1558) (2ª ed. São Paulo: Livraria Martins, 1951), pp. 113-114.

ta, entre outros, a mais evidente e comum presença no cotidiano brasileiro.

Para comer farinha há um conjunto de técnicas que começam no reconhecimento pela cor, pelo odor e pelo tato, nas mãos, e na seqüência a prova, que se dá com um arremesso do alimento à boca, treinada para captar todos os grãos, deixando-se então ao paladar a avaliação final da qualidade. Paladar preparado, culturalmente preparado para sentir o gosto determinado nas referências vigentes daquela sociedade, daquele padrão formalizado por construção imemorial de outros comedores de farinha.

> [...] tanto os homens como as mulheres, acostumados desde a infância a comê-la seca em lugar do pão, tomam-na com os quatro dedos na vasilha de barro ou em qualquer outro recipiente e a atiram mesmo de longe com tal destreza na boca que não perdem um só farelo [...].[32]

Comum nas feiras e mercados das regiões Norte e Nordeste, a cena dos provadores, avaliadores de farinha, mantém o mesmo costume indígena do arremesso à boca. Assim a farinha, devidamente avaliada, poderá ser adquirida e consumida conforme a intenção culinária. Essa habilidade de arremessar farinha à boca é um ritual também realizado à mesa, na intimidade da casa, antecedendo o consumo. Na maneira de exibição vê-se o mesmo ato marcado pelos ancestrais da terra, o que confirma identidades, formas de comensalidade.

Como substituta da farinha de trigo, ou da farinha do reino, a farinha de mandioca é a grande chegada nessa construção conceitual de brasileirismo.

---

[32] *Ibid.*, p. 114.

[...] a mandioca dominou o paladar português na cotidianidade do uso tornado indispensável. Era a reserva, a provisão, o recurso.[33]

A mandioca, em especial a farinha de mandioca, foi uma das moedas mais eficazes no tráfico de escravos, juntamente com a cachaça e a rapadura, todos usados como escambo, levando esses produtos alimentares à África, implantando novos consumos e usos culinários.

Experimentei um pirão feito com farinha de mandioca e azeite-de-dendê, acompanhando galinha cozida, em almoço na cidade de Abomey, em Benin, África. A mistura da mandioca americana com o dendê africano é deliciosa, o prato chamado *pirão rouge*, pirão vermelho, sem dúvida uma rica experiência de emoção e sabor. Assim é a formação do paladar, das escolhas das comidas, marcadas por sentimentos e opções alimentares.

A farinha de mandioca foi também base da dieta escrava, abundância e produção em casas de farinha unidas às *moitas* para o fabrico de caldo de cana sacarina, melado e finalmente açúcar.

Certamente, a dieta escrava era uma dieta de subsistência, de sobrevivência da mão-de-obra, destinada a nutrir o suficiente para trabalhar muito e não morrer.

Negro não gosta de farofa, gosta é de pirão, porque desce mais ligeiro.[34]

São vários os tipos de comida mole, pirão, angu – este, geralmente de farinha de milho: angu doce e angu salgado; angu de milho verde, item muito apreciado da culinária mineira.

Ainda da dieta escrava é o chamado "pirão massapé", de cor semelhante à do barro do mesmo nome. Massapé é o tipo de terra ideal para o plantio de cana sacarina.

---

[33] Luís da Câmara Cascudo, *História da alimentação no Brasil* (São Paulo: Nacional, 1967), p. 95.
[34] *Ibid.*, p. 225.

Para momentos especiais há o pirão de leite e outros acréscimos vários à base de farinha e água.

Destaco a excelência de sabor na combinação gastronômica do pirão de leite, geralmente adoçado ou sem temperos, acompanhando a carne-de-sol, bem assada, crocante, com algumas cebolas; e destaco o jerimum amassado com a mão para se fazer com farinha de mandioca, farofa de bolão, farofa crua, uma delícia.

Esse cardápio é um exemplo entre tantos do uso do pirão de leite na afirmação de culinárias regionais, que, ao acrescentar à mandioca outros elementos, vão construindo e assinando novos sabores.

Para os da terra, a mandioca é uma base diária; para os colonos europeus e asiáticos do século XIX, que chegaram para substituir a mão-de-obra escrava e que adaptam e reinventam cardápios com o "fruto da terra", a mandioca favorece muitas soluções culinárias.

Exemplo é o *ahnge bridebohne*, reinvenção do colono alemão na receita do bolo de feijão, acrescentando farinha de mandioca.

Pirões para acompanhar peixes; peixadas com legumes cozidos e sempre o pirão com um acréscimo de azeite de oliva; pirões feitos com os caldos dos peixes, com um pouco de peixe, como acontece com o que acompanha a peixada capixaba; pirões para tantos usos e finalidades; aves, peixes, carne bovina, carne caprina. Pirões com as águas dos legumes do tão estimado e celebrado cozido, que é uma quase síntese do que se oferece na feira, no mercado. Pirão consistente e nutritivo que reúne variados gostos e seus temperos especiais, acompanhando embutidos, toucinho, carne gorda, carne de galinha, raízes: inhame, macaxeira, quiabo, jerimum, maxixe, jiló, batata-inglesa e batata-doce; folhas de couve, repolho, entre tantos e tantos outros ingredientes. O cozido é comida que deve ser apreciada na calma da casa, ou no tempo necessário, à mesa de um restaurante.

Abre-se o paladar com uma boa talagada de cachaça, indicando que as carnes já podem chegar com o pirão plural de caldos de um tudo que o prato reunir, propiciar ao desejo e ao sabor de quem irá comer.

Alguns pirões são realizados na própria mesa, na oportunidade das caldeiradas de peixes, camarões, legumes, resultando em caldos grossos e saborosos. Com o uso de prato fundo e colher, a farinha de mandioca é posta e recoberta pelo caldo, podendo-se, se se quiser, acrescentar pimenta. Tudo é preparado no momento, seguindo-se então o peixe generoso, cheiroso, integrando aquela montagem cujo destino é a boca e cujo princípio orientador é o espírito.

Churrasco: em busca da caça perdida

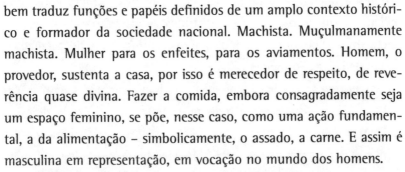

"A mulher no penteado, e o cozinheiro no assado." Este dito popular bem traduz funções e papéis definidos de um amplo contexto histórico e formador da sociedade nacional. Machista. Muçulmanamente machista. Mulher para os enfeites, para os aviamentos. Homem, o provedor, sustenta a casa, por isso é merecedor de respeito, de reverência quase divina. Fazer a comida, embora consagradamente seja um espaço feminino, se põe, nesse caso, como uma ação fundamental, a da alimentação – simbolicamente, o assado, a carne. E assim é masculina em representação, em vocação no mundo dos homens.

A carne cerimonialmente no fogo, na brasa, é tema de reuniões. Há lembranças ancestrais, de, em torno do fogo, com diferentes alimentos geralmente de caça, homens se reunirem para conversar e deliberar. É ato milenar, convencional, os conselhos dos mais velhos, dos dirigentes, das classes de guerreiros, de caçadores – personagens hierarquicamente reconhecidos. O fogo é o ponto focal, de simbolização de nascimento, de purificação e de renascimento.

Hoje, o costume de promover reuniões em torno de churrasqueiras improvisadas nas ruas, esquinas, beira-calçada, quase sempre móbiles, lembram essas reuniões antigas ao redor da fogueira. As caças foram substituídas por lingüiças, miúdos de frango, carne de frango, peixe fresco, bacalhau e principalmente, ostensivamente, carne verde, fresca, sangrenta, carne de boi. Há ainda as reuniões em casa, e nos clubes e associações. Aí, em geral são churrasqueiras fixas, de alvenaria, de ferro, cimento armado, mais formalizadas, contudo mantendo os mesmos sentimentos de grupos que se encontram para comemorar, ritualmente devorar carnes, carnes variadas. Comer carne nessa crise econômica é um luxo, mais ainda quando a carne é organizada numa quase orgia de gorduras derretidas, fumaceira, cheiros de carnes consagradas ao fogo. Saladas, farofas, arroz, cervejas, vinhos, refrigerantes, refrescos, sucos, aguardentes purinhas ou em batidas de frutas fazem o acompanhamento desses churrascos bem comportados e familiares. Também os doces: bolos, frutas em calda, sorvetes, cremes, doces em pasta e queijo – a tão romântica combinação de goiabada e queijo de Minas, Romeu e Julieta.

As churrascarias são verdadeiras catedrais das carnes: carnes em rodízio, fartura visual, exibição de partes nobres dos animais, de ofertas barrocamente sedutoras para a boca, para o olfato, para a gula. Comer muito, comer quase à exaustão – lembranças remotas dos banquetes romanos, das comilanças, das provocações para o vômito e em seguida comer mais, mais e mais.

É solene o desfile de espetos e carnes. Circulam nos salões sob olhares atentos. Carnes frescas e vermelhas. Umas bem-passadas, outras ao ponto e ainda as mal-passadas. O cheiro invasor de gorduras de diferentes origens dá aos ambientes o sentimento litúrgico dos incensadores – purifica e anuncia os ritos da comilança.

Contudo, os pontos dos devotos dos churrascos de rua, aqueles publicamente festivos, de reuniões de turmas, de "tribos", de famílias, aproximados por categorias profissionais, de encontros de bares, botequins, de freqüentadores de esquinas, são os mais criativos, animados, agregadores de música, dança, jogos, fomentos diversos, de sexualidade, de autoridade, de um fascinante campo para vivenciar a carne em todos os seus múltiplos sentidos físicos e idealizados – democraticamente, carne para todos.

As reuniões semanais, rotinas de encontros, geralmente cumprindo calendários formais das sextas-feiras, sábados e domingos, incluindo feriados, datas especiais para cada grupo; comemorações de jogos, de festivais, de grandes datas dos ciclos gerais, quase sempre norteados pelas datas da Igreja, são motivo para os churrascos de beira-calçada. Esses, marcados pelos improvisos e principalmente pela necessidade de manter laços de amizade, de parentesco, de interesses vários. As carnes e as bebidas, quase sempre, são custeadas pelos organizadores, ou ainda há diferentes contribuições. Lingüiça é de fulano, carne de boi, de outro membro, e as bebidas são de responsabilidade individual, cada um paga a sua. Ainda os bares, botecos e outros são os promotores dos churrascos, como também, diante de casas de família, a churrasqueira é exibida, demonstrando fartura das carnes e do convívio em torno destas.

Além do desejo de comer carne, de beber em grupo, há um fator marcante, o da comida lúdica. Aquela que é o motivo do encontro, não sendo desejada só para a nutrição; ela é emblematicamente a causa do encontro, das conversas, do cultivo de sociabilidades em torno da carne. É também um ato generoso de reunir e de compartilhar o mesmo alimento, alimento comunal.

Também na condição de beira-calçada estão os churrasquinhos – pequenos espetos de carnes ignoradas, vendidas como de boi –, gerando histórias sobre carne de gato. Não necessariamente carne desse animal. É reforço ao dito popular, que diz "gato por lebre" – no caso, gato por boi, visto que a nobreza da carne está na sua origem bovina.

Em feiras, mercados e diferentes ambulantes que ficam em pontos de "lanches", juntamente com vendedores de bolos, cuscuz, sanduíche grego e sucos, além de carrocinhas de sorvete, entre outros, está o churrasquinho, quase sempre envolto em farinha de mandioca, acepipe dos carentes da carne.

Nesse caso, comer o churrasquinho atende imediatamente ao suprimento da fome. Não vincula reuniões, festejos ou outros tipos de encontro. É o caso clássico de "fazer a boquinha".

A comida sangrenta, ou melhor, o sangue traz um forte sentido terreal, de momento, de relação com o imaginário do vermelho e de todos os seus muitos significados morais, históricos, mitológicos, sociais e também, imediatamente, referentes ao próprio alimento.

A carne e sua visualidade vermelha reforça e une o homem aos símbolos de vida, de se alimentar para viver e de se alimentar por meio das representações. Alimentação estética e motivação para comer, para se reunir e preferir um tipo de alimento, promover um tipo de ritual em preferência aos demais, no caso a carne mimeticamente se relaciona com um desejo interior e mesmo misterioso da antropofagia. Os guerreiros comiam certas partes dos inimigos, comiam para transferir propriedades, valores simbólicos que almejavam, desejavam e projetavam na ingestão, numa alimentação de propriedades virtualmente simbólicas e de captação da vitória, da luta, do ideário da conquista, do homem. Se o animal encarna o deus, o herói, o guerreiro, é esse animal que detém propriedades simbólicas dos personagens que representa. Comer determinados animais, o boi, por exemplo, é comer, além do que possui de nutritivo, a representação de poder – é um animal de chifres. Comer aquilo que tem poder é incorporar também o poder, é comer o poder.

A preferência por carnes em forma de churrasco reforça o valor ritual da própria carne em contato com o fogo, o calor, a fumaça – um ritual purificador.

Convencionalmente, no caso brasileiro, o churrasco adquire identificação imediata com o sul do país, com a figura do gaúcho ou com outras áreas de criatório de gado bovino: Minas Gerais, São Paulo, Mato Grosso, entre outras. Nessas áreas os churrascos fazem parte, principalmente, dos cardápios festivos para grandes alimentações. A fama dos churrascos está no número de animais que será sacrificado para o repasto generalizado.

O churrasco, sem dúvida, é emblema tradicionalista gaúcho, também machista e exibidor de força sexualizada na exuberância da carne. Carne de boi, animal de chifres, imemorialmente coroado – relações ancestrais com o poder, o prestígio do chefe, do rei, privilegiando o homem em cargos de mando, entre outros.

Hoje, comer carne de boi, nas grandes cidades, é antes de tudo exibição de certo poder econômico, que se projeta no social. A carne é tão restrita ao poder econômico como são restritos outros alimentos a classes e grupos específicos. Carne nem sempre de primeira, geralmente carne de segunda, de sebo, de gorduras, de pelancas – mais barata –, contudo não menos funcional ao ideal de fartura, fartura alimentar. Sempre as quantidades, as montanhas de alimentos são condicionantes de uma riqueza inerente ao que se oferece. Quantidades de comida equivalem a quantidades de valores, valores materiais.

As reuniões em torno da carne consagram uma necessidade de convivência, de superar carências nutritivas, de expor *poderes* de diferentes significados, de concorrer com outros churrascos, sendo também a designação churrasco um substitutivo de festa.

Estar na beira-calçada num sol tropical abrasador, vendo gorduras que gotejam, fumaças inebriantes e sabores contestáveis, com muita alegria, anima e faz com que as expressões de festa sejam generosamente presenciadas por todos. Há uma necessidade profundamente exibicionista, uma espécie de resposta social, tentando convencer que a festa é eterna.

Molhos da Bahia

Sem dúvida, uma das comidas mais marcadas e identificadas da Bahia é o acarajé, que só será pleno para o consumo se chegar com o molho – molho especial de pimenta. Tal molho já é identificado como molho de acarajé. Certamente o acarajé, após a fritura, se misturado diretamente com o molho que é grosso e saboroso acentuando o dendê, fará contato direto com a África.

Acarajés tradicionais, geralmente no formato de uma colher de sopa, devem ser embebidos com fartura no molho, quase creme, e em seguida ir à boca e assim sucessivamente. Esse é um bom hábito que deve ser seguido para o acarajé que é comido no tabuleiro, na rua, acarajé para apreciar sabor, para valorizar a qualidade da massa. Os acarajés religiosos, servidos nos candomblés, são oferecidos e consumidos sem o molho. Come-se o acarajé puro, sem nenhum tipo de recheio.

Ainda o abará fica muito gostoso com esse molho de pimenta, fazendo o mesmo que se faz com o acarajé. Bons pedaços de abará bem lambuzados e acrescidos do então molho de acarajé irão estabelecer uma comunicação de sabores entre a massa do bolo de feijão-fradinho cozido e que leva pimenta e dendê com o molho de pimenta e também o dendê.

O molho serve para molhar, mudar a consistência de comidas e atua de maneira complementar para acentuar gostos, destacar ingredientes. Molhos tradicionais feitos de aves, peixes, carnes, frutas, entre tantas e inúmeras opções de misturas líquidas, outras mais sólidas, quentes, frias; feitas na hora, ou que necessitam de tempo, luz e temperatura para atingir o ideal do consumo.

Molhos para ser complemento e finalização de pratos, vivendo-se com um pedaço de pão a emoção e o desejo de passar gulosamente no prato, travessa, terrina sobre molho, atingindo o momento culminante do gozo à mesa.

Na Bahia, alguns molhos, como o do acarajé ou o de pimenta, que é feito com fartura de pimenta malagueta seca, camarões defumados, cebola, sal e azeite-de-dendê, são tão identitários no tabuleiro como as comidas tradicionais de dendê. Então, a baiana de acarajé, com o uso de pequena colher de pau retira aquele molho escuro, de teor e odor característicos, para perguntar ao cliente: muita ou pouca pimenta? Aí, geralmente, o cliente também pergunta: a pimenta é forte?; se for afirmativo, pede-se com moderação e se se gostar do molho é então um ritual pleno de prazer e de encontro gastronômico. O molho de pimenta é também usual para o xinxim de galinha e para o arroz de hauçá.

Esse molho é refogado, vai ao fogo e assume o lugar de um complemento fundamental na formação do gosto dos pratos convencionalmente por ele acompanhados. Outros molhos, de pimenta dedo-de-moça, de cheiro, cumaru, entre várias pimentas frescas, se fazem no molho cru, geralmente com preparo na hora da refeição.

Entre as receitas: pimentas verdes, sal, salsa, coentro, cebola e limão, sendo molho para acompanhar peixe, bacalhau assado, ou ainda a inesquecível e saborosa *lambreta* – molusco tão ao agrado na Bahia, em especial no Recôncavo –, um excelente acompanhamento para cerveja gelada, uma boa cachaça. Aí o molho fresco, também conhecido como "molho de lambão", será componente indispensável, juntamente com a farofa de dendê, ou ainda a farofa de sabiá.

O estilo de comer muito molho, de oferecer o complemento com grande fartura, induz ao ato de lambuzar, de fazer lambança, sujar, derramar sobre a mesa, sobre a roupa, de se comunicar com a quantidade, tornando o molho, às vezes, o principal da refeição e não um complemento, como indica a bem-comportada cozinha francesa.

Sem dúvida, os novos usos e destinos dos molhos em espaço baiano já traduzem compreensão gastronômica afrodescendente. Molhos enquanto integrantes de cardápios, especialmente os de pimenta. Daí as mitologias urbanas de dizer que comida baiana é apimentada, que se come sempre "quente", quer dizer, com pimenta, diga-se com muita pimenta.

Outros molhos, esses, no caso, elaboradíssimos, mostram a importância gastronômica, como é o caso do molho de cozido. Alguns também o chamam de molho *nagô*, alusivo aos nagô/iorubá, povos marcantes na formação social e cultural do Recôncavo da Bahia, especialmente na cidade do São Salvador.

Assim é feito o molho: pimenta malagueta verde, pimenta de cheiro, também fresca, quer dizer verde, salsa, sal, quiabo cozido, jiló cozido, cebola, camarões defumados e acréscimo de caldos do próprio cozido. Se os usos forem com outros pratos, também se acrescentam outros caldos conforme o ingrediente dominante; um bom uso está no escaldado de bacalhau, entre outras delícias.

O molho cru tem ainda a propriedade de regar carnes assadas, grelhadas, bem como aves e peixes, podendo temperar saladas cruas, especialmente saladas verdes. É formado de cebola, tomate, muito coentro, vinagre, sal, pimenta-do-reino em pó e azeite de oliva, popular na Bahia como azeite-doce.

São tradicionais também os molhos para feijoada e o de azeite e vinagre.

Para dar mais sabor e tempero à feijoada acrescenta-se ao já conhecido molho de pimenta o caldo do feijão, tudo bem misturado para então acompanhar o próprio feijão, a farinha de mandioca, as carnes de boi e de porco, os chamados salgados e os embutidos, além do arroz branco, certamente um verdadeiro banquete para ver e comer.

O uso freqüente dos molhos e seu consumo, geralmente em quantidade, faz com que assuma um valor além de complemento, sendo então indispensável a verdadeira compreensão da comida, integrando assim os rituais de comensalidade.

O gosto do piolho

O homem é um onívoro, come de tudo e come tudo que é comestível, segundo o padrão cultural vigente que orienta as escolhas, os gostos, como comer, com quem comer e assim estabelecer comportamentos sociais de inclusão, de pertencimento a um grupo ou a uma família.

Comer insetos na dieta alimentar é extensivo a muitos grupos e culturas.

> Larvas e lagartas só as vi comer de determinadas espécies, que possivelmente vêm das grandes castanheiras. Cozinhavam-nas em pratos compostos, misturados com cará e castanha da Amazônia ralada. Às vezes juntavam bananas maduras e carne de aves.[35]

---
[35] Herald Schultz, "Informações etnográficas sobre os canoeiros do Alto Juruna", em *Revista do Museu Paulista*, vol. 15, São Paulo, 1964.

São ingredientes disponíveis e capazes de acrescentar qualidades nutritivas especiais, além de preservar costumes e memórias nas relações do homem com a floresta, ampliando certamente o sentido imediato de comer lagartas para estabelecer contatos míticos, com falas simbólicas muito além do próprio alimento.

Se há estranhamento nesse costume alimentar é em virtude das orientações culturais que são diferentes, em povos e civilizações diferentes nos quais o sal e o açúcar da cana sacarina, tão integrados ao nosso paladar urbano, são distantes e criam assim suas dietas conforme as oportunidades e as seleções do que se pode comer segundo a cultura, a história, a tradição.

Entre as opções estão os *anopluros*, ou os tão conhecidos piolhos, uma opção alimentar que se integra ao cardápio dos Krichaná. Piolho é bicho de cabeça e é catado entre os cabelos e imediatamente ingerido como um verdadeiro pitéu, de sabor consagrado e reconhecido.

Geralmente isso se faz hábito e função feminina em rituais de catação mútua e de ingestão indiscriminada, até certamente saciar o desejo de comer.

Os momentos de sociabilidade são marcados por sinais e protocolos estabelecidos e orientados pela cultura e nesse contexto de complexos significados consomem-se os piolhos, o que também acontece com carrapatos.

> [...] os Makuxi comiam carrapatos, gafanhotos, sapos e piolhos [...].[36]

Ainda um acepipe da Amazônia e que está também em áreas sertanejas do Nordeste é a popular tanajura, cuja parte comestível é o abdômen. É alimento rico em proteína e consumido em âmbito urba-

---

[36] Nunes Pereira, *Morongueta: um decameron indígena* (Rio de Janeiro: Livraria e Sebo Planeta, 1967), p. 42.

no frito, refogado, ou como farofa, sendo muito apreciado quando acompanhado de uma boa cachaça ou cerveja bem gelada.

O que oferece a floresta e como essas ofertas são tratadas enquanto indicações do que é comestível formam dietas alimentares que também trazem mitos ancestrais, histórias sobre a criação do mundo e de tudo o que nele habita, tem função e sentido e por isso ocupa um lugar no processo da criação das coisas.

Vermes, minhocas, gafanhotos, cupins, formigas faziam a dieta alimentar da primeira mulher do mundo, casada com o periquito, porém humano, mito fundador Gaim Ponã.

Comer a floresta é também um ato de profunda endofagia, comendo a si próprio, nutrindo-se dos valores e significados míticos de cada elemento da natureza.

Outros exemplos do consumo culinário além das então normas tidas como civilizadas estão na manifestação religiosa afrodescendente do candomblé.

As relações de poder com o que se come são notórias e constam dos muitos relatos mitológicos. Exemplo ainda da ação de comer verme é a que se faz com o vulgarmente chamado *tapuru*; na Bahia, especialmente no candomblé da Bahia, quando, após os rituais de sacrifício de animais e seu consumo culinário, parte do que foi oferecido aos deuses, aos orixás, permanece nos *pejis*, ou santuários, por um período de três dias. O que geralmente fica no *peji* são as partes dos animais consideradas de maior valor, como vísceras, cabeça, patas e algumas partes do corpo conforme o tipo de animal e a intenção do sacrifício na complexa liturgia dos candomblés. Então o processo de decomposição natural ocorre e a ingestão dessas comidas, quase sempre bem temperadas com dendê e outros condimentos, é feita juntamente com os vermes. Esse ato ritual religioso é um tipo de prova e atestação de que o orixá está presente no seu iniciado, mostrando uma capacidade tida como além do humano, que é a ingestão de vermes. No caso, o deus come vermes.

Sabendo-se então que o homem nesse contexto social e cultural comerá comida nova e gostosa, destinando partes especiais dos alimentos e transformações necessárias para que o sagrado reafirme seu papel diferenciador do homem.

Vê-se como são relativos os conceitos de cozido, cru e podre; e como esses conceitos integram diferentes sistemas alimentares, inclusive os mais notáveis do mundo ocidental, das sociedades globalizadas, tomando-se como exemplo alguns tipos de queijo aceitos e valorizados pelos gastos elaborados; para conquistar excelência eles entram em processo de decomposição, devendo ser ingeridos *podres*. São acompanhados de vinhos especiais, pães, saladas, carnes e demais complementos que integram cardápios elaborados, vindos da tradição da cozinha francesa, da nova cozinha francesa, da cozinha *fusion*, entre outras experiências no âmbito do bem comer do mundo urbano, em que a comida é crescentemente valorizada e experimentada como uma realização de arte.

Entre os muitos queijos artesanais, os mais desejados formam extensa lista na França. Alguns exemplos dos queijos franceses que estão nas mesas mais sofisticadas para os tidos como os melhores paladares de uma cultura que nasce da fome alarmante da Idade Média, quando até mesmo se comiam cadáveres de pessoas pela total falta do que mais comer.

Bleu de haut jura – apresenta bolores em pó entre o amarelo e o vermelho; *bleu de Laqueuille* – apresenta o bolor *penicillium* branco, juntamente com bolores acinzentados comuns; *Brillat-Savarin* – apresenta grossa crosta branca aveludada feita por bolor; *Valençay* – integra casca formada de cinza de carvão vegetal e bolores azul-acinzentados.

Certamente a construção do paladar é uma construção cultural; nela estão os mais notáveis indicadores de história, de mitos criadores e fundadores do mundo, sendo cada alimento uma combinação de alimentos que têm o sentido de relato, na formação dos lugares sociais das pessoas.

O cão chupando manga

Gilberto Freyre, sociólogo, antropólogo pernambucano, autor de *Casa-grande & senzala* e especialmente, para os interessados em gastronomia, também autor de *Açúcar* (1937), referia-se ao hábito de comer manga de garfo e faca. Bem, é esse um hábito muito especial, visto que para os apreciadores da manga, fruta oriental certamente vinda da Índia para o Brasil, no ato de comê-la ou chupá-la se estabelece uma relação física, quase sexual.

Comer ou chupar manga, como é comum ouvir-se, reveste-se de um ritual iniciado na escolha olfativa da fruta, que certamente seduz o usuário pelo perfume da terebintina. Depois a cor: mangas rosadas, amarelas, alaranjadas, umas quase vermelhas são identificadas, notando-se ainda volume e assim o tipo ou qualidade de cada espécie. Após a apreciação e seleção, segue-se o toque para saber a textura – se está no ponto; madura, pronta para ser comida ou chupada.

Então, finalmente, após tantos processos, a manga é vorazmente sugada, mordida, chupada, mastigada, retirando-se a fina casca com os dentes, com os dedos, com o uso de uma faca, ou joga-se a fruta no chão para ficar cremosa e se faz um delicado orifício para sorver um misto de carne-polpa e caldo grosso, delirantemente deliciosos.

Assim, num diálogo corporal que vai além da boca, sujando o rosto, as mãos e outras partes, a manga é plenamente consumida em seqüência de ludicidade, de uma fruta que é descoberta até o caroço, também alvo de largas chupadas, algumas fiapentas, outras carnudas, ainda rijas, moles, todas deliciosas.

Lembro-me em Havana dos chamados filés de manga, pedaços generosos, como se fossem filés de carne, para ser misturados às saladas ou então para ser egoisticamente consumidos sozinhos, celebrando a essência da fruta tropical que se mostra em cachos nas mangueiras – lindas árvores que dão sombra e dão sabor.

Pergunta-se: então o que é mesmo "o cão chupando manga", expressão popular do Nordeste, especialmente em Pernambuco. O imaginário nasce de uma leitura entre o *cão*, o *diabo* e a *manga*, fruta que exige técnica para ser consumida. Contudo, a imagem-metáfora é a do animal tentando comer/chupar uma fruta tão complexa, a manga.

Fica portanto a cena de um cão chupando manga, ritual que implica um animal se relacionando com a fruta que lambuza, que mela de amarelo, que faz mais o corpo comer do que a boca. Que cena!

Hematofagia sagrada ou Por que os deuses bebem sangue

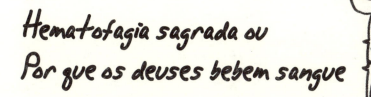

As bacanais gregas de motivação mitológica asiática, em honra e louvor a Dionísio, Baco para os romanos, à época da colheita das uvas e preparação do vinho, incluíam rituais de devorar animais vivos, na busca do sangue de cabritos, touros, pavões-reais, crendo-se na união animal e deus, mímese na corporificação com o sagrado.

Vivendo a hematofagia, acredita-se nas uniões profundas com o deus, inteirando-se das suas qualidades, propriedades mágicas.

O sangue é um alimento fundante de muitas liturgias. Com o oferecimento de sangue faz-se um pacto do homem com seu deus, ancestral ou outra categoria divina.

O sangue é base de rituais, quando, durante e após a imolação de animais e em alguns povos de pessoas sobre os altares, sobre objetos sagrados, são estabelecidos processos de comunicação; ressacralizando, abastecendo de energias e assim ampliando o poder divino.

Carneiros imolados para Deus, Javé, vários, ver textos do *Velho Testamento*; tantos outros animais sacrificados nas tradicionais casas gregas e romanas, cujo sangue alimentou deuses e as carnes seguiam para as cozinhas, para então ser comidas pelos homens. Os deuses também se alimentam de aromas, odores especiais produzidos para chamar, comunicar e estabelecer contatos pessoais, pedidos, agradecimentos, oferecimentos votivos.

Comida e voto religioso é um dos temas mais marcantes e significativos dos processos históricos do mundo dos mitos, dos mortos, com o mundo dos homens, dos vivos, que têm a função imemorial de fazer lembrar, de tornar presentes nas sociedades os deuses e os ancestrais. Assim se estabelecem as famílias, as civilizações no sangue sacrifical, tema fundante para as hierarquias, os papéis sociais, o poder sagrado e o poder laico.

Oferecer sacrifícios, sangue, é o ato mais direto e imediato, possibilitando falas simbólicas e organizadas do homem com o seu elenco de divindades.

Então se vive mimeticamente a caça, destacando-se que há uma espécie de união entre o caçador e a caça. Juntam-se papéis de quem irá caçar, matar, e a caça, aquela que será morta e assume o destino de comida de homens e comida de deuses.

Esses procedimentos antigos são lembrados nos rituais religiosos. Exemplo é o *ramadã*, em que milhares de ovelhas são sacrificadas ao som de leituras do *Alcorão*, e as partes comestíveis são generosamente distribuídas. O dia do sacrifício é o Eid al-Adha, chamado de "a festa do sacrifício". O sacrifício tem um sentido eminentemente simbólico, transferindo ao animal desejos e propriedades que, conforme o ritual, funcionam em sentido e significados próprios.

Assim, as mais complexas liturgias, que recuperam temas e imaginários dos contatos primordiais com a natureza, estão refletindo e traduzindo os elementos: terra, ar, água e fogo, além dos fenômenos meteorológicos, acionando a essência e atribuição do deus, do mito, do ancestral.

São muitos os tipos de sacrifício: incenso, flores, frutos, comidas, bebidas e os chamados sangrentos, tidos como os mais significativos, funcionais e imediatos, na relação fundamental do homem com a categoria divina. Anteriormente sangue humano, de animais das caças, depois animais domésticos; sangue metáfora com vinho tinto, sangue de Cristo, marcando o ato de oferecer sangue a Deus. Há uma sede de sangue permanente no mundo dos deuses. Retoma-se o sentido funcional de caça, enquanto um tema de organização social, definindo hierarquias, papéis sociais referentes ao ato de prover alimentos, dar de comer, constituindo-se em alto significado nas civilizações o personagem caçador.

Recorro à mitologia iorubá e vejo Odé, o caçador, vários tipos e características de Odé; os que caçam com lança, os que caçam de arco e flecha. Entre eles destaco Oxóssi, um orixá, um mito fundador, segundo as tradições orais de um reino chamado Kêtu, localizado em Benin, África.

Oxóssi é o caçador que dá o de-comer ao homem. Oxóssi conhece profundamente os hábitos e comportamentos dos animais e assim estabelece diálogos e consegue com uma única flecha o animal/comida para ele e seu povo. Esses procedimentos antigos são revividos nos rituais do candomblé que recuperam memórias e traduzem o divino, reforçando elos entre o Brasil e a África.

O candomblé é lugar social de experimentar ancestralidade e de experimentar o sagrado que reforça identidade e afrodescendência. Nesse cenário a função do sacrifício é a culminância da união de tradições, como se em cada oferecimento de sangue uma reafricanização se estabelecesse e o sentimento de pertença a um modelo étnico da África fosse revivido e partilhado por todos.

O sangue sacrifical molha e alimenta os objetos sagrados, nos locais da arquitetura dos santuários, *pejis*, ou ao ar livre próximo das árvores sagradas, ou em espaços na própria natureza, extraterreiro.

O candomblé é organizado em nações, verdadeiros modelos etnoculturais que geram núcleos de referência de regiões, povos, famílias do continente africano.

Sem dúvida, há um sentimento telúrico no sacrifício de sangue, no devotamento de que o sangue garantirá vida, pois representa o elemento primordial da vida. Então, ganhar, receber sangue é o mesmo que ganhar vida.

No candomblé há formas distintas, especiais para caracterizar o motivo do sacrifício ou ainda de acordo com o tipo de animal que é oferecido ao deus. Os animais no candomblé são classificados em "dois pés" e "quatro pés".

Na primeira categoria: galinha, galo, pombo, pato, ganso, pavão, galinha-d'angola, entre outros; na segunda categoria: cabrito, ovelha, porco, boi e algumas caças, como paca, entre outras.

O ato do sacrifício é realizado por homens nos terreiros de candomblé, possivelmente uma memória ancestral dos caçadores, também provedores de alimentos. No candomblé iorubá, quem sacrifica é o homem detentor do *oiê*, cargo de *axogum*, aquele que tem o direito de usar a faca para oferecer os animais, segundo os preceitos, aos orixás.

Seguindo o tipo de cerimônia determinada, o animal é preparado, limpo, indo para o "assentamento" – conjunto de objetos sagrados – e para a boca do iniciado, que vive o momento também sagrado de receber o orixá.

O contato direto com o sangue do animal é o encontro com o orixá, que, segundo a tradição, amplia o axé, celebra e culmina a etapa secreta, privada, da liturgia do candomblé. Então o sangue é o alimento mais importante e será oferecido na quantidade prescrita em função do tipo de ritual.

Muitas vezes o animal é também o deus, ele o representa em função das características e propriedades reveladoras de comportamentos que estão no imaginário do candomblé. Então os cardápios são contratados, pois o iniciado de um determinado orixá não deverá comer o animal preferencial do orixá, porque desse modo estaria também comendo o orixá!

Assim, somente o sangue é permitido: o iniciado, ao receber o orixá, será o orixá e este se nutre dele mesmo, uma verdadeira endofagia, mantendo elementos e fortalecendo seu poder e seus princípios de divindade.

O sangue é tocado por pessoas especialmente iniciadas por possuírem cargos na hierarquia do candomblé, podendo atuar em momentos tão importantes como o do sacrifício.

Na tradição oral do candomblé, o sacrifício é chamado de "matança", o que ocorre para as mais diferentes finalidades.

Matança de duas galinhas ou matança de um bicho de quatro pés e acompanhamento de outros bichos de dois pés.

O sangue é precioso elemento que tocará o corpo daquele que participa dos rituais de iniciação, confirmação, obrigações cíclicas como de um, três, sete, catorze e 21 anos, ou em processo pré-iniciático com o chamado *bori*, ato de dar comida à cabeça, onde o sangue dos sacrifícios é uma espécie de consagração do sagrado.

Diga-se que os animais oferecidos cerimonialmente têm suas partes comestíveis, carnes, preparadas por diferentes processos: cozida, assada, guisada, frita, geralmente acompanhada de arroz, feijão, farofa, quando se chama o cardápio de "comida de branco"; e quando acompanhada de dendê, como feijão de azeite, vatapá, acarajé, abará, a que se dá um valor de cardápio afro, pelos pratos incluídos e principalmente pelo uso do azeite-de-dendê.

Há muita comida nas festas, obrigações, nos candomblés, quando as diferentes carnes são partilhadas entre os membros dos terreiros e visitantes. Novamente a comida unindo e proporcionando notáveis momentos de comensalidade.

Comer da carne dos animais sacrificados é também participar dos rituais, em momento de forte socialização dos presentes quando culminam as liturgias públicas com cantos e danças dos orixás.

A comida de base sacrifical é muito mais ampla do que a específica do candomblé ou de qualquer outro modelo religioso. Para os carnívoros, todos os animais comestíveis procedem de atos sacrificais, contudo sem o valor e sentido litúrgico, religioso.

O sentimento do carnívoro recupera memórias arcaicas do caçador primordial.

Carne, sempre carne, ainda um conceito que traduz o bem comer, ter acesso à comida de "sustança", aquela que sustenta o corpo para o cotidiano, ou ainda significando estar bem nutrido, bem alimentado. Também o ato de comer carne significa poder social e poder econômico.

O desejo por um bife ou carne sangrenta, sangrando – diga-se, a tão celebrada carne vermelha que já indica o componente visível, sangue, tanto na cor como no olfato e no sabor.

Há uma preferência gastronômica de que a carne, especialmente a bovina, deva atingir um ponto que fique sangrando para ativar e perceber então o sabor. A chamada carne mal-passada, ou ainda ao ponto, deve ter maciez e deter um outro requisito para o bem comer, que é o comer carne com sangue.

Embora o sangue na comida possa parecer algo distante e imemorial, está de fato muito presente nos cardápios, em especial nos molhos para cozimento, de que são exemplos os de galinha de cabidela ou galinha ao molho pardo, ou ainda arroz de cabidela, sarapatel ou sarrabulho, miúdos de boi, de galinha, de cabrito, certamente bem temperados. E o bife *tartar*, o *carpaccio*, têm a tradição do cru. As comidas cruas aproximam-se das primeiras experiências com as caças e mesmo na antropofagia, incluindo ou sugerindo o sangue como importante acompanhamento.

No imaginário tradicional, o sangue é também representado no vinho tinto. Sem dúvida, retoma-se o símbolo de que o sangue de Cristo é o vinho tinto e a carne é a hóstia. Há também, no caso do vinho, uma identificação estética, podendo-se dizer que o vinho é o sangue da uva.

Trago o exemplo do vinho/sangue em momento especial do auto do boi, do bumbá ou bumba-boi do Maranhão, quando, no final do ciclo junino, os grupos de boi realizam a chamada "morte do boi". Isso se dá no complexo enredo, que culmina com o boi sendo sangrado e dele jorra um garrafão de vinho tinto, como se fosse sangue! E que é recolhido em amplo recipiente. O vinho/sangue é então servido aos participantes do auto e à assistência. Bebe-se o sangue do "boi", que representa e traz significados mitológicos, como o touro negro, o touro elemento da força masculina, elemento da fertilidade, de tantas outras representações de cunho religioso.

Beber o sangue do boi é unir-se ao boi, trazendo seus valores e significados mágicos, vivendo e identificando com temas tão antigos como os próprios sentimentos do sagrado.

Sol & açúcar: ecologia e processos de sedução em Gilberto Freyre

NÃO HO SABEM FAZER, SENÃO MELAÇO E VINHO QUE CHAMAM QUILÃO.
(Gabriel Rabelo)

Uma orientação estética abastece de maneira diversa e complexa o olhar seletivo de Gilberto Freyre perante o imaginário natural e as representações da cultura – imaginário que testemunha e nasce das relações sociais. Relações emblematizadas no Nordeste. Nordeste também idealizado por amorosidade e vivência cotidiana.

Aí se vê a cana-de-açúcar convivendo com outras ocupações de uma botânica mundializada – contato do Ocidente com o Oriente feito pela mão do homem português.

A cana sacarina é preciso. Assim, a monocultura monótona, de lençóis verdes, invade a Mata Atlântica, seus animais, sua água, sua gente nativa.

A cana sacarina, suporte econômico dos descobrimentos, financiou a empresa de Portugal.

Como se sabe, a cana sacarina é originária da Ásia, onde é cultivada há milênios, principalmente para a preparação de uma bebida.

Tão precioso é o grama do açúcar como o grama do ouro – especiaria para a saúde, depois para a mesa, para a geração de hábitos bem nossos, brasileiros, especialmente no Nordeste, onde os doces são mais doces.

Generais de Alexandre Magno (327 a.C.) teriam trazido para a Europa notícias da cana sacarina, assim descrita: "Uma espécie de bambu que produz mel sem intervenção das abelhas, servindo também para preparar uma bebida inebriante."

Pio Correia defende as datas de 1502 e 1503 como introdutórias da cana sacarina no Brasil, proveniente da Ilha da Madeira, e acrescenta que trinta anos depois vieram as canas para a Capitania de São Vicente, por ordem de Martim Afonso de Sousa.

Sem dúvida, o açúcar fez o Brasil; destruiu as matas, matou os animais, matou os índios, poluiu as águas, contudo fez o Brasil. Um Brasil "doce" pelo açúcar que o Nordeste legou ao reino e ao mundo. Açúcar que marcou, determinou a ocupação colonial. Colonos lusitanos e africanos, tão colonos como os oficiais, também já africanizados no próprio Portugal, trazem um jeito de chegar mais mestiço, mais luso-africano.

Gilberto Freyre compreende o sentido do doce na formação ética, moral, hierárquica, nos diferentes papéis de homens e mulheres vivendo para o açúcar.

Descobridor, transgressor, inovador e, especialmente, provocador, Gilberto Freyre, em *Açúcar: em torno da etnografia, da história e da sociologia do doce no Nordeste canavieiro do Brasil*, dá numerosas e raras receitas de doces e bolos da região e, para efeito de comparação, de algumas de outras áreas brasileiras e outras tantas de Goa (Índia portuguesa), reunidas e selecionadas pelo autor. Agora é livro e, especialmente, é o olhar sensível de um Gilberto Freyre sempre atual, motivando e dirigindo o leitor a descobrir em texto farto, como se oferecesse um cardápio de opções, dizendo que o ato de comer é um ato global. Come-se com o corpo inteiro. Primeiro come-se com os olhos, depois come-se com o olfato; come-se com o tato; come-se finalmente com a boca, com o prazer, um sentido tão aguçado que já é um sentimento. Contudo, ainda se come simbolicamente, comendo-se a cultura, comendo-se a história, a civilização e, de certa maneira, comendo-se também o homem, uma metáfora antropofágica, pois se comem os valores e os significados plenos do que é oferecido em alimento e, diria ainda, come-se a si próprio, como em um contato quase litúrgico e profundo da intimidade do eu individual com o eu coletivo, com a própria cultura.

Comer, um ato biológico, indispensável e, principalmente, simbólico, ritualizado, seguindo os padrões da cultura, das ofertas do meio ambiente, das maneiras de misturar, preparar e servir, sendo certamente o ato mais pleno do homem, somente comparado ao sexual.

O açúcar adoçou tantos aspectos da vida brasileira, que dele não se pode separar a civilização.

O açúcar no cotidiano brasileiro, na formação da nossa sociedade, é uma saga plantada com a cana sacarina, chegando pelas mãos de mercadores muçulmanos, traduz um comércio de especiarias acompanhado pelo cravo da Índia, pela canela do Ceilão e pelas pimentas secas, aqui comumente chamadas "do reino".

Ressalta Gilberto Freyre que na civilização do açúcar houve uma chegada colonial e co-formadora para o *ethos* nacional, com os diferentes povos e civilizações africanos.

O homem africano dá ao Brasil um sentido especial, uma fixação de padrões, costumes, formas de representar, significar, enfim, de ser africano no momento mais crucial da diáspora, porque, por um período longo, de 350 anos, foram arrancados da África, na condição escrava, mais de 4 milhões de homens e mulheres.

Na fé, nas artes, na cozinha, nas composições multiétnicas, na maneira de ver e de representar o mundo está o patrimônio afrodescendente integrado ao nosso povo.

> No regime alimentar brasileiro, a contribuição africana afirmou-se principalmente pela introdução do azeite-de-dendê e da pimenta malagueta [...] pela introdução do quiabo; pelo maior uso da banana; pela grande variedade na maneira de preparar galinha e peixe [...] alguns dos pratos mais caracteristicamente brasileiros são de técnica africana: a farofa, o quibebe, o vatapá.[37]

A tradição da doçaria européia, especialmente a de Portugal, abastecida do viço muçulmano, desenvolve-se nos conventos e mosteiros, locais onde os laboratórios de sabores tinham tempo necessário para refletir, provar, experimentar e especialmente descobrir misturas de ovos, temperos, especiarias e o açúcar, tão especiaria e tão raro para o mundo medieval como qualquer outro produto importado do Oriente.

O doce é um testemunho permanente da história e das transformações tecnológicas, dos diferentes momentos sociais, econômicos e culturais.

A mundialização de Portugal no século XVI refletiu-se na cozinha, nos hábitos alimentares, com as novas ofertas de espécies e de gulodices. O cuscuz dos muçulmanos, alfenim, os filhós ou filhoses atestam a forte presença civilizadora dos filhos de Alá na Península Ibérica. Ou-

---

[37] Gilberto Freyre, *Casa-grande & senzala* (São Paulo: Global, 2004), p. 542.

tro caso expressivo da doçaria do sul de Portugal é o tão popular dom-rodrigo – figo seco prensado com amêndoa –, homenagem ao rei visigodo Dom Rodrigo, à época das primeiras invasões dos emires do Marrocos em terras portuguesas.

O doce celebra, identifica, nomeia, compõe e ainda alimenta, tem gosto e sabor.

Gilberto Freyre aponta permanentemente para ele em sua obra e convida o leitor a sentir uma emoção contextualizada e por isso interativa, co-participativa. *Açúcar* é um livro memorial que traz um valor civilizador, como civilizador é o açúcar para o brasileiro e, em especial, para o nordestino – mais ainda para o pernambucano.

O acervo documental, histórico, sempre acompanhou Gilberto em toda a sua produção acadêmica, transitando com liberdade entre as citações e as observações de campo, certamente tão novas e questionadoras como as teorias culturalistas de Franz Boas – uma das mais notadas influências do olhar de Gilberto – e para a compreensão do homem e de suas representações simbólicas; enfim, para a cultura.

A cozinha brasileira é tão ampla que abraça o peixe, o leite de coco, o dendê, o arroz-doce, os doces de coco, o coco – fruta da Índia, assim como a jaca e a fruta-pão da Indonésia, a manga também da Índia, a carambola das ilhas Molucas, tantas frutas exóticas, hoje nossas, brasileiras, dos nossos quintais, pomares, das feiras, dos mercados, dos sucos, dos sorvetes, cremes, bolos, tortas, entre tantas delícias de ver e de comer.

Da terra, do reino e da costa são as maneiras tradicionais de denominar, indicar e identificar produtos e pessoas que, juntos, formaram o nosso cardápio racial, social, e vão formatando um país chamado Brasil.

Da terra, do local de origem, do espaço descoberto, a América, terra dos ameríndios; do reino, aquilo que vem de Portugal e, diga-se, de um Portugal mundializado, também da China, da Índia, da Indonésia, do Oriente; da costa, o que chega da costa africana – pimenta da costa, palha da costa, pano da costa, de toda a costa ocidental e austral do continente que aporta na nossa costa. Tendo o Atlântico por divisa e como caminho de idas e vindas de um amplo comércio, de um amplo intercâmbio de homens e culturas. As mesas, os cardápios, as maneiras de fazer, de servir e de comer expressam os muitos contatos entre a terra, o reino e a costa.

> A marmelada, o caju e a goiabada transformaram-se, desde os tempos coloniais, nos grandes doces das casas-grandes. A banana, assada ou frita com canela, uma das sobremesas mais estimadas das casas patriarcais, ao lado do mel de engenho com farinha de mandioca, cará ou macaxeira; depois aparece o sabongo e o doce de coco verde; mais tarde, o doce dessas frutas com queijo – combinação tão saborosamente brasileira.[38]

A intimidade do doce com a família, receitas exclusivas, projeções e estilos das casas, de cozinhas quase... santuários; senhoras tão especializadas como os mestres de engenho, que fazem o suco da cana virar açúcar.

> Doces de *pedigree* – que têm história. Que têm passado. Porque numa velha receita de doce ou de bolo há uma vida, uma constância, uma capacidade de vir vencendo o tempo sem vir transigindo com a moda.[39]

O olhar contextualizado de Gilberto diante da civilização do açúcar e do doce revelou especial interesse pela estética de cada prato, artes feitas com os mesmos cuidados artesanais próprios do fazer e do apre-

---

[38] Gilberto Freyre, *Açúcar: uma sociologia do doce, com receitas e bolos do Nordeste do Brasil*, cit., p. 71.
[39] Ibid., p. 16.

sentar o prato – textos iconográficos tão precisos como uma pintura, um desenho que será consumido e, assim, incorporado ao humor, ao hábito que nasce em casa, no tabuleiro da rua, na banca do mercado, na vitrine de uma confeitaria, nas escolhas que seguem formatos, cores e materiais combinando com os bolos, balas, tortas, frutas cristalizadas, pastéis, compoteiras com caldas açucaradas e perfumadas pelo cravo e pela canela.

> Servido em potes indígenas, em terrinas patriarcais; enfeitado de papel azul, cor-de-rosa, amarelo, verde, picado ou rendilhado, segundo modelos dos séculos passados; recortado em corações, meias-luas, estrelas, cavalinhos, patinhós, vaquinhas, segundo velhas formas sentimentais.[40]

Para os anos 1930, época da primeira edição de *Açúcar*, um homem interessado por receitas de bolo, de doces de frutas e mais ainda por papel de seda recortado como se fosse renda para enfeitar os pratos e tabuleiros era um verdadeiro escândalo. Como, um sociólogo na cozinha? Sim, na cozinha, na intimidade da casa e, mais ainda, na intimidade de quem fazia a casa pulsar, o fogão funcionar, as receitas reviverem os mosteiros, as vendas e os ganhos nas ruas por escravas e ex-escravas, das sobremesas dos restaurantes populares aos hábitos de comer e de beber em casa, na rua, no cotidiano e no tempo da festa.

A compreensão de Gilberto Freyre da sociedade brasileira flui por toda a sua obra, destacando a casa e o homem como algo inseparável, em que os símbolos materiais vivem pelos símbolos emocionais e pelas escolhas que chegam pela cultura, pelos papéis dos mundos masculino, feminino e infantil.

---

[40] *Ibid.*, p. 73.

Casa-grande & senzala, Sobrados & mocambos, Oh! de casa, Nordeste e *Açúcar* certamente falam entre si, em um texto hiperampliado pela vocação humanista de Gilberto de entender o homem situado no trópico, com todos os seus projetos e enfrentamentos perante a mudança, nos territórios da tradição, da natureza – ecologia –, dos técnicos que servem para simbolizar e autenticar e, ao mesmo tempo, singularizar sociedades e indivíduos.

> No Brasil as tradições portuguesas do bolo e de doce tinham se instalado, tão bem instalado nos fornos das casas grandes de engenho [...] a influência francesa só os atingiria de maneira mais viva no século XIX.[41]

A mulher, na sua condição do lar, deveria ocupar-se da casa, dos filhos, procriar e reinar na cozinha, além de no estômago, o coração da casa.

Aliás, Gilberto Freyre, também pioneiro na história das mentalidades e na história do cotidiano, dá em sua obra um valor simbólico especial à casa; diferentes casas, não menos diferentes espaços e representações de seus ocupantes, de vidas e de culturas que atestam a família patriarcal, os mocambos, a senzala, a capela, o engenho, as formas de urbanizar, as relações entre a rua e a casa, entre o que é privado e o que é público. Assim, perpassando por esse texto de profundas relações hierarquizadas e definidoras de muitos papéis sociais, a civilização do açúcar vem criar um estilo próprio, nordestino e também nacional, brasileiro, em convívio com o ouro, o café, o tabaco e outras ocupações econômicas e sociais ungidas pelo doce dominador, doce que até hoje define relações, humores, estilos, identidades, maneiras de ser do brasileiro.

---

[41] *Ibid.*, p. 70.

Embora a pitanga marque o ideário das frutas nacionais, nativas, Gilberto destacou outras frutas emblemáticas do brasileiro. O caju, a fruta da terra, e o coco, que já é da terra por adoção, inventivos de usos e inclusões decisivas em cardápios, e ainda no imaginário tropical, nordestino, especialmente de Pernambuco e do Recife:

> O cajueiro, tão ligado à vida indígena, deu à cozinha pernambucana, em particular, e à nordestina, em geral, alguns dos seus melhores sabores; a castanha, que, confeitada, ou dentro do bolo, da cocada, do doce e do peru, se tornaria tão característica dos quitutes da região; o doce em calda e o doce seco do próprio caju; o licor, o vinho – quase simbólicos da hospitalidade patriarcal do Nordeste.[42]

Aliado à civilização do açúcar, o caju ganha um valor nativo, como fruta da terra, somado ao sabor asiático (como o da cana trazida pelo norte da África); aclimatado na Ilha da Madeira, nos Açores, ganha o Brasil, Pernambuco, e com ele nasce um acervo de formas e de sabores e de convivências com a tradição e a modernidade.

> O coqueiro deu a essa boa mesa patriarcal o feijão de coco e o peixe de coco; e para a sobremesa, a tapioca seca, a tapioca molhada, o beiju, o doce de coco verde [...] uma variedade de bolos, em que o gosto do coco se faz sentir junto ao do açúcar ou do mel de engenho.[43]

Chegadas, permanências, sugestões, informações gerais, olhares pontuais de experiências pessoais, etnografias participativas, festas de santos, especialmente aqueles de junho, com rica culinária à base de milho, festas em casa com a família, festas no tempo do carnaval, com filhoses e suas caldas perfumadas, ou no Natal, com pastéis de carne

---

[42] *Ibid.*, p. 80.
[43] *Ibidem.*

temperada e que, depois de prontos, são pulverizados com açúcar, verdadeiros laboratórios de gostos, de buscas e de descobertas, pela boca e pela emoção.

Alerta e sensível aos entornos culturais, sociais, econômicos, históricos e ecológicos, Gilberto Freyre declara no livro *Nordeste: aspectos da influência da cana sobre a vida e a paisagem do Nordeste do Brasil*, no prefácio da primeira edição, o seguinte: "O critério deste estudo é um critério ecológico".

Imbui-se de vocação impressionista, lê estudos botânicos, faz vigorosas críticas à poluição, descreve, como etnógrafo viajante, sua região de maneira quase lírica e fala da saga de uma ocupação desigual.

A zona da mata de Pernambuco era o território preferido por Gilberto para viajar e viver, incorporar técnicas recentes do *field work*, uma evidente herança de Boas.

> A monocultura, a escravidão, o latifúndio – mas principalmente a monocultura – aqui é que abriram na vida, na paisagem e no caráter da gente as feridas mais fundas [...].[44]

A pesquisa de campo, o estar em campo, enquanto maneira de fazer sociologia e antropologia e, no caso, fazer ecologia, reflete as fortes influências antievolucionistas e indicadoras de vertentes culturais para o entendimento complexo do homem e de sua sociedade.

Os "jeitos" já nacionais, regionalmente nordestinos, são trabalhados como soluções que indicam a formação de identidades, de padrões culturais, de encarar e se relacionar com o mundo natural. São assim vistas, como avisa Gilberto, as chegadas etnoculturais do luso, do africano, dos relacionamentos com os autóctones. De qualquer forma, há uma sinalização de amor à terra.

---

[44] Gilberto Freyre, *Nordeste: aspectos da influência da cana sobre a vida e a paisagem do Nordeste do Brasil* (Rio de Janeiro: José Olympio, 1937), p. 23.

As peculiaridades da Região Nordeste e as destinações naturais do litoral, da zona da mata, do agreste e do sertão oferecem distintas ocupações em um diálogo permanente entre o sol e a água. Em visão ancestral e mitológica. O masculino e o feminino. Uma relação em que os resultados idealizados são a fertilidade, a vida da terra, as plantas e os animais.

Há também, em *Nordeste*, um avanço da etnobotânica, quando, em quantidade e variedade, espécimes chegaram do Oriente, da Europa, da África e aqui no Brasil se nacionalizaram, se aclimataram, ganharam novos usos, preservaram outros usos junto aos tradicionais, convivendo com as "plantas da terra", como os "bichos da terra", quando e onde Gilberto explicitamente é telúrico, é nordestino, é pernambucano, é "cabra": "cabra" pelo poder de resistir, enfrentar, adaptar e, principalmente, criar. Os usos botânicos foram feitos nas casas, nos engenhos, nas feiras e mercados, fazendo com que a natureza assumisse um sentido/sentimento profundamente integrador e ao mesmo tempo singular.

"Incluir" é um verbo da preferência de Gilberto Freyre na sua permanente auto-referência de compreensão do Nordeste.

Exemplo disso, em símbolo e uso, é o tão celebrado coco verde, que é da Índia. Considerado pelos orientais uma planta providencial, porque dos seus órgãos se tira tudo aquilo de que o homem necessita para viver, desde o alimento até o vestuário, do material para construir habitação até aquele para se defender das doenças, do sol. Se algum dia tivesse havido paraíso terrestre, com certeza o coqueiro ocuparia nele um lugar de destaque.

Mas, se há uma fruta que emblematiza Gilberto, essa é a pitanga. Há uma devoção quase religiosa perante o fruto e a folha de aroma tão peculiar, marcado, determinado como o próprio homem nordestino. Homem situado no trópico.

Realmente da terra, a pitanga, ou pitanga-da-praia, ou *Eugenia pitanga*, em tupi, vermelho, é a fruta que Gilberto uniu à sua história de vida. Uniu com a boa cachaça, da cana sacarina, compreendendo assim uma civilização que se autentica pela boca. A pitanga, na forma e no estilo de conhaque (conhaque de pitanga), foi a escolha ecológica de Gilberto por uma fruta da terra e por uma bebida que, de maneira muito particular, ritualizava as relações na sua casa em Apipucos, Recife.

Beber o conhaque de pitanga sob os olhos atentos de Gilberto e de dona Madalena era um ato de inclusão, uma quase confraria de amigos. Amigos ungidos pela boca, pelo açúcar, pela fruta, pelo cenário da casa, pela paisagem do sítio e pela proximidade do rio Capibaribe.

O ideal tropical ecológico de Gilberto, além de dedicar total atenção à morfologia da natureza, o compreendia, e como o compreendia, sensivelmente, por meio de texto, pintura e desenho realizados como linguagens intercomplementares e que têm sua comunicação perfeitamente integrada na formação da sua obra.

Folhas de canela para forrar o chão em dias de festa. Odor que integra e faz o local ser mais pernambucano, mais recifense.

Jardins florestais do Recife e de Olinda, altos, densos, reunindo plantas para os remédios, para a cozinha; árvores frutíferas, pomares, para ser vistos pela beleza e pelo aroma das frutas.

Flores, algumas genuinamente tropicais, ou "viuvinhas", tão ao agrado de Gilberto e dona Madalena.

O verde tropical, ecológico, foi profundamente vivenciado por Gilberto no sítio que circunda sua casa, hoje casa-museu da Fundação Gilberto Freyre, chamado por ele de "sítio ecológico".

O acervo verde é constituído, principalmente, por cajueiros, cajazeiros, açaizeiros, pitombeiras, oitizeiros-da-praia, pitangueiras, jaqueiras, mangueiras, dendezeiros, macaibeiras, acácias grandes, palmeiras imperiais, goiabeiras, *flamboyants*, juazeiros, viuvinhas, coqueiros, seriguelas, que servem de abrigo e alimento para canários, sanhaços, beija-flores, bem-te-vis, sabiás, ratos silvestres, sagüis, lagartos-teju, camaleões, calangos, entre outros que vivem ou passam pelo ambiente vizinho de um pedaço de Mata Atlântica e frontal ao Capibaribe.

A morfologia botânica, os animais, a arquitetura que pontua a Mata Atlântica, as relações e representações étnicas no trato com a natureza revelam soluções estéticas profundamente integradas com a vida tropical. Há um reconhecimento do sol – luz dominante, que escolhe cores primárias, juntamente com o branco – para sinalizar e conviver com o verde dos canaviais, dos jardins-pomares, com ruas arborizadas e centenárias gameleiras.

> Sol agressivo este meu sol do Recife. Vejo-o quase esbofetear os estrangeiros, tal a intensidade da luz e de calor. [...]
> Só quem goste de sol, vibre com o sol, sinta com o sol, pode verdadeiramente sentir, amar e compreender o trópico.[45]

Sol revisto e revisitado nas fogueiras dos santos de junho. Antônio, João e Pedro. Sol que é fogo. Sol tropical, que aguça cores, que celebra o calor, que provoca a busca pela água, água de beber, de banhar, de viver.

Santo da casa e da devoção particular é Santo Antônio, cujas representações estão em azulejo e no imaginário de madeira, pontuando a casa, exibindo uma fé que se ampliou para a família Freyre, sendo esse santo o patrono venerado e unido à trajetória de vida de Gilberto.

Novas concepções de corpo e de sexualidade com o hábito dos banhos. Banho de rio, de mar, de açude, de chuveiro, de banheira, de

---

[45] Gilberto Freyre, *Manifesto regionalista* (Maceió: Ufal, 1976), p. 20.

piscina, corpo banhado, corpo mais liberto. Corpo ecologicamente analisado por Gilberto.

O entorno tropical – luminosidade, clima, vegetação, hábitos, roteiros e ruas, o litoral, os rios, os tipos humanos, as cores da natureza e dos processamentos vindos das mãos do homem – integra a construção do ver, que não se isola do ouvir, do sentir, do perceber globalmente as direções e soluções da região.

O sentimento humanista orienta para o entendimento do que é viver no trópico. É a geração de um conjunto de métodos e de caminhos teóricos e conceituais construídos por Gilberto, daí a *tropicologia*.

Há na tropicologia uma proposta também estética. São escolhas, tipos, cores, produtos, alimentos e roupas, entre outros símbolos que apontam as convivências e conivências de estar sob o sol, o sol dominante, o sol que indica comportamentos e maneiras de ser.

> O próprio coco verde é aqui considerado tão vergonhoso como a gameleira, que os estetas municipais vêm substituindo pelos *ficus benjamin*, quando a arborização que as nossas ruas, parques e jardins pedem é a das boas árvores matriarcais da terra ou aqui já inteiramente aclimatadas: pau-d'arco, mangueira, jambeiro, palmeira, gameleira, jaqueira, jacarandá.[46]

Sensorial, sedutor pelo que relata e especialmente pelo que provoca, Gilberto sugere um mergulho inteiro no seu Nordeste, no seu Pernambuco, no seu Recife.

É uma relação carnal, relação telúrica com o seu território, com o seu Nordeste. Há uma vocação alimentada pelos livros, pelos desenhos e pinturas e, especialmente, pelas escolhas de comidas, bebidas, festas e em especial pelo encontro com a natureza.

---
[46] *Ibid.*, p. 34.

Gilberto vê no rural e no urbano suas paisagens preferenciais e escolhe ambientes construídos de pedra e cal – casas-grandes, senzalas, sobrados ou com folhas de coqueiro, barro e madeira – os mocambos.

> O mal dos mucambos, no Recife, como em outras cidades brasileiras, não está propriamente nos mucambos mas na sua situação em áreas desprezíveis e hostis à saúde do homem: alagados, pântanos, mangues, lama podre [...]
> É que o mucambo se harmoniza com o clima, com as águas, com as cores, com a natureza, com os coqueiros e as mangueiras, com os verdes e os azuis da região como nenhuma outra construção.[47]

O ideal arquitetônico e ecológico de Gilberto transita pela estética, buscando o sentido humanista do viver no trópico. É também a compreensão de uma ecologia modelada na história do açúcar, de uma colonização, como enfatiza Gilberto, bi-africana, de um olhar minimalista sobre as relações sociais, sobre os papéis hierarquizados, sobre o gênero e, especialmente, sobre "chegadas" e "permanências" na natureza.

A natureza que Gilberto aponta é sensual, é apolínea e dionisíaca, e certamente ele se inclui como personagem de muitas vivências, em especial no seu tão querido Recife.

O Recife é uma cidade sereia: tem encantos anfíbios a que muita gente de fora vem sucumbindo.

Águas. De mar, de rio, de cachoeiras, de açudes.

O Recife marca a construção ecológica e estética de Gilberto, é germinal, pois o "encanto sereia" também seduziu seu filho, recifense de nascimento.

---

[47] Gilberto Freyre, *Mucambos do Nordeste* (Recife: IJNPS, 1967), p. 16.

Recife, cidade meio-terra, meio-água. Cidade das águas, águas onde os maracatus querem chegar para voltar, aportar em Luanda, Angola. Dançam reis, rainhas, baianas, damas do passo, como se remassem ar movimentando os braços, como se nadassem para o encontro além-água, água-mar, voltar, chegar. Águas do Capibaribe, também território de Oxum, que é Nossa Senhora do Carmo, santa padroeira do Recife. Pois a cidade é sinalizada e ocupada simbolicamente, formando territórios comuns do povo do Recife.

Árvores tombadas. Árvores patrimoniais, tão monumentos como qualquer outro monumento em bronze, mármore, pedra que marque o herói, o fabuloso; árvores-monumento, pelo que traduzem de cotidiano, de sombra, de fruto, de valor religioso, étnico.

Baobá na praça das princesas, no centro do Recife. Gameleira no Terreiro Obá Ogunté, seita africana obaomin, no bairro de Água Fria. O terreiro é importante xangô, matriz do nagô, sendo casa/templo onde o famoso babalorixá Adão viveu sua África e cultivou seus orixás e antepassados, cultivando também grande amizade por Gilberto Freyre. Assim, certamente foram reforçados os laços de Gilberto com a cultura afro-pernambucana.

A importância da árvore foi tema que Gilberto sempre incluiu com preocupação botânica, de utilidade, de símbolo – função da cultura. Ecológica, politicamente ecológica. Pois o que aponta em estética une-se ao vigor de uma obra na qual a causa ecológica perpassa pela ideológica; pela militância, por uma atualidade presente nas denúncias que Gilberto apresenta no livro *Nordeste*.

> A cozinha das casas-grandes de Pernambuco pode-se dizer que nasceu de baixo dos cajueiros e se desenvolveu à sombra dos coqueiros, com canavial sempre de lado a lhe fornecer açúcar em abundância.[48]

---

[48] Gilberto Freyre, *Açúcar: uma sociologia do doce, com receitas e bolos do Nordeste do Brasil*, cit., p. 80.

Interno na casa, na senzala, no sobrado, no mocambo, na igreja, no xangô; contudo, externo nos seus entornos, dos verdes escolhidos das paisagens construídas para integrar arquitetura, homem – cenários das relações. O *ethos* do pernambucano, eixo preferencial na obra de Gilberto, é um tema permanente, de referência, de profunda e explícita amorosidade.

Os livros *Nordeste* (1937) e *Açúcar* (1939), em especial o primeiro, são frutos dos anos 1930, período e contexto dos mais favoráveis à explosão de Gilberto, encadeando textos, ampliando livros, uns aos outros, inaugurando, avançando, falando pioneiramente sobre ecologia no Brasil.

Os anos 1930 são marcados por uma vanguarda intelectual que de certa maneira assume uma missão de falar pelo povo e de organizar a sociedade.

Gilberto Freyre decididamente integra essa vanguarda, integrando também a *intelligentsia* do Brasil, buscando raízes, fundamentos de cultura, na construção de uma identidade nacional que seja coerente e testemunhe a própria história brasileira.

Pelo seu caráter genial, Gilberto revoluciona o pensamento social brasileiro, sugerindo uma Nação pensada pela cultura, pela civilização.

Singularidade, identidade, descobertas concretas; desvendar a cultura, a história da vida cotidiana, a história social, a história do passado colonial são os principais ingredientes das formulações de Gilberto, que também assume atitude proustiana de reencontrar nesse amplo percurso seus próprios antepassados.

Revela-se Gilberto ao se desdobrar em vários outros, para assim reencontrar a sua própria identidade.

Um passado de matas; mata Atlântica, florestas de jacarandá, de águas limpas, de rios e de mar; de bichos vivendo seus hábitos, de povos que conhecem o valor da natureza.

As novas narrativas estão encharcadas de cultura, de escolhas por padrões estéticos que, de certa maneira, têm também uma harmonia ecológica.

Sem dúvida, vigoram estímulos nacionalistas que convivem com uma energia chamada Nordeste, que é zona da mata; que é Pernambuco – expondo Gilberto e sua obra. Expõe, enfrenta e seduz. Tão encantador como a sereia, meio gente, meio bicho; meio água, meio terra.

Agora entendo o porquê de uma necessidade quase pragmática de finalizar o meu *comunicado*.

Finalizo, no entanto, sem ser o fim; coerente a Gilberto, encontro *um processo*; *um comunicado* em *pleno processo*.

festa de comer

Comer é uma festa

Festa é bom de comer, pois geralmente se come muito bem na festa. Festa tem que ter comida e bebida. A festa será um sucesso se tiver quantidade e variedade de pratos, o mesmo acontecendo com as bebidas. Bem, a festa é mesmo um bom motivo para as pessoas se reunirem e comer, comer juntas, partilhar, celebrar em torno de uma mesa, de uma esteira, em que lugar for, pois a comida une, aproxima e revive os traços mais antigos de todas as memórias.

Na festa de aniversário, o bolo é o maior símbolo, bem como doces, docinhos especiais. No ciclo junino, festas populares do mês de junho, há uma culinária à base de milho, batata-doce e o tão conhecido quentão, que, como o próprio diz, é uma bebida quente, pois é período de inverno. As festas são à noite e são centralizadas pelas fogueiras, fogos de artifício, música e dança, em especial a dança de quadrilha, o forró, o coco – uma dança de roda e de umbigada –, reunindo em todo o país milhões de adeptos que vão viver o tempo da festa.

Fé religiosa, reunião de famílias, de amigos, datas cívicas, grandes acontecimentos regionais, nacionais e internacionais; datas pessoais, particulares, têm sempre um ponto em comum: a comida, comida própria para cada tipo, dia e contexto em que se dá a comemoração.

Além do ciclo junino, no Brasil, os ciclos natalino e carnavalesco formam os três grandes momentos de festejar, envolvendo todo o país, fazendo com que regiões, comunidades, grupos tenham diferentes interpretações e vivam coletivamente cada tema, cada motivo que faz o sentido da própria festa.

São festas nas casas, nas ruas, nas praças, nos templos ou em outros locais especialmente escolhidos para servir de cenário ao ato da comemoração.

> Vinte e quatro de dezembro
> Meia-noite deu sinal,
> Rompe aurora a primavera
> Hoje é noite de Natal.
> (Pastoril, Alagoas)

Entre as festas populares brasileiras, sem dúvida, aquelas que fazem o ciclo natalino reúnem milhares de pessoas que experimentam manifestações de teatro, dança, cortejo, música e gastronomia, revivendo histórias, fatos e personagens que traduzem o nascimento do Menino Deus.

Cada cidade, lugar, comunidade assume estilo e maneira de interpretar o grande evento do mundo cristão. Pois a festa é síntese e culminância do dia-a-dia, quando as pessoas viram personagens, quando um tempo especial comove e reúne, trazendo ancestralidade e memória que, atualizadas, renovam os rituais sociais.

Boi-de-reis, reis-de-boi, pastorinhas, reisados, bailes pastoris, guerreiros, ternos de reis, marujada, coco, folias-de-reis, entre outras manifestações, fazem o Natal popular brasileiro.

São devoções religiosas e expressões artísticas de um povo que canta e representa, unindo fé e lazer.

Presépios artesanais em barro, madeira, fibras naturais, materiais reciclados mostram diferentes interpretações regionais da cena do nascimento do Menino Deus.

Além do olhar artístico sobre os presépios, há o olhar devocional, expressando significados sagrados anualmente lembrados no ritual de armar presépios em locais especialmente escolhidos.

Ainda árvores, árvores de Natal, são verdadeiras instalações que valorizam a natureza, o verde, que são complementadas com enfeites multicoloridos, velas e luzes.

A primeira referência à árvore de Natal aparece em um trabalho publicado em Estrasburgo em 1648, chamando-a inicialmente "árvore de brinquedo de criança". Certamente, o significado cultural da árvore remonta aos símbolos fálicos de fertilidade, sendo um marco tão antigo como a própria ocupação do homem na terra. É também um símbolo de vida, de renovação, ampliado pelos povos cristãos como um símbolo da paz.

Às mesas, cardápios vindos de Portugal que constam de frutas secas ou cozidas, como as castanhas, assados de porco, peru, cabrito e galinha; doces, destacando-se as rabanadas, indispensáveis na ceia da noite de 24 para 25 de dezembro.

É assim, com festas nas ruas e nas casas, que o nosso Natal é rico e variado nas maneiras de lembrar e louvar o nascimento do Menino Deus.

> Meu São José
> Dai-me licença
> Para o Pastoril brincar.
> Viemos anunciar,
> Jesus nasceu para nos salvar.
> (Pastoril, Pernambuco)

Entre os autos e representações teatrais do Natal destaco o pastoril ou pastorinhas, que ganham grande popularidade em todo o Nordeste. São grupos que, lucidamente, vivem histórias sobre o nascimento do Menino Deus.

Os elencos são organizados em cordões de pastoras identificadas pelas cores azul e encarnado ou vermelho, tendo no personagem Diana, que usa as duas cores, um tipo de mestra que comanda as cenas chamadas de Jornadas. Aparecem ainda o anjo, a borboleta, a cigana, o pastor, o palhaço ou mestre, entre muitos outros.

É verdadeiro teatro de revista, apresentando temas musicais específicos para cada personagem, cânticos e coreografias de conjunto e solo. A participação da platéia é muito importante, animando o espetáculo com manifestações de torcidas organizadas para os cordões azul e encarnado, sendo tão apaixonadas como a de um time de futebol.

> Estrela do Norte
> Cruzeiro do Sul,
> Viva a cor do céu
> O celeste azul.
>
> Quando raia a aurora
> Quando o dia luz
> Lindo, o cor-de-rosa
> É o que mais seduz.
> (Pastoril, Alagoas)

A dança

São muitas as danças que se integram no ciclo natalino: ciranda, cocos, samba-de-roda, jongo, catira, cururu, siriri, entre outras.

No caso, situo o coco, modalidade de ritmo e dança de umbigada que apresenta variações coreográficas e estilos. Há o coco de par ou de parelha; o coco solto; o coco de fileiras; e o coco de roda.

O coco de roda tem os ritmos marcados pelo ganzá – chocalho cilíndrico feito de folha-de-flandres – caixa e pandeiro. Quem comanda a roda é o tirador de coco, cantando, entoando versos e animando o grupo.

As rodas são formadas por homens e mulheres, tendo sempre um solista ao centro que vai convidando, pela umbigada, a participação de outros solistas; e assim, sucessivamente, o coco é dançado por toda a noite.

> Deus te salve, casa nobre
> Desde a hora que eu entrei,
> Quem nunca viu eu cantar,
> Hoje é a primeira vez.
> (Coco, Rio Grande do Norte)

O cortejo

Representando os Reis Magos e sua peregrinação até Belém à procura do local do nascimento do Menino Deus, os cortejos dramatizados das folias-de-reis rememoram todo ano, em longas caminhadas pelas ruas, visitas e homenagens nas igrejas, casas e especialmente presépios, lembrando o trajeto até a Palestina.

Participar das folias-de-reis é cumprir votos de promessas, devendo o folião permanecer por sete anos no grupo.

Cada folião é, na fé individual, um rei mago que por todo o ciclo natalino desempenha religiosamente seu ato devocional de realizar visitas.

As folias-de-reis concentram-se nos estados do Rio de Janeiro, São Paulo, Minas Gerais, Goiás, Espírito Santo, Mato Grosso e Mato Grosso do Sul, entre outras localidades.

Cada folia é identificada por uma bandeira ou por um estandarte que leva estampada a cena do nascimento do Menino Deus e cada folião usa uma coroa, capa e acessórios. Assim, vão cantando, louvando e lembrando o Natal. Culmina cada folia um conjunto instrumental, violão, cavaquinho, pandeiro e caixa, e os palhaços, personagens mascarados que realizam acrobacias e representam Herodes na busca do Menino Deus.

O presépio

No imaginário cristão, a cena do nascimento do Menino Deus é o maior símbolo de vida e de renovação da humanidade.

O primeiro presépio foi organizado com personagens vivos, verdadeira dramatização religiosa que ocorreu em Grécio, na Itália, em 1223, por iniciativa de São Francisco de Assis.

A partir desse evento que marcou os cristãos, em muitos povos, anualmente, os presépios são montados nas casas, em áreas públicas, nos *shopping centers*, entre outros.

Popularmente chamado de "lapinha", o presépio é regionalmente interpretado, recebendo personagens locais e elementos decorativos como folhas aromáticas da pitangueira (*Eugenia pitanga*), o que lhe dá caráter tropical brasileiro.

Os presentes

É costume e tradição na noite de Natal o oferecimento de presentes entre amigos e familiares, lembrando dessa maneira a visita e os presentes oferecidos pelos três Reis Magos do Oriente que foram a Belém, na região da Palestina, conhecer o Salvador que nascia em um presépio.

> Abris a porta
> Se queres abrir
> Que somos de longe
> Queremos nos ir.
> (Folias-de-reis, Rio de Janeiro)

Especialmente na Península Ibérica, Portugal e Espanha, o dia 6 de janeiro é considerado o dia dos presentes, marcando a chegada dos Reis Magos que ofereceram incenso, ouro e mirra, em respeito ao nascimento de um outro Rei.

As comidas

Os doces no tempo do ciclo natalino estão nas mesas em variados cardápios ou estão em alguns casos compondo árvores de Natal como biscoitos feitos em formato de estrela, anjo e demais símbolos de um modelo de festejar europeu. Isso ocorre na Região Sul, em área de forte presença de imigração alemã, como também é comum um tipo de bolo chamado de "cuca" ou de "cuca alemã".

Cuca alemã

1 kg de farinha de trigo
1 xícara de açúcar
4 tabletes de fermento
1 colher (de sopa) de sal
4 colheres (de sopa) de manteiga
3 ovos

3 gotas de essência de baunilha
2 xícaras de água
100 g de passas
100 g de frutas cristalizadas
canela em pó

Misture a farinha de trigo, o açúcar, o fermento, a baunilha, a manteiga e a canela em pó e em seguida, com a massa pronta, acrescente as passas e as frutas cristalizadas. Continue o processo da massa e coloque em fôrmas untadas de farinha, levando ao forno para assar. Resulta em 5 cucas de 400 gramas.

Rabanadas

Também conhecidas como fatias douradas e fatias de parida, as rabanadas são preparadas com: pão, ovos, fermento, sal, leite de vaca, açúcar, canela e óleo.

As fatias de pão são embebidas no leite açucarado e depois envoltas nas gemas; em seguida vão para a fritura, retirando-se a gordura excedente. Depois são pulverizadas com açúcar e canela.

Ciclo junino

As festas de junho, comemorando Santo Antônio (dia 13), São João (24) e São Pedro (29), chegaram da Europa mantendo maneiras de festejar muito anteriores ao início do cristianismo, que ocorreu com o nascimento do Menino Deus.

O nosso ciclo junino assume um estilo profundamente português e que vai ganhando novas interpretações no Brasil, com a participação de africanos e descendentes de africanos. Além dos assados nas fogueiras, do quentão, das paçocas de amendoim e das cocadas, entre outras delícias destaca-se o arroz-doce, que recebe variações nas receitas, com ovos, raspinhas de casca de limão, leite de coco, além dos tradicionais cravo e canela em pó.

Certamente o prato mais emblemático do São João, globalizado a partir do modelo nordestino, é a canjica.

É papa de consistência cremosa feita com milho verde ralado, a que se acrescentam açúcar e leite de vaca ou de coco e se polvilha com canela, também chamada *jumbelé*. Em São Paulo, Mato Grosso e Goiás, chamada de curau; em Minas Gerais e Rio de Janeiro, de papa de milho; e de canjiquinha no Rio de Janeiro.

Do milho preparavam as cunhãs, além da farinha (*abatitui*), integrada no preparo de vários bolos, a *acanijic*, que sob o nome de canjica se tornou um dos grandes pratos nacionais, um prato brasileiro.

Canjica nordestina

Proporções: 30 espigas de milho verde; 3 xícaras de açúcar; 1 colher (de sopa) de sal; 1 xícara de leite de coco, tirado quase sem água; 4 litros de leite de coco, canela, manteiga. Ralam-se ou passam-se na máquina de moer carne as espigas de milho. Lava-se a massa resultante com metade do leite de coco e passa-se por uma peneira. A massa espremida passa-se novamente na máquina e torna-se a lavar com o resto do leite de coco, coando-se, também, como na primeira vez. Leva-se ao fogo em um tacho, mexendo sempre, e quando ferver põe-se o sal e o açúcar e deixa-se ferver uns 15 minutos. Em seguida, coloque em prato e decore com canela.

Caruru de Cosme

[...] São Cosme no dia dele
São Cosme quer caruru.
(Trecho de um samba-de-roda)

O caruru de Cosme é uma devoção, pagamento de promessa ou um bom motivo para reunir amigos, parentes e conhecidos em torno de um verdadeiro banquete à base de azeite-de-dendê.

O caruru é o prato principal, geralmente servido em gamela – recipiente de madeira, sendo oferecido, segundo o costume, primeiro para as crianças e depois para os adultos. Compõem o caruru outros pratos, como: acarajé, abará, feijão de azeite – feijão-fradinho temperado com cebola, camarões secos e defumados e azeite-de-dendê –, vatapá, feijão-preto preparado como o fradinho, pipoca, farofa de dendê, cocadas, frutas, destacando-se a cana-de-açúcar, além do aluá – bebida fermentada feita de milho, gengibre, rapadura e água –, consumido como um tipo de refresco.

A festa do Caruru de Cosme é uma homenagem aos santos gêmeos São Cosme e São Damião, santos dos mais populares no Brasil. Além de ser o caruru, originariamente, uma festa familiar, está também em estabelecimentos comerciais e associações, ganhando cada vez mais sentido coletivo, comunitário.

Os santos gêmeos, comemorados no dia 27 de setembro, são os protetores das mulheres grávidas e das crianças.

Caruru

120 g de quiabos
meio litro de azeite-de-dendê
castanhas de caju
amendoim
camarões secos e defumados
cebolas
gengibre ralado
sal

Os quiabos em rodelinhas aguardam o refogado dos demais ingredientes com o azeite-de-dendê. Depois, juntam-se os quiabos ao refogado, tudo em uma única panela.

Pimenta pode integrar o prato ou acompanhá-lo em forma de molho de pimenta, reunindo diferentes tipos de pimenta, azeite-de-dendê, cebola, sal, entre outros complementos, compondo uma modalidade conhecida como "molho nagô". Nagô é uma das maneiras de chamar um grupo cultural, também conhecido como iorubá, que ocupa a Nigéria, Benin e outros países da África Ocidental.

Churrasco, hoje um quase sinônimo de festa em casa

De um tradicional costume do Sul, das fazendas, das regiões dos pampas – áreas de planície –, das fronteiras com a Argentina e Uruguai, nasceu o prato à base de carne de gado bovino e de gado ovino.

O churrasco é prato muito simples, necessitando de boa carne, espetos, brasas, sal grosso e complementos que variam: farinha de mandioca, saladas, batatas, especialmente a batata-inglesa.

Tem um complemento: faz boa dupla com o mate, a erva-mate. Se o churrasco é comida do Sul, a bebida sem dúvida é o chimarrão:

> Chimarrão é o mate amargo
> Temperado na fumaça.
> A própria seiva da raça
> Filtro de amor e coragem.
> A mística beberagem
> Do guasca tradicional.
> (Poesia popular)

É uma bebida de folha, tradicional dos índios guaranis, que foi oferecida ao colono e seu gosto de mata foi muito apreciado, aumentando o consumo, visto que é excelente digestivo. É também bebida estimulante como o café, o açaí, o guaraná da Amazônia.

O mate (*Ilex paraguariensis*) é um chá e assim é preparado como uma infusão em cuia, meia-cabaça, chamada "porongo". A bebida é sorvida com um canudo de metal, "bombilha" ou "bomba", podendo ser até de prata. Algumas apresentam detalhes em ouro, verdadeiras jóias.

O hábito de beber mate, além de estar em todo o Sul, notadamente no Rio Grande do Sul, ocupa também Mato Grosso e Mato Grosso do Sul, com uma variação da bebida quente pelo chá frio, chamado de "tereré". Também é bebida comunitária, passando a cuia um por um, partilhando e socializando a bebida, no caso, refrescante.

Dos pampas, o churrasco, muito além das churrascarias, tornou-se um hábito nacional, especialmente nas cidades.

Os churrascos feitos em casa acontecem em pequenas churrasqueiras portáteis, em churrasqueiras mais elaboradas, de alvenaria, ou mesmo sobre os fogões convencionais das cozinhas. É comum ouvir-se "vamos queimar uma carne", funcionando como convite para fazer e comer churrasco.

Fazer churrasco em casa é uma celebração de final de semana e em outras regiões, onde o chimarrão não é a bebida tradicional, vigoram refrigerantes e cervejas; em aniversários e em outras datas especiais, acompanhando ou comemorando um jogo de futebol, integrando cardápios dos grandes ciclos festivos: carnaval, Natal e São João, além de ciclos regionais comunitários, de uma família. É também comum encontrar os churrascos de rua, em esquinas, nos bares, nas calçadas, à beira da estrada, tornando-se uma outra opção do globalizado *fast-food* – comida rápida –, cada vez mais ao agrado e formando cardápios no Brasil.

Churrasco de costela

3 kg de costela bovina gorda
500 g de sal grosso

Espeta-se a carne que, em seguida, é polvilhada com o sal grosso; e aí está o segredo: sem esfregar o sal na carne. Leve para assar sobre um braseiro, uma churrasqueira, mantendo o espeto afastado das brasas; finalizando, coloque a parte com gordura para assar e, assim, está pronto um tradicional churrasco gaúcho, dos pampas. A carne é acompanhada com farinha de mandioca e pão.

O doce sabor do carnaval

Sarrabulho, buchada, chambaril, mocotó, feijoada, peixada, angu à baiana, sarapatel, entre tantas outras gostosuras alimentícias que enchem o bucho e fazem suar a valer, encontram-se na mesa tradicional pernambucana. Têm "sustança". Para o carnaval são ideais – recompõem as forças. Forças que ficaram na folia, no passo, no frevo, na rua.

Ah, sim! Não esqueçamos o bacalhau do Batata (aquele garçom que resolveu promover troça com outros garçons e trabalhadores do carnaval). Bacalhau emblemático do final do carnaval. Bacalhau que é estandarte, com batatas, cebolas e azeite. Tudo necessário a uma bacalhoada. Contudo, é estandarte que sobe e desce ladeira do miolo antigo de Olinda. Um desfile que se come com os olhos, com o desejo de paladar, quem sabe por uma suculenta bacalhoada, aquela à portuguesa ou mesmo à espanhola.

O bate-bate – cachaça com fruta, suco de fruta e açúcar – é bebida do ano todo e que ganha destaque especial no tempo do carnaval. A cerveja, sim, cerveja aos borbotões. Água de coco – saudável, ecologicamente apropriada – é servida e consumida. O que vigora é aguardente, cachaça da boa, herdeira do açúcar, que faz sentido com a história e a civilização do açúcar em Pernambuco.

E é justamente no açúcar, precisamente na doçaria, que está a marca tradicional da culinária pernambucana e própria do carnaval. É o filhós, doce português que chegou, ficou e se pernambucanizou.

> Esse Nordeste de terra gorda e de ar oleoso é o Nordeste da cana-de-açúcar. Das casas-grandes dos engenhos. Dos sobrados de azulejo. Dos mucambos de palha de coqueiro ou de coberta de capim-açu. O Nordeste da primeira fábrica brasileira de açúcar – de que não se sabe o nome – e talvez da primeira casa de pedra-e-cal, da primeira igreja do Brasil, da primeira mulher portuguesa criando menino e fazendo doce em terra americana.[49]

O doce está presente todos os dias, nas festas de santos, nas comemorações familiares e na mais festiva e expressiva manifestação pública, que é o carnaval.

O filhós é doce caseiro. Doce para ser degustado em família, na companhia dos amigos. Doce de calda, calda fina e transparente, daquela bem doce, doce mesmo, com o acréscimo muçulmano da canela combinada com o açúcar.

O filhós português, o original, é assim feito:

> Mexe-se um pouco de farinha com gemas de ovos, diluindo-se com um pouco de água morna, ajuntando-se-lhe manteiga derretida e depois batendo bem as claras. Deita-se-lhe um pouco de sal e torna-se a mexer. A massa deve ficar com consistência bastante para sustentar qualquer fruta que se queira utilizar.[50]

---

[49] Gilberto Freyre, *Nordeste: aspectos da influência da cana sobre a vida e a paisagem do Nordeste do Brasil* (3ª ed. Rio de Janeiro: José Olympio, 1961), p. 6.

[50] Emanuel Ribeiro, *O doce nunca amargou...: doçaria portuguesa, história, decoração, receituário* (Coimbra: Imprensa da Universidade, 1928), p. 72.

Esta é a receita-mãe portuguesa, feita com o rigor do além-mar e que no Brasil, no caso em Pernambuco, é doce de carnaval. Receita fácil, rápida, recompõe as energias da folia.

Emanuel Ribeiro diz sobre os doces portugueses: "Os nossos açucarados não têm complicações difíceis, são simples, são belos e são bons".[51]

É o gosto pelo doce, pelo açúcar, pelo punhado de açúcar. Açúcar, de tudo que é jeito, faz parte das predileções nacionais, nordestina e, especialmente, pernambucana.

Coscorões e *malassadas* são doces portugueses próprios do carnaval e outras festas, como o Natal e o Ano Novo. Coscorão é outro nome empregado para filhós.

Gilberto Freyre, na obra fundamental *Açúcar*, dá a receita dos nossos filhoses, aqueles já brasileiramente doces, à pernambucana:

> Deita-se numa caçarola uma xícara d'água, ajunta-se um grão de sal, uma colherinha de manteiga, outra de açúcar e casca de limão. Leva-se ao fogo. Quando começar a ferver, tire-se a massa do fogo e misturem-se 125 gramas de farinha de trigo peneirada, desmanchados bem os caroços. Leve-se de novo ao fogo, mexendo bem por mais alguns minutos. Despeje-se noutra vasilha e deixe-se esfriar por 2 minutos. Ajuntem-se então 4 ovos bem batidos, deitando-os aos poucos e mexendo-se sempre a massa. Já deve estar no fogo uma caçarola nova com bastante banha e quando começar a ferver vai-se deitando a massa às colheradas. Tampa-se bem a vasilha até estarem cozidos os filhoses. Na ocasião de servir, cobrem-se os filhoses com calda.[52]

---

[51] *Ibid.*, p. 78.
[52] Gilberto Freyre, *Açúcar: uma sociologia do doce, com receitas e bolos do Nordeste do Brasil*, cit., p. 157.

Guardado na sabedoria e na tradição da culinária pernambucana, o filhós está aí, pronto e no ponto para ser consumido. Consumido pelos foliões, pelos gulosos, por aqueles que amam os doces, os açucarados.

Descubra o ponto do doce. O doce é alma nordestina, o filhós é doce de momo, aqui e em Portugal.

Viva o doce! Dou um doce se você não gostar de filhós!

Tradições da Semana Santa

Enquanto o carnaval é celebrado na *rua*, a Semana Santa é da *casa*. Embora as procissões e demais cortejos ganhem ruas, praças, adros de igrejas, vive-se um ciclo que aponta para a fé e os costumes dos cristãos, muitos originados de culturas e de civilizações mais antigas do que o seguimento a esse modelo social e religioso.

As ruas são as mesmas e também as pessoas que fazem anualmente os rituais coletivos do carnaval e que relembram e se comovem aos milhares tendo como tema uma síntese da vida, paixão e morte de Cristo.

Tudo é teatralizado, pois a comunicação é imediata e profundamente emocional. Personagens, roupas, cenários, música, texto falado, cenas que trazem um imaginário do Oriente Médio, da Palestina, do mundo conhecido na iconografia dos livros, filmes e vídeos. É assim que grupos teatrais encenam repertórios em circos, em palcos, nas ruas, mobilizando os mesmos olhares que acompanham a passagem dos blocos de carnaval e as quadrilhas de São João, entre muitos outros eventos e rituais coletivos que constroem os entornos da cultura.

Com certeza, a formação dos calendários festivos é profundamente religiosa, unindo motivos sociais, econômicos, políticos, estéticos e lúdicos.

O caso brasileiro é marcado por três grandes ciclos anuais e de cunho nacional: carnavalesco, junino e natalino – outros ciclos, como o da Semana Santa, integrando o sábado de Aleluia e a Páscoa, situado em um período conhecido como Quaresma.

A Semana Santa assume forte significado em todo o Brasil, apresentando maneiras regionais de comunidades, interpretando, trazendo memórias, atualizando os rituais sociais, expressando a nossa diversidade e a nossa multiculturalidade. Manifestações aproximam-se de um imaginário da Idade Média, outras trazem elementos étnicos indígenas, dos povos africanos, dos imigrantes europeus, do Oriente, construindo sempre "brasilidades", identidades de povo, de país, de nação.

Além das procissões, dos elaborados cortejos teatrais, das encenações em diferentes espaços, das preparações para o sábado de Aleluia com o Judas e a festa da *Páscoa*, diga-se uma festa que o consumo e as mídias integram com os ovos de Páscoa feitos de chocolate, com representações que recuperam desejos e significados imemoriais de fertilidade, de vida, de transformação da terra e do homem.

Assim, as celebrações funcionam como locais que reúnem pessoas, promovendo sociabilidades, sendo maneiras de expressar tradição, de permanentemente adequar e transformar modelos culturais e especialmente experimentar fé religiosa.

Judas de palha

Simplesmente "Judas", um boneco feito de materiais reciclados que representa o personagem Judas, aquele que traiu Cristo e por isso é castigado anualmente em rituais públicos altamente lúdicos no sábado de Aleluia, data que culmina o ciclo da chamada Semana Santa, efetivamente concluída no domingo de Páscoa.

É tradição popular na Península Ibérica, chegando com o colono português, ganhando adesão e formando costume em todo o Brasil.

Os bonecos de pano chamados Judas são expostos em locais públicos, aguardando o momento de um ritual de que geralmente participam crianças e alguns adultos homens. Esses, de maneira imemorial, projetam um sentimento violento de revolta contra o símbolo do mal e assim mantêm a ética cristã para a qual o bem sempre vence o mal.

O Judas é destroçado com paus, pedras, fogo e alguns têm fogos de artifício ampliando a cena por meio de efeitos especiais, um verdadeiro espetáculo de catarse coletiva.

Desde o Brasil colônia a tradição no sábado de Aleluia, de ritualizar o Judas enquanto representante da culpa do mundo, marca forte integração da Igreja com as populações das cidades.

O Judas é também um instrumento de críticas e sátiras de caráter local, do bairro, ou de temas gerais de interesse coletivo, nacional e mesmo internacional. Essas críticas são organizadas em textos colocados nos bonecos que são conhecidos como os "testamentos dos Judas".

O Judas e tudo o que acontece no seu entorno é exemplo de uma saudável dinâmica de relações sociais, de comunidades, para demonstrar diferentes questões que dizem respeito ao grupo, sendo a sua malhação sem dúvida um ato de forte significado atualizador das regras e dos códigos sociais vigentes.

É também um ritual coletivo que relembra na memória ancestral formas de purificar e assim transformar, pelo fogo, diferentes significados sociais que são eminentemente simbólicos.

Certamente o Judas queimado é uma personalização das forças do mal e constituirá vestígio dos cultos agrários, espalhados pelo mundo. Frazer e Mannharat registraram o uso, quase universal, de festas de alegria, nas proximidades do Equinócio de Verão, princípios ou fins de colheitas, para obter os melhores resultados nos trabalhos do campo. Queimava-se o manequim representando o deus da vegetação [...] o fogo é o sol, e o processo se destinava a garantir às árvores e plantações o calor e a luz indispensáveis submetendo a figura ao poder das chamas.[53]

Como os demais ciclos festivos que fazem os nossos calendários populares e tradicionais, o da Semana Santa é atualizado com as questões contemporâneas que estão integradas no ritual de purificar os homens e o mundo na figura do Judas, entregue à crítica e à transformação de todos.

Família à mesa

O ciclo social e religioso da Semana Santa é culminado na sexta-feira, dia chamado como o da "paixão de Cristo", e essa lembrança se dá à mesa com a realização de cardápios de peixes, especialmente o bacalhau, entre outras opções do mar, quase sempre acompanhados de leite de coco ou de azeite-de-dendê, as "comidas de azeite" no dizer dos baianos. É sem dúvida a Semana Santa um importante momento em família para experimentar sociabilidades e assim celebrar hierarquias e papéis estabelecidos nas relações da casa e dos amigos, entre outros.

Reuniões à mesa promovem a feitura de pratos variados e orientados pelo explícito tabu alimentar de não ingestão de carne vermelha,

---

[53] Luís da Câmara Cascudo, *Dicionário do folclore brasileiro* (Belo Horizonte: Itatiaia, 1993), p. 199.

daí o hábito consagrado dos peixes da Sexta-feira Santa, o que é ampliado em demais situações cotidianas, marcando cardápios semanais, quando toda a sexta-feira fica marcada como o dia dedicado aos produtos do mar. Isso acontece nas casas, nas feiras, nos mercados e nos restaurantes.

Em virtude das reuniões familiares, geralmente há um cuidado todo especial nos cardápios, relembrando receitas, revivendo pratos populares e tradicionais da região, criando ou adaptando outros.

Assim, peixe ao coco, sururu ao coco, arroz e feijão de leite, diga-se leite de coco; vatapá, peixes em moqueca, ensopados de camarão e ostras, escaldado de peixe, frigideira de camarão, frigideira de siri, bobó de camarão, arroz de camarão, moqueca de siri mole, pirões, bacalhau em diferentes maneiras de fazer e também doces variados completam os momentos de viver sabores e de preparação para o sábado de Aleluia, que é seguido com a celebração da Páscoa, concluindo um importante ciclo religioso dos cristãos.

Gastronomia

Escaldado de bacalhau

1 kg de bacalhau, 4 cebolas médias, 5 tomates maduros, 4 ou 5 batatas (conforme o tamanho), 8 folhas de couve (grandes, inteiras e frescas), 5 chuchus, 6 ovos, 5 dentes de alho, 300 g de maxixes, 200 g de jilós, 200 g de quiabos, coentro, salsa, limão, vinagre, azeite-de-cheiro, azeite doce, sal.

Lava-se o bacalhau e põe-se em uma vasilha com água fria, com o lado da pele para cima. Faz-se isso de véspera e troca-se a água algumas vezes. Como se trata de preparar um bacalhau cozido, deve ficar de molho um mínimo de 12 horas e um máximo de 16 horas. No dia seguinte, tiram-se as peles e as espinhas, procurando mantê-lo em lascas grandes. Para facilitar esse trabalho, dá-se uma fervura no bacalhau e guarda-se a água para utilizá-la no escaldado. Preparam-se os legumes, lavando-os, raspando-os e descascando-os, conforme o caso. Descascam-se as batatas e põe-se tudo em uma vasilha com água fria. Em uma panela grande põe-se azeite doce e refoga-se a cebola, o tomate e o alho picados. Acrescenta-se o bacalhau, depois água quente (aproveitando também a água em que se aferventou o bacalhau) e os legumes. Espreme-se meio limão no escaldado e acrescentam-se duas colheres de um bom vinagre de vinho. Põe-se coentro e salsa picados e rega-se com mais azeite doce. O cozimento em fogo brando deve durar cerca de uma hora. O caldo deve ser abundante, para fazer-se o pirão. Terminado o cozimento, retiram-se os legumes e o bacalhau e mantém-se o caldo quente.

Acompanhamento: Pirão e molho de pimenta malagueta e limão, que serão apresentados em recipientes próprios. No caldo bem quente com que se fará o pirão põem-se azeite-de-cheiro e maxixes, jilós e quiabos.

Escaldado de peixe

Postas de peixe, azeite doce, alho, óleo para fritar, sal, pimenta-do-reino, limão, cebola, quiabo, maxixe, jiló, tomate, nabo, batata, cenoura, chuchu, ovos, coentro.

Pôr de lado as postas de peixe com alho amassado, sal, pimenta-do-reino e limão. Cobrir com um pano limpo e deixar descansar. Em panela grande põe-se água abundante para cozer cebola aos pedaços, quiabos, jilós, maxixes, tomates, nabos, batatas, cenouras, chuchus, ovos inteiros, sal, coentro e um fio generoso de azeite doce. Enquanto cozinham as verduras, esquentar numa frigideira partes iguais de azeite doce e óleo de soja ou outro óleo de cozinha e fritar o peixe. Quando todas as verduras estiverem cozidas, retirar os ovos duros, acrescentar as postas de peixe, um bom jato de azeite doce e tampar a panela. Retirar o peixe cuidadosamente, com escumadeira, evitando quebrar as postas, e colocá-las na extremidade de uma travessa grande. No espaço restante colocar as verduras. Serve-se tudo na mesma travessa. À parte só vão os acompanhamentos: pirão do caldo e molho de pimenta e vinagre.

Acompanhamento: Pirão feito com o caldo do peixe, legumes e pimenta, entre outros temperos.

Na Bahia o escaldado de peixe se faz mais comumente com olho-de-boi e xaréu. Na falta desses, qualquer peixe de carne branca e rija serve perfeitamente. Por exemplo, o cherne e o dourado.

Aconselho a fritar as postas no azeite doce ou assá-las na grelha. Fica mais saboroso o escaldado.

Glossário

BACALHAU – O bacalhau é um fenômeno da maior importância na culinária internacional. Refiro-me ao bacalhau seco, como é chamado, e não ao bacalhau fresco, o *cabillaud* dos franceses, que é uma espécie a mais de peixe, entre as muitas consumidas na alimentação de muitos povos. Trata-se, pois, do bacalhau *de barrica* ou *de caixão*, este último de melhor qualidade. Barrica e caixão eram as embalagens usadas. Para nós é o bacalhau propriamente dito, o que constitui um capítulo especial da culinária. Uma boa parte do bacalhau é salgada e curada ao sol, o que o faz constituir-se em alimento de primeira qualidade pela concentração que tal processo promove de elevadas doses de elementos nutritivos, tais como sais minerais, vitaminas, principalmente A e D, albumina, iodo e proteína. O bacalhau é base para muitos pratos deliciosos. São mais de 2 mil as receitas com bacalhau somente no Brasil, Espanha e Portugal. Jerônimo Sodré Viana registrou, em 1939, o que diziam os negros da Bahia sobre o bacalhau: "Já foi meu escravo, hoje é meu senhor". Algumas receitas baianas ganharam tradição e levam as marcas regionais no seu preparo. Aliás, come-se bacalhau em todo o Brasil. A força criativa do brasileiro tem dado receitas ótimas.

Páscoa – Desde a Antiguidade com celebrações na primavera, rituais agrários, a Páscoa marca ainda a ida dos hebreus do Egito e é festa dos cristãos para relembrar a ressurreição de Cristo; muito associada também agora ao hábito de comer chocolate.

Quaresma – Do latim *quadragésima*, a quaresma corresponde ao período que se inicia na quarta-feira de Cinzas e culmina no domingo de Páscoa. É tempo de penitência proposta pela Igreja Católica Romana pretendendo rememorar o jejum observado por Cristo.

Lindro-amor

O lindro-amor é peditório para as festas religiosas, com visitas às casas antecedendo o período das comemorações; em geral o bando porta bandeja com imagem do santo, flores e um estandarte anunciando o grupo com instrumentos de percussão como tambores e pandeiros, entre outros.

Para cultuar São Cosme e São Damião, o lindro-amor canta o seguinte:

> Ô lindro amor, ô linda fulô
> São Cosme e São Damião
> é um cravo é uma flô.

Ainda nas chegadas às casas, anunciando o grupo, o lindro-amor recorre aos cantos dos reisados:

> Ô de casa, ô de fora
> Maria vai vê quem é.

Após o cumprimento ritual do pagamento, dá-se o canto de agradecimento:

Deus lhe pague sua esmola
Deus lhe dê muito que dar
Deus lhe dê anos de vida
Saúde para gozar.

Integram o acervo musical do lindro-amor cantigas do candomblé de caboclo, dos bailes pastoris, das festas de reis, entre outras.

Além do peditório para a festa do santo, vive-se um momento de servir comida e bebida, sendo já uma festa o cortejo. Certamente, uma festa preparatória de outras festas devotas, de comemorações de um sagrado bem à baiana.

Samba-de-roda

O samba, sambar é um tema presente nos encontros, nas festas, nas casas, sendo um divertimento e um momento de forte socialização.

Sambar, seguindo o modo do Recôncavo, que se estende além-Recôncavo, é manter uma importante tradição musical e coreográfica afro-descendente.

> Samba-de-roda ou roda de samba. É uma dança, a começar pelos instrumentos: um prato de mesa e uma faca, duas colheres de sopa, tabuinhas, ou apenas o palmeado simples para agüentar o ritmo. Algumas vezes uma vida, comumente um pandeiro, modernamente atabaques. Há várias formas de dançar o samba-de-roda. Os melhores dançarinos são as mulheres que deslizam os pés [...]. Algumas ficam agrupadas a um só lugar, no miudinho [...]. Há as que sapateiam [...].[54]

---

[54] Hildegardes Vianna, *Folclore brasileiro: Bahia* (Rio de Janeiro: Funarte, 1981), p. 28.

A umbigada, semba, é a maneira de chamar para o samba. Chamar homens e mulheres. Há forte sensualidade e ludicidade no ato de sambar, conforme o tipo e a modalidade de samba.

No Recôncavo o samba-de-roda é dança celebrada de todas as festas, dança que marca a Bahia, esse jeito afrodescendente, local, próprio de uma identidade que distingue e notabiliza uma região.

Ainda em Irará, a designação *pisadinha do pé firme*, que é samba de rua, serve para informar sobre rodas e umbigadas, o mesmo ocorrendo com o *batuque*, samba-de-sala; aliás, termo genérico para danças afrodescendentes, no caso outra designação para *sambar*, samba que chega do Recôncavo.

Feira de Irará

A feira do sábado em Irará é uma magnífica vitrine da região que se encontra no limiar do Recôncavo com o sertão.

Há de um tudo na feira, como se ali o resumo social, econômico e cultural se misturasse, expondo produtos, alimentos, objetos artesanais convivendo com os baldes e bacias de plástico.

Arreiamentos em couro, peças magnificamente lavradas, detalhes em alumínio, alpaca, baixeiros em tecido ou em pele de carneiro ou de bode; pneumáticos reciclados e que agora são recipientes para os mais diferentes usos; madeira e como convivem as madeiras com os trançados de muitos cipós, sensivelmente trançados como um *alixó*, um cesto, um abano, um chapéu; panos, muitos panos, todos industrializados, contudo em combinações de estampados com listrados, em medras, cores vibrantes, uma evidente afrodescendência nessas escolhas estéticas, pois em Irará a população é predominantemente negra.

Charutos aos centos, tabaco de uma marca do Recôncavo, como também é o açúcar, terra do bom samba e dos tradicionais candomblés jeje, presenças dominantes dos *fon* de Benin.

Os charutos artesanais têm um aspecto de fumo forte, contudo são suaves e seus aromas quase incensam com uma gostosa e saborosa baforada, e, se a boca já estiver temperada com a "branquinha", aí sim, o gosto é do Recôncavo, combinam-se tabaco e cachaça – "água que passarinho não bebe".

Queijos, uns de coalho – cru –, outros de manteiga – cozido –, ambos de gosto sofisticado, e nas bancas próximas outras delícias de ver e de comer: beijus, branquinhos, puros, com coco, e, se o café forte for uma boa companhia, faz-se uma refeição de lamber os beiços. E, se o almoço já é sonhado, ainda na mesma rota da feira estão os feijões, verdes, tenros, debulhados na hora, como também o tão celebrado mangalô, leguminosa parente do feijão, adicionando-se carnes, temperos e aquela emoção que vem da boa mesa baiana.

Carnes, aves, frutas, tudo o que uma boa feira tem; dessa convivência é que chega a compreensão e o alto valor cultural e patrimonial que é esse espaço semanal de Irará, da Bahia, do Nordeste.

Certamente há um destaque especial e esse está com a expressiva louça de barro de Irará, que é oferecida ao público em amplo mostruário, em área especial ocupada pelas *loiceiras* – mulheres artesãs que fazem seus produtos e vão vendê-los.

As louças variadas têm algo de sedutor em suas formas arredondadas, quase gordas e de desenhos limpos, funcionais, obras de um trabalho que exige conhecimento e gosto pela tarefa de fazer um a um, numa criação individual, pessoal e que dá identidade à região e ao trabalho feminino.

A feira é para o encontro, para as trocas, para as compras, para rever amigos e fazer outros, para viver em cada sábado a cidade, suas tradições, seus costumes, viver Irará.

Chegança

Irará, às portas do sertão, é quase Recôncavo e cultiva uma saudade do mar com o auto dos marujos, a "chegança", como repete em outras áreas sertanejas, Jacobina, Lençóis e Andaraí.

O grupo desenvolve amplo enredo, mantendo os "grupos" azul e encarnado, respectivamente cristãos e mouros, que cantam perante a igreja o seguinte:

> É hoje que eu venho
> louvar a mãe de Deus,
> é hoje que eu venho
> louvar Nossa Senhora,
> é hoje que eu venho
> louvar o dono da casa.

Reis roubado

Outra manifestação preparatória de um ciclo festivo é Reis roubado, que ocorre no período de 6 de janeiro, dia consagrado aos Reis Magos, até a festa da padroeira de Irará, Nossa Senhora da Purificação, em 2 de fevereiro.

É um grupo de homens e mulheres que visitam casas à noite, acordando o povo com cânticos e instrumentos musicais como pandeiro e tamborim.

Após os cânticos, os moradores abrem a casa, recebendo o grupo, oferecendo café e bebidas.

Geralmente, os primeiros versos são:

> Somos cantadô de Reis,
> Somos cantadô de Reis,
> Quem mandou foi São José.

Festa de Nossa Senhora da Purificação

A festa de Nossa Senhora da Purificação, padroeira de Irará, celebra-se em 2 de fevereiro, reunindo diferentes manifestações populares, como bumba-meu-boi, chegança e burrinha, entre outras.

Adquirindo função isolada do bumba-meu-boi, a burrinha é uma expressão própria e incluída nos festejos da padroeira.

> A burrinha e vém
> do lado de lá,
> a burrinha e vém
> ô do lado de lá.
> [...]
> Minha burra ruça
> mineira,
> minha burra ruça
> mineira.

Conjunto instrumental com xeque-xeques – chocalhos em flandres –, pandeiros, violões e tambores faz a música de um personagem que vem do auto-do-boi e adquire expressão própria em nova dança e em processo de um novo auto dramático.

A lavagem da igreja é uma forma ritualizada de comemorar o santo da devoção. Certamente, o modelo que chega de Nosso Senhor do Bonfim, na cidade do Salvador, amplia-se para outras datas religiosas de santo. O ato de lavar com água, água-de-cheiro, flores, trabalho de mulheres, todas de saia – vestidas à baiana –, assume papéis profundamente devotos.

A água limpa e pura que lava e cultua Nossa Senhora da Purificação está nos potes de barro, na louça tradicional e fortemente incluída na cultura local, a cerâmica utilitária de Irará.

Celebra-se anualmente a fé popular com a "lavagem", um costume que, para a Bahia, se tornou quase sinônimo de reunião festiva, de comemoração socializadora para marcar uma data, um calendário.

A comida está no cotidiano e na festa, também denominando festa, como é o caso do caruru de Cosme.

> Cosme Damião sua casa cheira,
> Cosme Damião sua casa cheira,
> Cheira a cravo e rosa
> flor de laranjeira.

Cerimônia, geralmente doméstica, que cultua os santos gêmeos da Igreja e que para os baianos é um sincretismo de santo e orixá infantil: mabaços, ibejis, dois-dois são denominações que comovem e animam o oferecimento do caruru, prato à base de quiabos, camarões, castanha, defumados, azeite-de-dendê, e que é acompanhado de vatapá, feijão de azeite, acarajé, abará, acaçá, doces, frutas e bebidas, como o vinho e o licor de jenipapo, entre outros.

O caju é fruta nativa e assume emblema que marca o Nordeste. Doce, vinho, castanha, na cachaça o caju é presença constante e marcante nos hábitos alimentares da região e em outros locais tem o valor de memorialmente tocar no Nordeste, em seus sabores, aí se destacando os maturis – castanhas verdes de caju –, que formam um prato delicioso como moqueca, moqueca de maturi. Adicionam-se leite de coco – fruta da Índia que chegou pela África – e azeite-de-dendê – o *dendém* angolano –, tão presente na nossa culinária afrodescendente.

Em Irará a moqueca de maturi, ou *maturizada*, é um prato que expõe encontros de uma fruta da terra, o caju, outra do Oriente, o coco, e do dendezeiro, uma forte referência da cozinha da Bahia.

A louça de barro, panelas, fogareiros, pratos, entre outros, integram-se ao fazer culinário, atuando decisivamente no processo e no serviço da comida, que é valorizada porque o barro autentica e proporciona sabores especiais, valorizando teluricamente os ingredientes e temperos.

Entre as receitas tradicionais da região estão as seguintes:

Galinha de "currute"

1 galinha (caipira)
3 cebolas médias
2 tomates maduros
1 pimentão maduro
2 colheres de extrato de tomate
3 colheres de vinagre
1 xícara de óleo (pequena)
sal
cheiro-verde
alho
pimenta a gosto

Limpe a galinha e corte-a em pedaços. Ponha no fogo uma panela, com o óleo, os temperos, deixe-os fritar um pouco e junte os pedaços de galinha. Vá mexendo com uma colher de pau até ficarem dourados. Então junte os tomates sem pele, o pimentão cortado, mexa novamente para não pegar no fundo da panela, vá derramando água. Quanto menor a quantidade de água que colocar de uma vez, mais saborosa será a galinha. Não deixe cozinhar muito, sirva quente.

Mangalô

1 kg de mangalô
250 g de lingüiça
150 g de toucinho
200 g de carne (charque)

250 g de costela de porco
2 folhas de louro
2 dentes de alho
2 cebolas médias
cheiro-verde
sal
pimenta a gosto

Coloque o mangalô para ferver em 1 litro de água, em seguida escorra a água, ponha em uma panela os temperos para refogar, com as carnes. Depois acrescente o mangalô e mexa, até refogar bastante. Junte água e tampe para cozinhar por duas horas.

Maturizada

1 litro de maturi
300 ml de leite de coco
1 xícara de azeite-de-dendê
1 pimentão maduro
2 tomates maduros sem pele
3 cebolas médias
alho
cheiro-verde
sal
pimenta a gosto
1 xícara pequena de óleo

Ponha o maturi para ferver em 1 litro de água com umas gotas de limão. Em seguida escorra a água e tempere com o cheiro-verde, alho, cebola, pimentão, sal, pimenta. Leve ao fogo, deixe ferver, coloque o azeite-de-dendê e por último o leite de coco. Retire do fogo, deixe tampado. Sirva quente.

Careta de mingau

SE FOR PIRÃO DE ÁGUA PURA,
NÃO ME CHAME PRA COMÊ
COM ESSE TAL DE MASSAPÉ;
EU NÃO SOU NEGRO DE ANGOLA
QUE ENGOLE TUDO QUE VÊ.
(Poesia popular, Alagoas)

As chamadas comidas moles trazem imaginários de que podem ser facilmente consumidas por crianças e velhos, quando não há necessidade do processo da mastigação carnívora, como é necessário para outros pratos.

> Só raramente têm tempo de fazer com a farinha de milho um angu – anfunge – ou uma sopa – matete.[55]

Diz Luís Figueira que o matete é creme feito de água e farinha de mandioca; aliás, é o nosso pirão brasileiro, nordestino; alguns mais moles, outros menos moles, alguns são resíduos de caldos de carne, de

---

[55] Luís da Câmara Cascudo, *História da alimentação no Brasil* (Belo Horizonte: Itatiaia, 1983), p. 222.

peixe ou mesmo peixe desfiado e temperado dando sabor, consistência e estéticas especiais. Contudo, fala-se do pirão, angu, mingau, que é "coisa mole", comida rápida, geralmente insossa; comida para matar a fome, encher a barriga, historicamente base alimentar do que era oferecido ao escravo.

Quando da oportunidade, frutas, frutas da terra, caju por exemplo, rico em vitamina C, abundante no litoral. Também banana e outras possibilidades alimentares conforme a ocasião e o lugar, o tipo de trabalho: no campo, eito, na casa, na cozinha; urbanos, enquanto escravos de ganho, personagens tradicionais na venda ambulante de comida, entre elas novamente as "moles", angus, e ainda alguns acréscimos de carnes, vísceras e a tão popular "passarinha", até hoje um importante componente do tabuleiro, diga-se do tabuleiro da baiana de acarajé.

Os costumes de comidas moles já trazem nos navios, durante a travessia do Atlântico; comidas moles na chegada ao Brasil e assim sendo a base da dieta alimentar por todo o processo da escravidão. Consagradas comidas moles já compondo cardápios ampliados da mesa brasileira, assumindo o festejado angu de milho, de milho verde com quiabo e galinha, aliás prato tão identitário para o mineiro como o churrasco para o gaúcho.

Mas a grande base da comida diária e extensiva do brasileiro se dá com a farinha de mandioca. Ainda o chamado "fubá"; fubá de milho é a base de angus e mingaus, alguns especialmente líquidos, como até hoje são os mingaus tradicionais da Bahia, diga-se do Recôncavo, da cidade do São Salvador. Comida da manhã, para comer o dia, para dar "sustança", base para o trabalho. Mingaus em panelões recobertos com alvíssimos panos de algodão, se revelam na excelência dos gostos e nas habilidades dos trabalhos das mulheres dedicadas a fazer tais delícias de sentir em odor e em gosto.

Mingau de carimã, mingau de milho, mungunzá de milho branco, coco, leite, se quiser todos podem levar canela em pó, complemento sofisticado, especiaria do Ceilão já abrasileirada, formando inúmeros pratos, especialmente doces.

O mingau é servido no copo e sempre quente; comida que alimenta, fazendo com que o almoço possa ser aguardado de maneira tranqüila. Eu, particularmente, tomo dois copos de mingau, verdadeiro néctar de feitura delicada, de fazeres ritualizados, de construção estética própria, marcando serviço limpíssimo, na banca, no tabuleiro, tendo um conceito do bem comer, do sabor que apenas as manhãs oferecem.

Contudo, está nos imaginários do que se come mole um segmento dos pratos moles e próprios das populações africanas no Brasil, dos afrodescendentes, determinando assim estilos e tendências de pratos. Destaque ao vatapá de peixe, de galinha, de bacalhau, de porco; caruru, efó, bobó de camarão, acaçá, todos pratos de consistência e estilo mole; destacam-se também os pirões enriquecidos com as águas de legumes, de carnes e embutidos, que fazem o acompanhamento dos cozidos, alguns à portuguesa, contendo carne de galinha.

Conceitos de cardápios nacionais, abrasileirados em receitas, ingredientes, notadamente com a mandioca e seus muitos produtos comestíveis, marcando adesões do reino, de Portugal, e principalmente das interpretações e na invenção de comidas para africanos na condição escrava.

Criam-se ainda novos pratos para trazer e traduzir ancestralidade africana com as comidas moles. Assim, a memória é construída por meio de pratos moles e preferencialmente brancos, unindo aí valores e significados dos mitos criadores, antigos e fundamentais para a organização social e religiosa dos iorubás, por exemplo.

Pode-se nesse contexto chamar de um cardápio *funfun* – branco. Além de mole, insosso, sendo do agrado dos orixás Nanã, Oxalufã e também dos ancestrais.

Formam ainda o cardápio o *ebô*, milho branco muito cozido sem temperos; o *denguê*, tipo de mingau muito líquido feito de acaçá na água; e mingaus de inhame, entre outros.

Assim, trago também do Recôncavo da Bahia tradições que rememoram e atualizam sociedades organizadas, hierarquicamente masculinas: as sociedades egunguns. São voltadas para o culto dos ancestrais, especialmente presentes no mundo iorubá e no Brasil integradas nesse mesmo sistema religioso do candomblé. São os terreiros nagôs ou iorubás genericamente assim conhecidos, em especial aqueles que se denominam e vivem a *nação kêtu*.

Ainda na Bahia, nas ruas de *Saubara*, por ocasião do 2 de julho, Independência da Bahia, integra os festejos o cortejo de *caretas* que saem na madrugada pelas ruas da cidade. Grupo caracterizado por homens vestindo roupa branca, com o corpo totalmente coberto, portando máscara de pano e grandes tecidos que chegam na cabeça encimada por chapéu de palha, e assim levam e oferecem nas panelas o *minguau*, mingau dos mortos.

Se as sociedades egunguns, com sua ética e estética, estão nos rituais religiosos em Itaparica, Bahia, vêem-se, enquanto forma tradicional e certamente egungun, os *caretas de mingau*. São maneiras de trazer memórias arcaicas africanas, de lembrar anualmente um costume que vai muito além de oferecer minguau. Comida mole, comida que traduz a presença de povos da África no Brasil, dos ancestrais próximos, contudo uma compreensão de egungun na nova terra, convivendo com ancestrais fundadores africanos; ancestrais mileneses também lembrados e presentes no chamado candomblé *Lesse Egun*, integrado por história e hierarquia aos candomblés. *Lesse orixá*, em maior número e variedade.

Atesta-se então que os vivos têm a energia de consumir alimentos rijos, carnes, cereais, raízes em consistência e em diferentes processos culinários, estando incluídos nessa categoria os homens e os orixás como representantes da natureza, dos elementos da natureza, dos fenômenos meteorológicos; enquanto os mortos, ancestrais, comeriam alimentos muito cozidos, moles, moles-líquidos, atestando caráter similar humano aos velhos. Compreende-se o sentido da ancestralidade em campo simbólico dos muito velhos, daqueles que têm a idade do mundo.

A compreensão ancestral dos mitos genitores do mundo e dos homens traz memórias gerais de egunguns coletivos e assim representantes da sociedade *egbé*. Outros são mais próximos, familiares, representam segmentos sociais organizados por descenderem de cidades, de reinos, de tradições religiosas, tradições políticas, fazendo com que o sentimento de ancestralidade seja permanentemente atualizado e reinventado a partir do dono da terra, *onilê*. No caso brasileiro há uma forma de trazer o caboclo, o índio, na condição de verdadeiros donos da terra, significando os mais antigos habitantes da terra e sendo também interpretados como egunguns e por isso merecedores de reverência e culto religioso.

O encontro da data cívica do caboclo como herói da Independência da Bahia (1823) é a melhor tradução de memória ancestral partilhada pela comunidade, pois há ao mesmo tempo um orgulho de ser nativo, da terra, e um orgulho de descender de povos e culturas de matriz africana.

Nesse contexto de memórias africanas e locais unem-se importantes valores e sentimentos nos rituais públicos de figuras transformadas em seres da noite, totalmente cobertos como acontece com as representações egungun e gueledé, entre outros que assumem o sentido de intermediação do homem com os mitos fundadores, com os mitos próximos e interpretados em território brasileiro.

Tudo se dá em momento mágico e social no oferecimento da comida, do mingau, do careta enquanto personagem, que na essencialidade egungun são mitos lembrados, ou inventados, ou mesmo especialmente criados nesses fantásticos processos de invenção popular, unindo tantas e tão remotas memórias africanas, afrodescendentes, a marcar pela comida do mito os elos mais profundos com o sentimento de ancestralidade.

Partilha do boi

Por ser tão estimado, desejado em carne, marcando lembranças ancestrais do animal da caça, da carne imemorial que sustenta, que dá de comer à família, à sociedade, é o boi um tema de forte presença no imaginário tradicional do brasileiro, que é um carnívoro por experiência civilizadora.

O boi, a carne mais desejada, seja fresca, verde ou processada ao sol – carne-de-sol –, ou ainda pelo processo da charqueada, é um símbolo do bem comer, do comer com dignidade. Ter carne à mesa é sinal de poder; de poder masculino. Pois o homem foi capaz de prover-se de carne para o sustento, para o repasto socializado em torno desse alimento fundamental para o brasileiro.

Rebanhos, açougues, mercados, supermercados e o teatro tradicional e popular que traz em tema e cena dramática formas e maneiras de louvar o boi enquanto um ser fundador como mito, ancestral, quando, pode-se dizer de uma gênese, descendência do boi primeiro, reunindo as qualidades de fertilidade, de valor solar e assim de conotação masculina.

Vaqueiros do Nordeste, vaqueiros do Pantanal, vaqueiros dos pampas no Sul; tantos e diferentes criatórios traduzem tipos dos lugares, personagens que trazem memórias milenares, pois na imagem do touro negro se busca um exemplo de poder masculino, por isso fertilizador, altamente sexualizado.

> O touro, o boi (Zeus, Poseidon, Dioniso: imagem de potência fecundante, atributo solar e lunar, égide da conservação física; sagrado no Egito, Caldéia, Fenícia, Creta, Cartago), mereceu figurar nos préstitos, engalanado, festejado, divinizado, é uma sobrevivência, é a sua participação material em cerimônia religiosa da Igreja Católica, com intervenção sacerdotal, o boi de São Marcos, 25 de abril, levado aos templos, assistindo à missa perto do altar-mor, acompanhado pelos fiéis numa devoção indiscutível.[56]

O manejo da carne é do mundo masculino. Novamente o sentimento do caçador que consegue o animal, tira sua pele e reparte as carnes, vísceras e estabelece símbolos especiais com os chifres e outras partes, formando símbolos, referenciando papéis sociais. Destinando partes específicas do animal para homens, mulheres, crianças, velhos; hierarquizando a comida, determinando também como comer.

Então é muito importante determinar, agora no caso do boi, na sua plena emblematização da carne estimada e desejada, uma taxonomia: carnes nobres ou carnes de primeira; carnes menos nobres ou carnes de segunda; vísceras; patas, mocotós; além da pele e outras partes que poderão ter uso conforme o destino e a função determinada pelo usuário, pela sociedade, pelo momento ritual.

---

[56] Luís da Câmara Cascudo, *Dicionário do folclore brasileiro* (6ª ed. Belo Horizonte/São Paulo: Itatiaia/Edusp, 1988), p. 150.

Exemplos de como o boi real ou o boi mítico personagem de autos dramáticos tratam do mesmo tema, funcionam da mesma maneira, indicando na chamada "partilha" ou "testamento" do boi sentidos especiais de cada parte. Assim são relembrados os herdeiros do boi, no caso da carne e de outras partes, conforme os tipos, as funções desempenhadas, associando e dando significados especiais para cada indicação e consumo.

Do boi, *bumba-meu-boi* da Bahia, da área do Recôncavo, chega um *testamento* que indica para quem vai cada parte; isso se dá na modalidade tradicional do samba-de-roda.

> Ariri vaqueiro
> [...]
> pegaram meu boi
> mataram meu boi
> esfolaram meu boi
> esse boi é pra dar
> tripa fina é daquela menina
> tripa grossa é pro dono da roça
> o acém eu não dou pra ninguém
> o patinho eu deixo pra mim
> o filé é da amiga Berre
> o coxão é do menino João
> coração do amigo Digão
> mocotó é pra sua vó
> a rabada é da rapaziada.
>   (Poesia popular, Recôncavo da Bahia)

Ainda do teatro popular da modalidade reis-de-boi ou boi-de-reis, da Paraíba, vê-se um indicador de "partilha":

Do boi o couro
É do seu Zé Louro
Mas do boi a ponta
Isso ninguém faz conta
Mas o mocotó
É de tua vó
Mas a chã de dentro
É de seu Vicente
Mas o corredô
É do tocadô
Mas do boi a testa
Pra gente que não presta
Pra rapaziada.
A tripa gaiteira
Pras moça solteira
A tripa midinha
De dona Joaninha
Ai do boi a mão
É do mestre João
Mas do boi a pá
É de dona Sinhá
Do boi a rabada

Outra presença marcante do boi, em especial da carne do boi, em momentos devocionais e litúrgicos, vai se dar nas festas de Corpus Christi, corpo de Deus.

Tradicionalmente, celebrações que envolvem pagamento de promessa e entre os pagamentos o de um boi ao Divino Espírito Santo como oferecimento sacrifical. Carne e sangue para o Deus criador. A carne é geralmente partilhada entre os membros da família, vizinhos, amigos, ou então se oferece carne no significado ancestral, se oferece comida. O provedor dá de comer: aos mais necessitados, pois a fartura do que vai à boca é uma fartura que transmite vida.

São muitas as maneiras de celebrar o Divino no Brasil, contudo há sempre um exagero de comida – seja no oferecimento da carne crua do boi sacrifical, seja na preparação dessa carne por processos de cozimento, churrasco, acompanhamentos de arroz, feijão, farinha de mandioca, farofa, entre demais complementos que formam cardápios especiais para o tempo da festa.

No Maranhão, as comemorações de Corpus Christi ganham festas notáveis em Alcântara e São Luís.

Em Alcântara o sacrifício do boi é ampliado com uma religiosidade extensiva ao culto dos voduns e dos caboclos. São mitologias que convivem com a fé cristã dominante e base do que se comemora no *corpo de Deus*. Há um estilo afro-maranhense muito especial nessa festa, formada por cortejos chamados "impérios", reconstituindo cortes elaboradas com imperador, imperatriz, damas de honra e outros componentes que relembram o império brasileiro e que também, remotamente, relembram impérios africanos.

Já em São Luís, o imaginário do império africano, embora totalmente integrado a um modelo católico dominante que orienta a realização de missas, ladainhas, cortejo processional, é notório na comunidade do terreiro Mina, conhecido como Querebetã de Azamadonu, lugar onde os voduns da família real de Abomey, em Benin, são preservados na memória e na fé religiosa.

Celebra-se na imperatriz do Divino a princesa africana Zepazin, por meio da corte e do império, seguindo o tradicional terreiro Mina Jeje os rituais católicos à moda afro-maranhense.

Anuncia-se tão importante festa com a erguida do mastro, que ficará até o término das obrigações dos voduns que chegam para louvar o Divino e o império, a corte da princesa que relembra momento histórico de Benin, da região de Abomey.

O mastro é ritualmente preparado pelas *noviches*, mulheres, filhas dos voduns, que mantêm os costumes e as tradições, inclusive com o oferecimento religioso de bolos de tapioca, próximo à bandeira erguida no mastro que marca o ciclo do império, o ciclo no Maranhão do império de Zepazin e dos voduns de Benin.

A carne bovina é uma conquista do papel provedor tanto do homem como da mulher. Essa conquista se dá freqüentemente no mercado, na feira, no açougue, no supermercado, em lojas especializadas. Assim, a carne é destinada ao repasto cotidiano ou para um momento especial de festa, de encontro familiar; com amigos de então se busca outra referência freqüente para o consumo, que é o restaurante especializado, a churrascaria.

Também em banca de feira e mercado, em bar ou botequim, em tantas maneiras de preparar e servir está ela, a carne, imperando e exibindo seu poder: poder para quem pode consumir.

A carne bovina para o brasileiro é um dos mais desejados símbolos do comer bem, do acesso ao alimento nobre, da caça nela representada, da conquista e da aceitação geral da mesa boa e farta, e assim o provedor cumpre dignamente o seu papel social.

Eparrei Bárbara: fé e festas de largo do São Salvador

A FÉ É FESTA. FESTA NA RUA, NA PRAÇA, NO ADRO, NO LARGO.
LÁ VAI SEGUINDO A PROCISSÃO. ANDORES DE SANTOS, ANDORES DE DEVOÇÕES PARTILHADAS COM OS ORIXÁS, COM O SER BAIANO DE CRER E DE EXPRESSAR RELIGIOSIDADE.
LÁ VAI SEGUINDO A PROCISSÃO. VIVAS! FOGOS! SALVE O MEU SANTO!
RECOLHIDOS OS ANDORES, OS VIVAS E AS FITAS, AS FLORES E AS VELAS, OS HINOS E AS REZAS, ALARGAM-SE OS SENTIMENTOS, TORNANDO-SE A FESTA MAIS DO CORPO DO QUE DO ESPÍRITO.
A FESTA É MAIS LARGA, NAS BARRACAS DE COMIDAS, NOS TABULEIROS DAS BAIANAS DE ACARAJÉ, NO SAMBA-DE-RODA, NO SOM MECÂNICO, NO BERIMBAU, NO PANDEIRO, NA PALMA DE MÃO.
OS SONS, AS LUZES, A NOITE ABRIGA A FESTA.
FESTA QUE SE ESTENDE E SE ALARGA NA ALEGRIA QUE MISTURA E FALA DE FÉ GERAL E EXPERIMENTADA.
ALARGAM-SE AS EMOÇÕES. A FESTA É LARGA.
A FESTA É DE LARGO.

Devoção

A Irmandade de Nossa Senhora do Rosário, ou simplesmente o Rosário dos Pretos, abriga devoções do povo do santo como a de São Benedito, a de Santo Antônio do Categeró e a de Santa Bárbara. Dessas, a mais recente é a de Santa Bárbara, ocorrendo pelos "irmãos de devoção" há quatro anos.

Os santos cultuados nas suas devoções especiais têm também festas próprias, unindo sempre no sentimento do que é festejar com a comida.

Em janeiro, no dia 9, é Santo Antônio do Categeró que é lembrado com uma feijoada, diga-se feijoada de comer de mão. Em abril, no último domingo, comemora-se São Benedito, oferecendo cafezinho e sopa. Em outubro celebra-se Nossa Senhora do Rosário, no último domingo. Os festejos são iniciados com um café da manhã, incluindo cuscuz de carimã, de inhame, banana-da-terra e outras frutas. Na segunda-feira é dia do tradicional escaldado de bacalhau. Dezembro é o mês de Santa Bárbara, também lembrada nas missas das quartas-feiras, culminando com o oferecimento de acarajés. Isso se dá com uma baiana tradicionalmente vestida, oferecendo acarajés pequenos, nos formatos também tradicionais em tabuleiro de madeira forrado de folhas de bananeira.

No dia 4 de dezembro, os irmãos de devoção de Santa Bárbara oferecem um caruru, cumprindo mais um ritual que une a santa ao povo do candomblé.

A devoção de Santa Bárbara é organizada com um presidente, secretário, tesoureiro e irmãos.

Enquanto festa de largo, a Festa de Santa Bárbara vem marcando lugar de destaque, de uma celebração coletiva que de ano para ano conquista mais adeptos, fazendo um novo evento no calendário das devoções populares da Bahia.

Partindo do tradicional Mercado de Santa Bárbara, onde originalmente a procissão era organizada e de onde também saía o andor para percorrer algumas ruas do antigo centro histórico, Pelourinho, visita-se em especial o quartel do Corpo de Bombeiros; assim se revivem devoções e uma fé sempre ampliada.

O andor de Santa Bárbara repleto de flores vermelhas destaca uma imagem em madeira policromada, provavelmente do século XVIII.

Hoje a santa ocupa o mesmo altar lateral da Igreja do Rosário dos Pretos, juntamente com Santo Antônio do Categeró.

Há quatro anos a Devoção de Santa Bárbara, abrigada na Igreja do Rosário, vem cumprindo missas semanais às quartas-feiras, dia também consagrado a Oyá ou Iansã, orixá fortemente integrado à *santa*. Uma santa que celebra os trovões, as ventanias e a cor vermelha. Outras devoções são mantidas na mesma Igreja, como a de São Benedito e a de Santo Antônio do Categeró.

O "povo de Santa Bárbara" vem cuidando, de maneira devota e integrada aos demais santos do Rosário dos Pretos, de uma missão religiosa que ganha maior adesão a cada ano, pois o "povo de Iansã" é formado por gente que tem pressa.

Visto a comida do orixá, o acarajé, fritura, comida rápida, comida quente de um orixá/santa quente.

Quarta-feira é dia

Dia consagrado aos fiéis de Santa Bárbara e aos filhos e devotos de Iansã/Oyá é a quarta-feira. Esse dia da semana marca diferentes rituais mantenedores de memórias religiosas nos terreiros de candomblé. É o dia de oferecimento do *amalá* de Xangô. Xangô, marido mítico de Iansã, rei de Oyó, é também senhor do fogo, do segredo desse elemento que circula e fundamenta diferentes imaginários afrodescendentes.

Xangô, o senhor que tem um apetite fantástico; aquele que, de posse de sua gamela de madeira, come ao mesmo tempo mais de mil quiabos.

Dendê, quiabo e pimentas fazem uma base gastronômica das comidas desse rei que é também orixá. Xangô e sua família, formada por outros orixás, especialmente Oxum, Oba e Iansã, abastece a mitologia iorubá com inúmeras histórias que relatam heroísmo, paixões, sexualidade, poder de deuses sobre a natureza e notadamente sobre os homens.

Características e humores humanos compõem as essências dos orixás, aproximando e intimizando comportamentos, maneiras de interpretar o mundo, de incluir os desejos e os conflitos da vida cotidiana nos divinos significados dos deuses orixás. Essa marcante humanidade é ânimo e sentimento que aproxima e inclui o sagrado não apenas pelos seus rigores de preservar regras e códigos de comportamento, mas principalmente na compreensão das experiências do que é próprio do homem: amor, medo, intriga, sexo, trabalho, concorrência profissional, paixão, vida e morte.

O orixá iorubá assume seus papéis sagrados em profunda irmandade com o espírito e o sentimento terreal do que é próprio do homem.

Assim, Xangô, Oxum, Oba e Iansã fazem uma família, um sistema mitológico que é permanentemente atualizado, ganhando novos valores e representações dinâmicas perante a vida.

Tudo é cerimonialmente lembrado no terreiro, oferecendo amalá para os orixás e também para os membros da comunidade e para aqueles que visitam os santuários para homenagear Xangô e sua família. Aí está em destaque a mulher companheira, guerreira e sensual que é Iansã. Para Iansã dá-se acarajé, comida rápida, fritura de bolo de feijão-fradinho no azeite-de-dendê fervente. Também come quiabos, o tão popular caruru de Santa Bárbara, e o orixá feminino come do mesmo fogo que seu marido Xangô.

O acará é o fogo primordial representado na panela da comida de Xangô, que é o *ajerê*. Em comendo do mesmo fogo, Iansã conhece os mistérios do marido e partilha o poder mitológico sobre esse grande elemento da vida e da transformação da própria vida.

Borboletas

As cabeças das mulheres do povo do santo, coroadas com torços especiais, alvos, de pano bem engomado, são destacadas com as "pontas" ou "orelhas", afetivamente chamadas de borboletas. As partes de pé, geralmente arrematadas com renda de bico ou mesmo com bordados *richelieu*, dizem da condição religiosa da mulher, anunciando ser então filha de orixá feminino, notadamente de Iansã.

As borboletas são as representações das asas, unindo o sentido do movimento do animal identificado com o orixá dos ventos, das brisas; da moça que é vista no céu no final da tarde, quando esse mesmo céu ganha cores róseas, cores que identificam o orixá.

A fé no mercado

Dona do mercado, do tabuleiro, do ofício da baiana de acarajé é Iansã, integrada na fé e no sentimento afro-baiano a Santa Bárbara.

O mercado é um lugar da história da mulher africana e afrodescendente, em especial da mulher nagô/iorubá. Está no mercado a síntese do mundo e de tudo o que a natureza pode oferecer de produtos, de objetos artesanais, comida, folhas e principalmente encontros. Pois o mercado é um lugar de encontros, de reencontros, de estabelecer contatos, de viver as trocas, de organizar e marcar diferentes papéis sociais. Assim, o mercado é lugar de experimentar tradições, de comunicar, de socializar, de aproximar a pessoa da sua história, de apontar e manter identidades.

Seguindo esses princípios, o Mercado de Santa Bárbara, na Baixa do Sapateiro, Salvador, traz essas memórias remotas africanas e atualiza outras memórias que fazem a dinâmica e o próprio ser social e econômico do mercado.

Está no Mercado de Santa Bárbara uma forte devoção religiosa a sua padroeira, merecendo culto diário em lugar, santuário, especialmente construído, sendo um espaço aberto à manifestação de pedidos e de agradecimentos à santa que para o imaginário popular é também orixá.

O "santuário", como é chamado pelos barraqueiros do mercado, ainda presta homenagem a Santo Antônio e a São Jerônimo, santos da igreja, também próximos a Santa Bárbara, seguindo a interpretação popular de serem também orixás, respectivamente Ogum e Xangô, maridos míticos de Iansã. Assim, vê-se uma família de santos e de orixás que expressam suas histórias de deuses iorubás, integrados e atuantes no cotidiano da cidade do São Salvador.

No santuário, no dia da santa, um ritual de candomblé angola segue uma ordem convencional dos terreiros, começando com o padê de Exu, oferecendo farofas, em especial a de dendê, água e *otim*, cachaça; em seguida canta-se e dança-se para Inkossi, inquice da Nação Angola, próximo às características do orixá Ogum, orixá dos caminhos, das lutas, dos metais.

A grande festa funde-se com a festa de largo, com a visita do andor de Santa Bárbara, circulando pelos espaços do mercado, abençoando, integrando a presença da santa com o povo que vem louvar, comer, beber, dançar, enfim traduzir no corpo e com o corpo os temas principais da vida e da sexualidade, tão próximos, tão marcados pelo ser Bárbara e pelo ser Iansã. É assim que o povo vê, crê, manifesta e autentica a sua fé.

Caruru

Momento de reunir para preparar, para produzir nas panelas e nos fogões, e momento para partilhar, ampliar contatos com o mundo, com o que é sagrado, oferecendo muito quiabo. Quiabo gostoso e temperado por mãos e corações que têm axé, que têm um amor plural de unir a santa e o orixá que domina principalmente as mulheres.

O caruru é um prato em si ou assume cada vez mais o significado de um cardápio. Além do prato principal feito de quiabos em rodelinhas, camarão seco, amendoim, castanha de caju, dendê e temperos, o caruru agrega o xinxim de galinha, o vatapá, o abará, o acarajé, o arroz branco e ainda o acaçá branco e outros complementos.

Para Cosme, no tão tradicional caruru de Cosme acrescenta-se farofa de dendê, pipoca, feijão de azeite, feijão-preto, ebô, cana-de-açúcar, ovos cozidos, queimados (balas).

A fama dos carurus está no número de quiabos utilizados. Então é comum ouvir-se: "O caruru que eu ofereci foi de 10 mil quiabos", dando assim uma dimensão da grandeza do evento e de possíveis marcas ou estilos do fazer caruru para grandes grupos. É comida que rende, que une as pessoas, que celebra pelo gosto gostoso dos ingredientes esse sabor de Bahia africana, por isso Bahia mais brasileira, no mergulho gastronômico dos paladares caprichados e sofisticados das mulheres que cozinham. Pois os elos entre as cozinhas dos terreiros de candomblé, territórios do mundo feminino, se mantêm nas outras cozinhas, nas casas, na rua, fazendo caruru, tratando cerimonialmente cada quiabo.

Cid Teixeira, notável historiador das coisas da Bahia, trouxe-me em conversa algumas informações que ajudam a entender as festas de hoje, as devoções, as comidas e, em síntese, essa magnífica interação da vida com o sagrado.

Aponta Cid Teixeira para a variedade de carurus que se comiam na Bahia no início do século XX. Caruru de diferentes ingredientes, incluindo o caruru de quiabo. Caruru é comida feita de folha, de quioiô, de bertalha, de bredo de Santo Antônio, de azedinha de vinagreira. Aqui lembro da receita tradicional da cozinha afro-maranhense, o cuxá, um tipo de caruru, feito de folhas de vinagreira, recebendo ingredientes como o camarão seco, a pimenta e um novo acréscimo que é a farinha-d'água, tipo de farinha de mandioca, misturando-se tudo no pilão, resultando em alimento pastoso e saboroso que é acompanhado de arroz branco e peixe frito.

De certa forma, um prato muito próximo do *efó*, também de folha e temperos, destacando-se o azeite-de-dendê. Pratos sempre acompanhados de arroz branco, geralmente insosso, para pontuar o gosto temperado e colorido do próprio dendê.

Contudo, no imaginário afro-baiano, o caruru ficou sacralizado pelo uso de quiabos, inclusive alguns inteiros e que, segundo o costume, aqueles que destes se servirem deverão interpretar como um anúncio de que o santo homenageado está pedindo para o próximo ano um novo caruru.

Oferecer caruru é uma obrigação religiosa, um pagamento de promessa, um bom motivo para reunir os amigos e assim celebrar em torno da comida.

Quase o mesmo que festa, caruru é um bom motivo para reunir amigos, devotos, familiares e, juntos, celebrarem datas pessoais ou datas mais coletivas e partilhadas como aquelas que avocam os santos populares, entre elas 4 de dezembro, dia da Moça, da Santa, da Bárbara, orixá feminino, Oyá ou Iansã.

Procissão

Longa, barroca e coletiva dos santos mais populares da fé afro-baiana foi a procissão de Santa Bárbara vivida no dia 4 de dezembro de 2004.

Nascendo da Igreja do Rosário dos Pretos, o primeiro andor conduz Santo Antônio, santo que é também Ogum, orixá inaugurador como o é Exu, anunciando os demais santos e andores.

Tantos santos da intimidade popular são lembrados nos andores repletos de flores: São Cosme e São Damião, São Roque, São Miguel, São Jerônimo, São Benedito, Nossa Senhora da Conceição, Nosso Senhor do Bonfim e, culminando a série sagrada, Santa Bárbara, a grande homenageada da festa.

A procissão segue da Igreja do Rosário dos Pretos, Pelourinho, Ladeira da Praça, Quartel dos Bombeiros, Baixa do Sapateiro, mercado de Santa Bárbara, retornando ao Rosário.

Vermelho

A multidão é vermelha. Homens, mulheres e crianças vestindo roupas vermelhas em homenagem à santa. Pois o profundo tom encarnado identifica os fiéis, adeptos do tão popular culto à santa-mártir Bárbara.

Os encontros que antecedem a saída da procissão, hoje, do Rosário dos Pretos, igreja profundamente identificada com a causa do povo do santo, são reveladores de expressões religiosas assumidamente relacionais entre a fé no terreiro de candomblé e a fé perante o andor na procissão.

Essas maneiras, estratégias de lidar com o sagrado, fazem os grandes ciclos devocionais da Bahia, mantendo convivências e conivências do ser católico e ser do santo, quer dizer: ter obrigações, iniciação no candomblé.

Remontam aos símbolos comuns que unem e apóiam as expressões desse sagrado ungido de africanidade e de resultados históricos e sociais de uma fluente e viva baianidade.

O vermelho, cor forte, que é sangue, que é fogo, que é símbolo do que é vivo e se remete à vida, identifica o fiel, o filho de Santa Bárbara, também na maioria dos casos o filho de Iansã/Oyá, orixá bravo e veloz como o vento, o furor das tempestades, dos raios que rasgam os céus, das chuvas torrenciais, chuvas de verão, chuvas tropicais. Assim, formam-se temperamentos de um ser expressivo e destemido, pronto para agir nos momentos fortes e dramáticos da vida.

Santa Bárbara é santa das causas que envolvem fenômenos meteorológicos, de ações que exigem emoção, coragem; santa que é também padroeira dos bombeiros, dos soldados do fogo.

Novamente, vê-se o vermelho como a única cor possível de traduzir e de comunicar tanta paixão em fé que para os adeptos remove montanhas.

A fé da vida cotidiana culmina no tempo da festa, unindo no mesmo sentimento vivo Bárbara e Eparrei Iansã!

Ajeum da Boa Morte

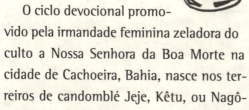

O ciclo devocional promovido pela irmandade feminina zeladora do culto a Nossa Senhora da Boa Morte na cidade de Cachoeira, Bahia, nasce nos terreiros de candomblé Jeje, Kêtu, ou Nagô-Batá, na cidade e em outras como São Félix e Muritiba.

São lembranças ancestrais e rituais reelaborados e transformados pela fé incorporativa e também defensiva tão própria do povo de santo. Vê-se um vínculo com as Gueledé, inclusive formas de tratar os cultos das ias, das mães, mães unificadas em uma, emblematicamente uma, no caso da Nossa Senhora da Boa Morte. Contudo, em exterioridade, uma vida estóica à moda, expressando uma internalidade secreta com as que sustentam secularmente o axé, os terreiros, uma força mantenedora da história, de Áfricas sugeridas e outras etnograficamente visíveis, que falam no cotidiano.

Uma longa programação culmina com duas ceias oferecidas à comunidade. Os alimentos servidos têm critério cerimonial; também uma postura própria diante dos alimentos servidos cria um rigor e compromisso ritual, tão complexo como o Ajeum, com alimentos servidos após as práticas públicas dos terreiros de candomblé.

Atualmente, o culto da Boa Morte, como é conhecido em Cachoeira, tem solenidade garantida nas três procissões denominadas Cortejo de Nossa Senhora da Boa Morte, Procissão de Nossa Senhora da Boa Morte e Procissão de Nossa Senhora da Glória. Após cada manifestação processional é servida uma ceia na Casa de Nossa Senhora, local de reunião da irmandade. Em cada noite, um cardápio especial é oferecido, seguindo a tradição de oferecer às sextas-feiras comida branca, isso pelo tabu dedicado a Oxalá, orixá da fertilidade. Hoje, o que acontece como regabofe muito se distancia do que era oferecido nos grandes encontros da irmandade.

A primeira ceia, caracterizada como ceia branca, é a de sexta-feira. As irmãs trajam roupas brancas, indumentária de baiana, com bata, torço, pano-da-costa, saia, chinelas, tudo branco. Na casa da irmandade, cada empregada de Nossa Senhora traz seu alimento, constando predominantemente de peixe, arroz e pão. O peixe é preparado com coco e azeite-de-dendê, alguns; ainda observamos saladas e pipoca, doboru.

A provedora dá início à ceia, quando cuidadosamente arruma os alimentos na mesa, ajudada pela comissão responsável pelas comemorações, e as demais irmãs aguardam solenemente o início da alimentação.

Tudo pronto, os doborus são jogados no espaço da sala e sobre todos os presentes também são distribuídos doborus como alimento, iniciando assim a ceia propriamente dita. O rigor cerimonial continua, após a marca de Omolu pelo uso dos doborus, purificando o local da ceia e todos os adeptos e público em geral. Os alimentos, um pouco de cada, e um pedaço de pão são ordenados nos pratos e distribuídos sem nenhuma seqüência hierárquica ou religiosa. Após a alimentação do público, as irmãs têm acesso à ceia. É importante observar a chegada dos alimentos da primeira ceia, cobertos com pequenas toalhas brancas. Assim são conduzidos para a mesa e na chegada de cada novo alimento as irmãs saúdam com muita cerimônia e preceito. A provedora publicamente descobre cada prato e agradece, citando o nome da irmã que ofereceu a comida.

No segundo dia de procissão não há ceia, é o solene desfile das irmãs trajando suas roupas de gala, percorrendo as ruas de Cachoeira.

No terceiro dia, a procissão é matinal, após a missa da Assunção de Nossa Senhora, quando as irmãs ainda envergam suas roupas de gala, seus fios de ouro, bem poucos, mas com muita dignidade. Os oferecimentos públicos de comida continuam em outras noites, quando também o samba-de-roda vem completar as alegrias do festejo. Cozido, caruru são alguns dos pratos servidos nas noites que se seguem na descontração do samba, aquele samba bem tradicional com as irmãs trajando roupas de crioula, panos-da-costa listrados, chinelas pequenas e muitos adornos, além dos fios de contas dos orixás patronos.

comer com a áfrica

Pimenta-da-costa

Pimenta da África

Até então classificada como *Xylopia aethiopica Rich* (*Unona aethiopica Dun, Uvaria aethiopica Rich*), reveste-se de maior veracidade de etnobotânica com a recente pesquisa de Maria Thereza Lemos de Arruda Camargo, reconduzindo estudos neste campo específico e informando ser correta para pimenta-da-costa a classificação *Capsicum frutescens. L. A.*, antiga classificação, adequa-se a outro fruto africano e de uso ritual religioso afro-brasileiro, o *eeru* ou *iru*, que, juntamente com *o lelecum* e a própria pimenta-da-costa, integram os cardápios dos orixás, voduns e inquices no candomblé e no xangô.

O que vem da costa

Costa Mina, Costa do Ouro, Costa dos Grãos, Costa do Marfim, Costa dos Escravos – costa africana, enfim, a atlântica, que se comunica com a costa brasileira.

Pelo mar chegaram as *peças* (escravos) e outros produtos que detonaram intenso intercâmbio de pessoas, madeiras, ervas, especiarias e alguns manufaturados que triangulavam em rotas e pólos comerciais entre África, Brasil e o reino (Portugal).

Da África vinham a pimenta, pimenta-da-costa; o atarê, *ataare* para os iorubás; inhame da costa; os panos tecidos em tear manual, pano de *alacá*, ou os tão conhecidos panos-da-costa; fibras, especialmente do "olho do buriti"; a palha-da-costa; obi, orobô; búzios; sabão; manteiga de ori; contas de cerâmica e vidro; penas de papagaio, *ecodidé*; efum, ossum; anileiro; dendê e tantos outros produtos que foram abastecendo os gostos das cozinhas e os usos rituais religiosos.

> Os judeus, no século IX, importavam esta pimenta (pimenta-da-costa) para o império carolíngio, aos mercados e feiras. Era condimento tão raro, que às vezes se usava como moeda [...].[57]

Os condimentos importados ampliavam os sabores e se caracterizavam como fontes de descoberta de mundos então desconhecidos: África, Índia, China. As especiarias do Oriente transitavam no reino como verdadeiras marcas de opulência e exotismo, propiciando criação de fórmulas afrodisíacas, tratamentos sofisticados para o corpo e para o espírito.

No caso brasileiro, a importação de produtos da costa, além de atender à clientela portuguesa já habituada a certos gostos no reino, atendia também ao crescente contingente de crioulos, brasileiros filhos de africanos com portugueses, que buscavam naqueles produtos a retomada material e simbólica das terras de origem.

O gosto temperado

Em molhos – o nagô, o de acarajé, para acentuar o abará; quente, muito forte, ou frio, com menos quantidade –, com dendê, com sal, com camarão defumado e seco e principalmente com muita arte, com

---

[57] Maria Thereza Lemos de Arruda Camargo, *Plantas medicinais e rituais afro-brasileiros* (São Paulo: Almed, 1988), p. 61.

muita "mão de cozinha" – dom nascido da prática e da sabedoria de preparar os alimentos –, a pimenta assume distintivo de ingrediente tão africano quanto baiano no panorama dos sabores nacionais.

> Pimenta favorita. Pura, mastigada na comida ou esmagada no caldo de carne ou do peixe. Molhos. A capsicum, bem ácida, reinava em toda a África ocidental, sertão e praias. E segue reinando. Gindungo, a malagueta de Angola, ataré, pimenta-da-costa de Escravos, Gana, Daomé, Nigéria. Piri-piri em Moçambique [...].[58]

De sabores também sofisticados, outros frutos são incluídos na preparação dos elaborados pratos afro-brasileiros.

> Os africanos ainda condimentavam as suas refeições com o ataré (pimenta-da-costa), em quantidade muito reduzida; com o iru, fava de um centímetro de diâmetro, usada em quantidade diminuta; com o pejerucum ou bejerecum, outra fava de quatro centímetros de comprimento por dez milímetros de espessura, empregada no tempero do caruru; com o ierê, semente semelhante à do coentro e usada como tempero do caruru, do peixe e da galinha.[59]

E ainda a tão conhecida malagueta:

> A malagueta é a mais usual, mas também se utiliza a chamada pimenta-de-cheiro, menos picante e mais odorosa. Por isso mesmo chamam-na de de cheiro. Existem de várias espécies que recebem nomes populares pelos quais são conhecidas – dedo-de-moça, pimenta-da-costa, pimenta-do-mato, cumaru [...].[60]

---

[58] Luís da Câmara Cascudo, *História da alimentação no Brasil* (Belo Horizonte: Itatiaia, 1983), p. 87.
[59] Manuel Querino, *Costumes africanos no Brasil* (2ª ed. Recife/Rio de Janeiro: Massangana/Funarte, 1988), p. 141.
[60] Joaquim da Costa Pinto Netto, *Caderno de comidas baianas* (Salvador: Fundação Cultural do Estado da Bahia, 1986), p. 169.

Pimenta para mascar e pimenta para olhar

No seu âmbito ritual religioso, especialmente para o candomblé e o xangô, o uso da pimenta-da-costa, o atarê, parte de um desejo fundamental de ativar elementos diversos de um valor não menos geral que o do *axé* - qualidade vivificante da natureza.

> Os instrumentos do olhador são oubi, ourobô, pimenta-da-costa, espécie de rosário, cujos padres-nossos são representados por caroços de manga, e em pequenas rodelas. Às vezes contêm dezesseis moedas de prata. Às mulheres só é permitido olhar com búzios.[61]

O obi banjá (nacional), o obi abatá (africano) e o orobô, juntamente com a pimenta-da-costa, complementam o instrumental do olhador - decifrador das mensagens do Ifá e outros orixás. Esses frutos estarão também no jogo de búzios, prática divinatória tão comum no processo ritual afro-brasileiro.

A função gastronômica da pimenta-da-costa na culinária dos terreiros qualifica categorias de deuses e dá aos alimentos sentido peculiar de dinamicidade que vai além do desejo puro e simples de comer.

O atarê é principalmente um distintivo ético na complexa e elaborada mitologia dos orixás, voduns e inquices.

O atarê também funciona como um estimulante do hálito, garantindo um valor provocativo que sensibilizará os deuses por meio da palavra, bem como da saliva. A pimenta é conhecida, em especial pelos iorubás, como pimenta da bondade, proporcionando a abertura da voz, facilitando a comunicação homem/deus patrono/deus auxiliar.

---

[61] Manuel Querino, *A raça africana* (Salvador: Progresso, 1955), pp. 55-56.

Padê: encontro entre a terra, o reino e a costa[62]

PÀDÉ – "MEET WITH, TO COME TOGETHER".
ENCONTRAR, REUNIÃO, PONTO DE ENCONTRO
COM [...] ESTAR JUNTO [...].
(*A Dictionary of the Yoruba Language*)

---

[62] Designações de alimentos por procedência, como da terra, do reino e da costa, servem para identificar o que é nativo, da terra ou então brasileiro (exemplo: banana da terra). Do reino mostra o que chega especialmente do Oriente trazido pelas mãos do homem português (exemplo: pimenta-do-reino, condimento que procede de uma região compreendendo a Índia, Indonésia e Malásia, ou então o cravo, trazido pelo europeu e mantendo o nome cravo-da-índia). Da costa, notadamente a costa ocidental africana, nomina muitos produtos além dos culinários (por exemplo: palha-da-costa, pano-da-costa, búzio-da-costa, pimenta-da-costa, inhame-da-costa).

A procedência dos ingredientes revela territórios, povos e culturas

Terra	Reino	Costa
Nativo	além-Atlântico	além-Atlântico
Brasileiro	europeu ibérico	africano
Mandioca	cana-de-açúcar	dendezeiro
Farinha	cachaça	epô/azeite-de-dendê

O encontro dos povos, das culturas, do homem com seus antepassados, do homem com os deuses, dos homens com os homens.

Farofa

Do quimbundo, língua banto, *falofa*. Na gastronomia brasileira existem farofas que vão ao fogo e farofas cruas; falo de uma mistura rápida e crua.

Ficam no imaginário as tão conhecidas farofa amarela, farofa vermelha e farofa de dendê, que estão nos cardápios acompanhando moquecas e xinxim de galinha, entre outros pratos; contudo, une-se à farofa uma identificação imediata com Exu. É um olhar nacional; farofa é comida de Exu, incluindo-se aí as muitas formas e estilos de praticar e de identificar religiões afrodescendentes.

Os processos culinários trazem referências e símbolos religiosos

Cru	Cozido
Temperado	Insosso
Monocromático	Policromático
Rápido	Demorado
Pastoso	Consistente
Frio	Quente

Interpretando a farofa, ela é insossa enquanto mistura de ingredientes, contudo simbolicamente é temperada com o dendê; é monocromática; é rápida no processo artesanal, contudo ganha um tempo cerimonial no cumprimento de etapas rituais elaboradas; e, enquanto consistência, adquire uma outra categoria, seca/úmida, de textura especial.

Embora a farofa à qual me refiro, a de dendê, manipulada sem ir ao fogo, seja fria enquanto uma categoria térmica, é quente simbolicamente por traduzir cores quentes, relacionadas também com o fogo, e integrada ao imaginário de um orixá quente que é Exu.

Entre o natural e o transformado, o fogo

Sem dúvida, o fogo conquistado e domesticado assume seu papel histórico e de civilizador da presença do homem na natureza. Até hoje, o fogo conquistado é tema ritual de inúmeras formas de expressão e de comunicação, marcando lugares que unem o gênero masculino ao sentido sexualizado do próprio fogo. Há profunda concordância entre o que se entende por humano no controle e na ação de promover o fogo. Pois o homem sem fogo iguala-se aos outros animais. O alimento cozido de forma intencional é, sem dúvida, exemplo primordial da própria condição humana.

O fogo continua como tema fundamental nas representações entre cultura e natureza. Lévi-Strauss, na sua obra, enfatiza diferentes formas de transformar os alimentos em testemunho do homem na sua capacidade de controlar a natureza e, assim, declara que o cozido é uma das ações humanas mais expressivas.

Frazer fala da origem do fogo, dos mitos, numerosos como variados. Assim, há destaque no imaginário sagrado dos iorubás para Xangô, dono do fogo, sendo também partilhado esse elemento civilizatório por sua mulher mítica Oyá. Alafin é o rei de Oyó, Xangô é o quarto na dinastia. O primeiro é Oduduwá, o segundo, Oraniyan, e o terceiro, Ajaká.

Segundo Orandele Epega, Exu foi o primeiro rei de Kêtu, ou, segundo Marti, foi o nono rei de Kêtu, precedido por Sho-Ipasham, Owé, Adojé, Ijá, Erankikan, Agogobo I, Edé e Okoyi.

Como a cerimônia do padê é momento inaugural das tradições Kêtu, no modelo afrodescendente candomblé Exu é o primeiro a ser obsequiado; retoma-se a teoria de Epega, com Exu como o primeiro rei de Kêtu, traduzindo assim o grande ancestral, o grande Orixá, e na mitologia sendo também o primeiro por estar integrado aos elementos da natureza e em contato com todos os orixás.

Em textos sagrados dos iorubás de Kêtu há referências para os ingredientes rituais que identificam Exu:

> Exu Epo niyi O
> Exu Omin niyi O
> Exu Oti niyi O.
> Exu, eis o azeite-de-dendê para você
> Exu, eis a água para você
> Exu, eis o álcool para você.
> (Oriki, Kêtu, coletado por Verger)

No texto sagrado não se fala: "*Exu iyefun o*" (Exu, eis a farinha de mandioca para você).

Crê-se em um dado de brasilidade, incorporando a mandioca, produto da terra, como um elemento visualmente próximo ao inhame africano, *isu*; contudo, marca uma adesão profundamente agregadora, integrando a farinha de mandioca como um alimento genuinamente afrodescendente.

A farofa segue cerimonialmente para um lugar em que é celebrado o encontro, em que se dá o padê.

Onde se dá o encontro
O encontro é no mundo.
Mas no mundo há um lugar e
O lugar é a árvore.

Lembro-me dos gigantes nascidos na aurora dos tempos,
dos tempos, daqueles que outrora me geraram.
Conheço nove mundos nove domínios cobertos pela árvore do mundo,
Essa árvore sabiamente plantada cujas raízes estão no âmago da terra
[...]
A árvore impõe-se à consciência religiosa pela sua própria substância e pela sua forma, mas esta substância e esta forma devem o seu valor ao fato de que se impuseram à consciência religiosa, de que foram escolhidas, quer dizer se revelaram [...].[63]

A árvore pode, sem dúvida, tornar-se um símbolo do universo.

A árvore é um lugar sagrado, sendo então um microcosmo porque repete a paisagem cósmica; por isso é um centro do mundo, porque se fecha no próprio coração do universo e constitui um *imago mundi*.

A árvore mora na terra e a *terra mãe* é a mãe das sementes divindades telúricas, memórias arcaicas da agricultura, em consonância com o permanente sentimento de regeneração. Plantio e colheita, multiplicidades na abundância, nos símbolos de muitos e múltiplos como as féculas da mandioca, enquanto farinha. Fécula untada de azeite-de-dendê, de água, de cachaça e eis o padê.

Quando o que é da terra atravessa o Atlântico e segue para a costa e quando o que é da costa e o que é do reino vai para a terra e da terra para a costa.

---

[63] Mircea Eliade, *Tratado de história das religiões* (Lisboa: Cosmos, 1977), pp. 323 e 326.

Os ingredientes que materialmente fazem o padê, sintetizado aqui na *mistura*, e as farofas coincidem com os mesmos ingredientes que acompanham e marcaram a vida de milhões de africanos no Brasil, inicialmente na sua condição escrava.

Mandioca, dendê e cachaça formavam a base do que se comia e se bebia, agregando outros elementos, como frutas, carne e peixe salgado. Economicamente, esses três ingredientes funcionavam no tráfico entre a África e o Brasil e o Brasil e a África.

Mandioca, cachaça e tabaco foram introduzidos no continente africano pelos negreiros, como também o dendê foi introduzido no Brasil.

No cotidiano, no trabalho, os encontros de farinha de mandioca, cachaça e dendê

Rapadura, fumo-de-rolo, cachaça e, principalmente, farinha de mandioca foram os principais combustíveis do longo processo escravagista entre a costa africana e a costa brasileira. A mandioca também civilizou vários povos do continente africano e, assim, trocas e moedas simbolizadas por alimentos mantiveram o amplo caminho através do Atlântico, transportando, ao longo de 350 anos, cerca de 4 milhões de homens e mulheres em condição escrava para plantar cana sacarina, trabalhar e fundir o ouro, plantar e colher algodão, café e inúmeros outros serviços do processo colonial brasileiro. Entre esses alimentos, destaca-se o funji, pirão duro de mandioca, como um dos pratos nacionais de Angola. Esse prato é exemplo dessa expansão e assimilação da mandioca nativa da América no mundo.

O mesmo se dava com a farinha de mandioca, formando a base de uma trilogia de produtos que atravessavam o Atlântico, retornando pelo mesmo Atlântico com navios repletos de outra mercadoria, escravos.

Os produtos fundamentais desse comércio rentável apóiam imaginários sociais na construção do tipo consagrado do trabalhador que bebe, fuma e se alimenta de mandioca – farinha sobre o feijão, farinha e charque, farinha e goles de cachaça, farinha, cachaça e fumo para mascar, complementando os gostos, fundando um paladar de base nativa, da terra.

O mesmo se dá até hoje com os trabalhadores braçais dos grandes mercados populares e tradicionais. Alimentam-se cedo, incluem muita farinha de mandioca, unindo preferencialmente carnes e caldos que dão "sustança", bebem uma boa talagada de cachaça, muitos dão o primeiro bocado sobre a terra, para o santo; fumam ou mascam pedaços de fumo-de-rolo ou mesmo charutos de baixa-qualidade, complementando dessa maneira o "buquê" da boca, dando ao corpo condições para desempenhar o trabalho de carregador ou estivador, entre outras prestações de serviço, mantendo o modelo do trabalhador de canto e do trabalhador de ganho não muito distante da nossa história econômica escravagista.

Mandioca

A mandioca (*manihot esculenta* Krantze), originária da América do Sul, quando silvestre se chama *guazu-mandió*, de que se cultivaram variados tipos destinados a uso gastronômico.

Ao chegar no Brasil, o português disse ter encontrado o inhame, pois já conhecia a espécie da ilha de São Tomé, na África. Contudo, existiam inhames nativos diferentes daqueles consumidos na África ocidental e austral.

O colono, em contato com outras plantas de raízes ou caules tuberosos que indicam semelhanças possíveis, entende ser a mandioca um inhame, especialmente quando se trata de certas aráceas.

Informa Pero de Magalhães Gandavo que "o que lá se come em lugar do pão é farinha de pão. Esta se faz da raiz duma planta que se chama mandioca, a qual é como inhame".[64]

Reconhecido o valor da mandioca na cultura alimentar, enquanto alimento básico, vê-se a sua difusão por todo o mundo tropical, podendo-se admitir que foi uma das primeiras plantas de origem americana a ser introduzida na África após os descobrimentos.

Embora de forte presença na cultura brasileira, sendo comida geral, como farinha – farinha seca, farinha de pau, farinha de guerra, ou ainda recebendo coloração do tucupi, enquanto farinha-d'água; e também famosa no Recôncavo da Bahia, como farinha fininha e branquinha, indispensável na maniçoba, no sarapatel, no feijão, nas farofas, inclusive na de dendê. Está em países do continente africano a maior produção de mandioca no mundo: Angola, Costa do Marfim, Gana, Nigéria e Zaire. O Brasil, a Indonésia e a Tailândia são os principais países exportadores.

Cachaça

> Para os africanos, sudaneses e bantos, do Atlântico e do Índico, o europeu recebeu o perturbador alambique, incluindo a parafernália civilizadora. Os pretos, como os indígenas antes dos portugueses, desconheciam totalmente qualquer bebida destilada, produzindo unicamente as cervejas, garapas à base de frutas ou raízes, por meio da fermentação de 72 horas, máximas. A cachaça, indo dos 18 aos 22 graus, revelou-se ao paladar negro [...].[65]

---

[64] Pero de Magalhães Gandavo, *Tratado da província do Brasil*, disponível em http://www.ig.com.br/paginas/novoigler/livros/tratadodaterradobrasil_perodemagalhaes/parte2_cap1a4.html, acesso em 28-5-2008.

[65] Luís da Câmara Cascudo, *Prelúdio da cachaça: etnografia, história e sociologia da aguardente no Brasil* (Rio de Janeiro: Instituto do Açúcar e do Álcool, 1968, p. 12.

A cachaça existia, apetecida e vulgar. Pyrard de Lavel, em 1610, que estivera na cidade do Salvador, registra: "Faz-se vinho com o suco da cana, que é barato, mas só para os escravos e filhos da terra".

Os nomes de aguardente e cachaça confundiram-se numa recíproca sinonímia e ninguém mais se preocupou destacando a origem da bebida: do caldo de cana, cana, caninha, ou seja, aguardente, e de mel, melado, melaço, cachaça.

Dendê

A palmeira *dendém*, palmeira *dendê*, palmeira do *aindim*, palmeira do óleo, palmeira de azeite, dendezeiro (*Elaeis guineensis* L.) é originária da costa ocidental, a costa desde São Luís, no Senegal, até o sul de Benguela, Angola, e, alargando-se para o oriente, no vale do Zaire.

Os usos estão na gastronomia e na cosmetologia, sendo no Brasil um dos símbolos mais decisivos do imaginário africano.

O dendê, o azeite-de-dendê, remete ao outro lado do Atlântico, como a mandioca remete ao que é *da terra*, nativo.

Sem dúvida, o dendezeiro e tudo o que a palmeira oferece se relaciona com um profundo sentimento sagrado, aquecendo memórias remotas e construindo o que é africano no Brasil.

O dendê é marca das comidas do Recôncavo da Bahia, onde se situa a capital Salvador.

Tão importante para os afrodescendentes na construção de identidades como a oliva para o grego, por exemplo.

Comida de escravo

A base da alimentação escrava nasce das possibilidades de utilização dos produtos nativos e aí a mandioca ganha destaque para diferentes pirões e tudo que pudesse dar um sentimento de saciedade.

Os pratos moles, à base de mandioca, fazem um estilo de comida no imaginário afro ou de cardápios consagradamente africanos no Brasil e afrodescendentes. Exemplos: vatapá, caruru, acaçá, mungunzá, pirões de peixe, pirões de muitos tipos, inclusive o de leite acompanhando a carne-de-sol.

Pirão vermelho

Experiência pessoal, quando em visita a Abomey, Benin, em um almoço comi o pirão *rouge*, pirão vermelho, prato preparado com farinha de mandioca, água, caldo de galinha, sal e azeite-de-dendê.

Um pirão vermelho pela inclusão do dendê, sendo de consistência mais sólida, acompanhando uma galinha cozida, uma delícia!

Certamente a emoção coroava esse início de tarde após visita ao templo de Zamadonu, viagens simbólicas entre o Maranhão e Benin, Benin e o Maranhão. Lembrei-me da rua de São Pantaleão, na querida São Luís.

Do Brasil para Angola, sem dúvida, a farinha de mandioca também marca e ganha um significado muito especial à mesa dos povos bantu dessa região austral da África.

Hoje, o prato típico nacional de Angola é o *fungi* ou *infungi*, justamente um pirão feito de farinha de mandioca e água de consistência sólida e insossa, para acompanhar pratos condimentados.

É o Brasil formando o gosto africano.

Nota

Embora o tabaco não se inclua como um ingrediente da gastronomia, teve papel importante nos hábitos de fumar e mascar, formando assim padrões de paladar.

O tabaco (*Nicotiana tabacum*) é originário do continente americano. Além da versão de que chegou à Europa por Cristóvão Colombo, há outra sobre seu uso em Portugal como o vegetal chamado de erva santa, considerando o seu encontro nas populações indígenas.

Alguns admitem que a introdução do tabaco na África se dá pelos negreiros dedicados à escravatura, seguindo preferencialmente as rotas do Ocidente, portos do Golfo de Benin, e austral com o porto de Luanda, em Angola.

Acompanhando essas trajetórias que trazem aspectos eminentemente econômicos e sociais em processos experimentados por uma longa relação pelo Atlântico e através do Atlântico, vê-se que os produtos que formaram gostos e hábitos alimentares de africanos no Brasil, de africanos na África e de nós brasileiros, untam-se de azeite-de-dendê, enriquecem pratos com a farinha de mandioca, celebrando, nos goles de cachaça e no fumar e mascar tabaco, conceitos culturais de sabores. Aí, vive-se também de maneira imemorial o grande encontro de povos, culturas e homens, sendo a mais notável realização do *padê! Laroiê!*

Ojú Epô

LES ORISHA NE SONT PAS DE DIEUX PROPREMENT DITS, MAIS DES ÊTRES SURNATURELS MÉDIATEURS ENTRE LES HOMMES ET DIEU CREATEUR ET TOUTPUISSANT, AUXQUELS IL N'EST PAS RENDU DE CULTE ET QUI N'A NI PRÊTE, NI SANCTUAIRE, NI REPRESENTATION PALPABLE.
CES ORISHA SON DONC DES PUISSANCES SURNATURELLES PERSONNIFIANT DES TRAITS DU CARACTÈRE DIVIN. AINSI SHANGO EST LA PERSONNIFICATION DE LA VITALITÉ ET DE LA FORCE DE DIEU, OBATALA DE SA PURETÉ ET DE SA COMPASSION, IFA DE SON OMNISCIENCE, EXU DE SON INTELLIGENCE... CHAQUE YORUBA VENERE UN OU PLUSIEURS ORISHA, JAMAIS TOUS.[66]

(H. G. Beier, "Festival of Images")

---

[66] "Os orixás não são deuses propriamente dito, mas mediadores sobrenaturais entre os homens e Deus, criador e todo-poderoso, aos quais não se rendem culto, nem são merecedores de padres, nem santuários, nem uma representação palpável. Esses orixás são, portanto, poderes sobrenaturais personificando traços do caráter divino. Assim, Xangô é a personificação da vitalidade e a força de Deus, Obatalá de sua pureza e compaixão, Ifaifá de sua ominiscência, Exu de sua inteligência... Cada iorubá venera um ou vários orixás, nunca todos."

Ifá, para os iorubás, ou Fá, para os Fon, é o deus que tudo sabe e tudo vê, podendo desempenhar suas funções se apoiado por Exu – princípio fundamental –, ser inteligente por excelência.

Saber do futuro, prescrever e orientar para o trabalho, a saúde, o sexo, a religião e para tudo mais que se refira à vida é capacitação de Orumilá, conhecido também como Orumilá Ifá.

Nesses olhos que tudo vêem e sabem assenta-se o seu poder, não menos controlador e também articulador entre os outros deuses e os homens.

Esse olhar permanente do Ifá, fundido no olhar de Exu, será materializado pelos *ikins* – frutos do dendezeiro.

O poder do aconselhamento, segundo a ética e a moral vigentes pelo sistema Fon-iorubá, é mais importante do que o de adivinhar o futuro. Embora as tradições do Ifá no Brasil tenham sofrido um amplo processo de transformação e tenham se fixado com o chamado jogo de búzios, mantêm ainda um certo respeito sobre o que "fala" o Ifá, segundo a tradição, somente por meio do opelê.

O papel do babalaô para os terreiros sempre foi o de um sacerdote altamente especializado, atuando em diferentes momentos de não menos diferentes templos. O babalaô visitava os terreiros conforme as necessidades deles para dizer as mensagens do Ifá, transportando seus instrumentos profissionais.

> É uma divindade representada por dois vasos, contendo, cada um, dezesseis frutos de dendê, que apresentem somente quatro olhos de sinais de orifício. Para olhar com o Ifá encerram-se os frutos nas mãos, que se sacodem de um lado para outro. À proporção que os Ifás caem, um a um, o olhador vai predizendo o que há de acontecer.[67]

---

[67] Manuel Querino, *Costumes africanos no Brasil* (Rio de Janeiro: Civilização Brasileira, 1938), p. 57.

Certamente, referindo-se aos Ifás, Querino quis dizer *ikins*. Frutos do dendezeiro, que representam os dezesseis oduns, os *ikins* foram substituídos pelos dezesseis búzios.

Sem dúvida, os dezesseis *ikins*, hoje dezesseis búzios, repetem alguns sistemas do complexo processo da ciência de decodificar as muitas combinações dos oduns e assim predizer mensagens que estão mais assentadas no que possuem de arquétipo do que propriamente de factual. Pela ampla disseminação dos sistemas sagrados do Ifá, o processo original de *ver* passa ao conhecimento popular como *jogo*, tendo aí uma certa e evidente carga de casuísmo, embora fundado em conhecimento que tenta se aproximar ao máximo do ideal africano. Assim, tenta ser verdadeiramente original ou aderente ao modelo tradicional. Com isso, torna-se mais aceito, de maior axé, conforme alardeiam os que se incluem no "povo do santo".

O mister do vaticínio, originalmente prerrogativa do mundo masculino, abre-se às mulheres, certamente não pelo opelê e sim pelos búzios. Tão semelhante é a imagem de um búzio do corte vaginal dos grandes lábios que é como se as mulheres, com esses instrumentos – Cauris –, por intimidade simbólica, manipulassem o próprio corpo e assim, funcionalmente, "falassem" e alcançassem os orixás nas suas mensagens.

O opelê é instrumento de homem como o *opon ifá*, uma bandeja de madeira arredondada, apresentando entalhes que remetem aos búzios e aos dois olhos de Exu – simbolicamente, o mundo determinado pelo poder e saber dessa fusão Ifá e Exu.

No xangô pernambucano, notadamente no terreiro Obá Ogunté Seita Africana Obaoumin, Orumilá é homenageado em obrigação anual no mês de dezembro, mantendo como cores simbólicas o verde e o amarelo, segundo também se observa num exemplo de opelê do acervo do Museu Nacional (Universidade Federal do Rio de Janeiro), tombo 6.450, formado por corrente e oito placas de metal, pendendo de cada placa sete alças de fios em miçangas verdes e amarelas, além de alguns corais, contas brancas, seguis e laguidibás.

Ao mesmo tempo uma memória remota africana, que traz informações sobre os antigos processos de Ifá, o opelê convive com o dinâmico e mutável processo do jogo de búzios, cada vez mais simplificador, sendo muito mais intuitivo do que científico.

O opelê ifá é uma ciência transmitida em longos anos de aprendizado, enquanto o jogo de búzios desvenda o futuro com certa suavidade distanciada de um saber milenar do mundo exclusivo dos homens.

O afro-brasileirismo do jogo de búzios tornou-o um processo em franca vulgaridade e cada vez mais aberto às subjetivas maneiras de ler ou de interpretar as mensagens, conforme o repertório de cada pai ou mãe-de-santo.

Os pratos de Nanã: a comida dos filhos é a comida dos ancestrais

> NANÃ É A DIVINDADE MAIS VELHA DE TODAS, A PRINCIPAL YÁ-MI-OPÁ-OSSI (A MÃE ANCESTRAL DA ESQUERDA DE CADA UM).
> (Euclides Menezes Ferreira, *O candomblé no Maranhão*)

O personagem mítico dos Fon-iorubás, Nanã, também conhecido por Nanã Buruku, a avó, a mais velha das águas, mãe da água, aquela que habita o fundo do mar, os charcos, a lama; viço permanente de vida e de morte. É a mãe doadora e é a mãe que traz a si seus filhos após a geração e a própria vida.

Nanã representa uma civilização que é simbolizada nos utensílios em madeira e principalmente em fibras naturais.

Um *oriki* de Nanã bem traduz seu tipo de mãe, de rainha, de senhora dona do cajado, como o seu marido mítico, Oxalá, é também dono do cajado – o apaxorô de oxalufã:

Proprietária de um cajado salpicado de vermelho, sua roupa parece coberta de sangue. Orixá que obriga os Fon a falar Nagô. Minha mãe foi iniciada no país Bariba. Água parada que mata de repente. Ela mata uma cabra sem usar a faca.[68]

O símbolo fundamental *opa buluku* – o cajado de Nanã – remete a sua importância e a seu poder. O opa buluku é rememorizado nos candomblés afro-brasileiros pelo *ibiri* – feixe de dendezeiro, tecido, búzios, contas e palha-da-costa.

O peixe símbolo

O peixe identifica no texto visual dos terreiros as *iás* – deusas, mães das águas –, sendo um dos alimentos votivos mais significativos dos orixás, voduns e inquices que habitam os rios, lagos, cachoeiras, regatos, mares e pântanos, ampliando-se às chuvas.

Em festas no terreiro do Gantois dedicadas ao orixá Nanã, um peixe emblemático é recorrente a todo o imaginário das *iás*, inaugura amplo cortejo cerimonial de filhas do terreiro, portando cada uma um alimento diferente.

O peixe preparado, alimento, relembra Nanã, o universo das águas e os elos imemoriais com as origens dos homens e dos outros deuses.

São oferecidas comidas dos homens – "comida de branco" –, sem dendê, comidas de festa, havendo ainda a complementação de muitas bebidas industrializadas que se incluem no cortejo. Elas são trazidas pelos homens iniciados e agregados ao terreiro.

---

[68] *Oriki*, texto sagrado dos Iorubá, tradição popular transmitida oralmente. Etnografia do autor.

Nanã, no seu cardápio votivo, tem preferência pelo *anderé* – tipo de vatapá feito com feijão-fradinho –, além de galinha-d'angola, cabra, todos bem temperados, contudo sem o *epô* – azeite-de-dendê.

A festa pública e anual chamada popularmente como "os pratos de Nanã" traz as comidas dos homens.

Assim são reapresentadas e servidas as comidas em diferentes utensílios: travessas, bandejas, tigelas e pratos, que inclusive dão nome à festa.

Portados na cabeça das iniciadas, somente mulheres, exibem num desfile solene alimentos como: bolos, pastéis, empadas, assados de carne bovina, de galinha, de peru; batatas fritas, farofas, tortas de camarão, maionese de lagosta, doces caramelados, saladas variadas, entre outros. Além da estética e do valor nutritivo de cada alimento, há a identificação de diferentes estilos gastronômicos e classes sociais.

O cortejo dos pratos de Nanã é ampla rememorização do que os homens gostam de comer. Homens presentes e homens lembrados enquanto ancestrais do terreiro, ancestrais fundadores da nação Ketu, ancestrais remotos africanos.

Após o cortejo e as danças, todas as comidas serão depositadas numa mesa à ocidental, com toalha, sendo o primeiro prato aí colocado o peixe, alimento inaugurador de toda a festa.

Diferentes bebidas: cachaça, vinho tinto, vinho branco, rum, vodca, guaraná, cerveja, champanhe, entre outras, são depositadas sobre a mesma mesa onde ficam todos os alimentos.

A partilha da comida e da bebida é ato socializador e é prática especial dessa festa em que comem, juntos, os homens e os ancestrais. É cerimônia de grande rigor e sigilo ritual. É uma festa que avoca a mãe-mítica e todos os outros deuses descendentes, os filhos de santo do terreiro, os fundadores do terreiro, suas famílias de ancestrais, todos devem comer, todos devem participar dos pratos de Nanã.

Ainda sobre o imaginário

> NANÃ É UM ORIXÁ FORMADO POR UMA CABAÇA GRANDE, TENDO UMA PARTE MAIOR E OUTRA MENOR, O QUE EQUIVALE AO CÉU E À TERRA. AO MESMO TEMPO, PODE-SE DIZER QUE NANÃ É A PARTE FEMININA DE OXALÁ [...] SUA TERRA DE ORIGEM É MAHI-JEJE, ANTIGO DAOMÉ, ONDE É CONHECIDO PELO NOME DE MAWU-LIÇA [...].
> (Euclides Menezes Ferreira, *O candomblé no Maranhão*)

Outros objetos sagrados e sacralizados identificam Nanã nos seus santuários, *pejis*: "medalhas brancas, bacia de louça, pratos, terrina com otá e ferramenta (lira pequena imersa no mel), talha, quartinhas brancas".[69]

O peixe é retomado como elemento visual presente em diferentes objetos, materiais e funcionando para usos diversos nos terreiros. Está distribuído nos bordados das roupas, nas gravações e recortes de braceletes, copos, idés, ibós, adês, abebês, couraças em diferentes folhas metálicas. É freqüente nas pinturas murais, nas louças de barro – geralmente com o emprego do tauá, tabatinga e pigmentos industrializados. O peixe é adereçaria presente nos maracatus, ranchos de reis, blocos afro, afoxés e outros cortejos afro-brasileiros.

---

[69] Elyette Guimarães de Magalhães, *Orixás da Bahia* (Salvador: ed. do autor, 1973), p. 55.

Panela de Iemanjá

Identificada com o Recife é Iemanjá, vida e mãe das águas – senhora que se inclui nas comemorações da Conceição em 8 de dezembro.

Muitas vezes vi o presente-obrigação chamado "panela" – grande oferta anual das centenas de xangôs existentes na cidade. A oferta é depositada na maré alta, nas ondas ou na confluência do rio com o mar.

A água, sêmen eterno, caminho de chegada dos africanos, nostalgia de inconscientemente retornar pelas mesmas pegadas, ganhando os rios, o oceano e a costa d'África.

Hoje, também os grandes cortejos de automóveis marcam, na cidade do Recife, a homenagem à mãe das águas, com cantos, palmas, buzinas, fogos e percussão dos ilus, quando todos juntos dizem que a panela está saindo para a praia, chamando assim Iemanjá para ver e receber tudo de bom e bonito que contém o presente.

Iemanjá está em todo o mar, é o próprio mar, ou qualquer elemento que habite ou esteja no mar, convivendo com a vida marinha de peixes, conchas, plantas e sereias. Ela gosta das noites de céu estrelado, lua cheia e grande, prateando às águas para assim aparecer calmamente e pentear seus longos cabelos, exibir seu corpo e atrair, pelo canto, os pescadores que já conhecem sua fama de mulher fatal.

A panela, o presente, é repleta de bilhetes, perfumes, fitas, talcos, sabonetes, bebidas, alimentos que vieram dos pejis, tais como carneiro, galinha, pata, milho cozido, entre outros, vendo-se ainda bijuterias e até algumas jóias de ouro. Tudo isso dentro da panela de barro, ampla, gorda, com uma grande barriga, grávida, pronta para dar à luz e continuar vivificando o homem e seus descendentes.

Além dessas oferendas, a panela recebe flores brancas e algumas tinturadas de azul, pois são essas as cores que identificam Iemanjá. E ainda tecidos especiais, como cetim e brocado, enfeitam a panela, que assume um tom de escultura comunal, em que todos participaram acrescentando suas ofertas ou sugerindo detalhes na decoração.

A panela é colocada nas águas e conduzida por um ou mais homens, iniciados, especialmente escolhidos para tão grande honraria. Eles vão a nado ou ocupando um barco e somente bem distante da praia o presente deve ser entregue. Ao tocar as águas, a panela já pertence a Iemanjá e os adeptos que formam o cortejo esperam na praia. Sabem que Iemanjá está contente, pronta a atender todos os recados escritos, falados ou simplesmente pensados. Os filhos de Iemanjá entram em "estado de santo", e essa é a melhor resposta.

Em 1979 tive oportunidade de acompanhar uma panela que saiu do tradicional xangô de Lídia, mãe-de-santo vinda da iniciação nagô do Terreiro Obá Ogunté – popularmente chamado de Sítio ou Terreiro do Pai Adão. Lídia, grande líder religiosa, já falecida, coordenava do peji todos os momentos que antecediam a saída da panela. Grande cerimônia e ansiedade fortaleciam a espera da obrigação que culminaria na praia do Pina.

Cheguei no terreiro e o toque já havia sido iniciado; mesmo assim tive acesso ao peji, graças à intervenção de alguns amigos e à bondade de Lídia.

Lá, centralizando todas as atenções, estava a grande panela, pronta, para a qualquer momento ser conduzida em cortejo solene pela cidade. Todos sabiam que Iemanjá queria aquela oferta e aguardava que chegassem tantas coisas do seu agrado pessoal.

Do peji sentia-se o forte odor da "matança" – animais sacrificados para Iemanjá e dispostos segundo os preceitos nos assentos rituais do orixá das águas. Certamente, liturgias precederam a organização da panela, contando com obrigações endereçadas a Exu, Ogum e Orixalá.

Finalmente saiu o cortejo até o Pina, onde um barco esperava o povo do xangô. Muitos carros seguiram a Brasília que, de mala aberta, ostentava como um troféu aquela imensidão de flores, quase impossibilitando de ver a panela propriamente dita.

Doboru, para comer e sentir: Olubajé, a colheita partilhada

Comer em folhas de mamona quase tudo o que é servido no cardápio dos candomblés é um visível partilhar do que a terra oferece em alimentos. É a celebração da colheita. É festa de comer coletivamente os alimentos preferidos de orixás que são lembrados pelo omolucum, acarajé, acaçá branco e vermelho, ebó, bolas de inhame, latipá, aberém, abará, abado, farofa, axoxó, ipeté, adum, doboru, carnes de diferentes aves e caprinos, entre muitos outros. É comida para a boca, devendo-se, após o repasto, limpar as mãos no próprio corpo, unindo dessa maneira os alimentos por dentro e por fora, símbolos de uma forte integração dos valores nutritivos aliados dos valores mantenedores do corpo, como a saúde. Olubajé, um ritual público de saúde. Olubajé, um ebó coletivo, festa do dono da terra, Omulu, orixá dos mais populares.

Pessoas de alta hierarquia no terreiro distribuem no espaço da festa verdadeiros banhos de doburu (pipoca), principal comida do orixá homenageado. Toda a comida deverá ser distribuída e nenhum vestígio da festa deverá ficar no terreiro.

Omolu é orixá que domina a doença e as curas, assume um controle das coisas do mundo, sendo o olubajé, por isso, para os candomblés Kêtu, uma grande e indispensável cerimônia. Nos terreiros anglo-congo acontece ritual religioso similar, conhecido como *kukuana*.

O ciclo festivo do olubajé estende-se nas ruas, nos meses de julho e agosto. Isso é visto como as duplas de iniciativas que saem carregando cesto repleto de doburu e tabuleiro, devidamente arranjado e coberto de tecidos, onde estão os objetos sagrados de Omolu. Essas duplas percorrem vários pontos da cidade do Salvador e outras localidades da Bahia, como também no Rio de Janeiro e em outras cidades. Elas abordam as pessoas e estas oferecem dinheiro, quantias livres que serão trocadas por punhados de doburu. O dinheiro coletado, no final de todo o ciclo, vai apoiar o custeio do próprio olubajé. Esse ritual é denominado por muitos o *andê*.

As datas escolhidas para essas práticas públicas correspondem às de Nossa Senhora Santana (26 de julho) e São Roque (16 de agosto), santos católicos interpretados nos terreiros respectivamente como Nanã (mãe mítica de Omolu) e o próprio Omolu, também chamado de Obaluaiê, Sapata, Arifomã, entre outras designações.

Mulheres de ganho

Componentes de paisagem das cidades, especialmente Salvador, Rio de Janeiro e Recife, são personagens urbanos, mulheres trabalhadoras, verdadeiras mantenedoras de famílias, em geral vinculadas aos terreiros e continuadoras dos *ganhos*, das vendas nas ruas, praças; são as vendedeiras, quituteiras, baianas-de-tabuleiro, baianas-de-rua, baianas do acarajé ou simplesmente *baianas*. O tipo social e cultural marca a vida de algumas capitais, projetando em roupa, comportamento ético, oferecimentos de comidas, uma marca, muitas vezes dos terreiros no cotidiano de milhares de pessoas, identificando a *baiana* como uma quase síntese do que é afro, também de um sentimento sagrado próximo, convivente e integrado às cidades.

Essa atividade econômica do *ganho* é, de certa forma, uma continuidade do que faziam os escravos da cidade. Na categoria escravo da cidade distinguiam-se os da casa e os da rua. Os da casa estavam para os convívios e serviços na cozinha, na cama, em atendimentos a todos os desejos dos senhores. Os da rua eram caracterizados pela força exigida em tarefas masculinas como transportar objetos, entre outros. Eram os *ganhadores*, prestadores de serviços remunerados por cada tarefa – também *ganhos* para a venda de comidas, objetos artesanais, como cerâmica e renda.

Na cidade do Salvador, nos Arcos de Santa Bárbara, concentravam-se os guruncis, gruncis, ou os *negros galinhas*. Nas imediações do Hotel das Nações estavam os haussas – negros muçulmanos, famosos por suas lutas pela liberdade e também pela cultura fundada no *Alcorão*. Os nagôs estavam na Ajuda, na Piedade, na Ladeira de São Bento e no Campo Grande e também aí estavam os jejes, procedentes dos grupos Fon/Ewe.

> [...] tias da Costa naqueles recuados tempos, preparando a iguaria [...]. Aberém era comida feita com várias destinações. Aberém podia acompanhar caruru, badofe, vatapá. Não obstante ser de milho branco, ou vermelho, deixa-se de molho, rala-se na pedra até ficar como pasta. O tempero é simples. Se for de milho branco, não leva nada, nem mesmo sal. Se for vermelho, leva açúcar a bom paladar. Depois de batida, a massa é embrulhada, como se fosse bola, nas folhas secas da bananeira [...]. Cozinha no vapor d'água. O aberém pode ser comido como bolo.[70]

Algumas vendedeiras, como "tias", "tias da Costa" – mulheres negras, filhas e netas de africanos para a primeira categoria e, para a segunda, mulheres africanas, muito respeitadas e em sua maioria vinculadas ao candomblé. Vendiam produtos africanos, alguns em lojas – quitandas – estabelecidas em áreas da cidade do Salvador como o Pelourinho, por exemplo, ou em outros tipos de venda, onde se encontravam panos de alacá – panos-da-costa –, palha, obi, orobô, contas, sabão, todos da Costa, da costa africana, provenientes dos grandes e famosos mercados da Nigéria, de Benin. Essas vendas também funcionavam como verdadeiros reencontros com terras de origem, com a África. Origem de ancestrais, era uma África falada e simbolizada principalmente pelos produtos procedentes de terras, de cidades, de

---

[70] Hildegardes Vianna, *A Bahia já foi assim* (Salvador: Itapuã, 1973), p. 128.

famílias, de artesãos, de valores emocionais unidos aos valores utilitários para o cotidiano, para o terreiro, para o curso religioso, para o orixá, para o vodum, para assim manter ligações permanentes entre a Bahia africanizada e a África legitimadora das suas continuidades além-Atlântico.

As vendas de fato, "gamela de fato", contendo vísceras do boi, miúdos, queixada, pés, faceiras, distinguiam outros "ganhos", atividade feminina, como também nas grandes cuias, meias-cabaças, os panos de alacá, panos-da-costa, em tiras, tecidos em teares por tecelões e, após costurados, tornados panos que complementam roupas e simbolizam status e tipos de nação para os terreiros. Daí o nome *pano de cuia*, também ganho nas ruas e mercados.

> Caixinheiras, mascateando rendas e bicos de almofada, palas de camisa e barras de crochê, artigos de procedência africana [...].[71]

Contudo, o ganho com as comidas marcou a atividade econômica da mulher nas ruas, dando certa autonomia para cumprir os ciclos de festas-obrigações dos terreiros. O ganho financia o religioso, garante os compromissos individuais para com o orixá, o vodum, o inquice, o santo. Os conhecimentos do artesanato culinário unem-se ao artesanato da costura, do bordado, do enfiamento de fios de contas, trabalhos com búzios, palha-da-costa e outros materiais integrados ao imaginário dos terreiros e que funcionam em perfeita relação com o que se come, o que se vê, com o que significa cada alimento feito no dendê, cada fio de contas, pulseiras, maneiras de arranjar na cabeça os *oujás* para os torços e tantos e muitos outros detalhes desse verdadeiro barroco afro que é a rica roupa da baiana.

---

[71] *Ibid.*, p. 144.

Compõe o ato do ganho ou da venda a roupa, o "estar de saia" ou "usar saia", o que significa trajar à baiana. Também, hoje, marca o ganho o acarajé, o alimento emblematiza a atividade e a mulher.

Os acarajés, tradicionalmente, eram comercializados nas ruas do Salvador em gamelas de madeira, gamelas redondas, semelhantes àquelas usuais nos terreiros de candomblé para oferecer aos orixás e adeptos o mesmo alimento sagrado. Existe aí uma forte relação e projeção de significados e morfologias que transitam no âmbito das cozinhas e demais espaços dos terreiros e no âmbito público, da rua, da praça, da esquina – situações das vendas, dos ganhos de comidas.

A venda de mingaus, refeições que habitualmente inauguram o dia, o café da manhã de muita gente na Bahia, tinha, em quantidade e variedade nas bancas das quituteiras, algumas especialistas nesse alimento. Ainda hoje há venda de mingaus, um hábito não só da Bahia, mas do Nordeste, mingau "sustança", alimento forte para começar bem o dia. Mingau de milho, mingau de carimã, mugunzá, entre outros.

> Mingau vendido ao clarear do dia por uma mulher que marcava por marcar, porque era fácil fazer freguesia certa. Em sua gamela redonda de pau, assentada sobre grossa rodilha de pano de saco [...].
> Elas todas eram mais ou menos a mesma coisa. Pretas ou mulatas. Metidas em suas saias rodadas [...].[72]

As técnicas artesanais e de longo e complexo preparo auferem aos mingaus, a outros doces e mesmo ao acarajé, abará e acaçá o sucesso do sabor, a magia do paladar originário das mãos femininas das quituteiras.

---

[72] *Ibid.*, p. 114.

> As vendedeiras de mingau, vendedeiras de cuscuz, todas elas tinham um mesmo lidar [...]. Muitas faziam a sua venda no mesmo cômodo em que dormiam. Tinham seus fogareiros, seus tachos e bumbas-meu-boi (panelões em barro ou em ferro), suas colheres de pau, pilão, ralo grande com cabo de madeira ou de pedra, alguidares, gamelões, cuscuzeiros, um verdadeiro artesanal. Temperos e fornos [...].[73]

Os transportes em mocós, balaios, cestos dos muitos utensílios necessários às vendas dão a essas mulheres verdadeiras imagens de esculturas múltiplas ambulantes. Na cabeça, o tabuleiro; nas mãos, fogareiro, banquinho e guarda-sol, entre outros, formando conjuntos identificadores das "baianas", quase sempre por parentes ou amigos que também ajudam na condução de tudo o que é imprescindível ao mister de vender comidas. Instaladas, são as donas dos pontos, ficam famosas pela qualidade do acarajé, do abará, da cocada e, principalmente, pelas boas maneiras de se relacionarem com os fregueses, muitos já fiéis de sua "baiana" preferida ou de um tipo de comida também preferida e ainda pelas conversas, pelos conselhos, pelas relações de amizade que se fortalecem em visitas diárias às donas de certas áreas da cidade.

A sociologia das vendas de rua proporciona conhecer melhor como são estabelecidos os papéis e verdadeiros compadrios simbólicos, nascentes da amizade, que vem quase sempre primeiro pela boca. É também sociologia do paladar.

> Ioiô, meu bem,
> Não me suba no telhado
> Não me pise os aberém.
> (Poesia popular, Bahia)

---

[73] *Ibid.*, p. 115.

A partir do sabor, da higiene, dos cuidados com os ingredientes, temperos e com o artesanato do alimento, os quitutes, doces e salgados, e mesmo quando vendiam bebidas como vinho de palma – vinho de dendê –, ficavam famosas pelos pontos, locais de comércio, dando nome e renome às mulheres, tias, quituteiras, donas dos segredos, das receitas e principalmente dos acréscimos pessoais, dando autoria, assinatura a cada prato, um requinte do mundo afro.

"No tabuleiro da baiana tem..." Tem de tudo, tem comida, tem dendê, tem a África simbolizada, tem os orixás e santos próximos da Igreja sempre invocados para vender, para criar fama de seus produtos, de ser conceituada pela alegria, pois baiana-de-tabuleiro tem de sorrir, sorrir muito. Baiana-de-tabuleiro é um tipo-síntese de terreiros de candomblé, de mulher, mulher-sensual, mulher-sábia, mulher-negra, simplesmente mulher...

> A mulata é de ouro?
> É ouro só
> As cadeiras dela
> É ouro só.
> (Poesia popular, Bahia)

São as mulheres do partido-alto, muitas donas de bancas, de vendas de comidas nas ruas, sempre bem vestidas, distintas pelo trajar com afinco e rigor, pelo uso de fios-de-contas africanas, corais, bolas de prata, bolas de ouro, exigindo um poder, poder feminino, matriarcal, sensual, um poder muitas vezes também religioso do candomblé.

> [...] as mulheres de saia, cheias de ouro das pencas, cobertas de anéis, pulseiras, copos, braceletes, correntões. Mulheres que tinham ganhado tudo aquilo graças a seu tino comercial ou à proteção de algum apaixonado português rico ou endinheirado. Essas eram felizardas donas de

quitanda sortida, mulheres de partido-alto, que iam às procissões com seus panos bons [...].[74]

O estar de saia é estar de traje de crioula, de baiana. Contudo, são diferenciados o estar de saia para o cotidiano, para a festa na Igreja, para a festa no terreiro, saia para passear, geralmente mais curta, bata também mais curta – detalhes dos usos sociais do próprio traje.

> Toda a prata me fascina
> Todo marfim africano
> Todas as sedas da China.
> (Poesia popular, Bahia)

Muita gente hoje fala das baianas, porém havia distinção entre elas. As mulatas eram mais garbosas, freqüentavam pouco os candomblés, porque era festa de negro e a polícia perseguia muito. Elas tinham razão de serem garbosas, porque eram xodós de comendadores e grandes políticos, chamavam-se mulheres de partido-alto. Já as crioulas baianas, que apesar de terem a cor escura eram também descendentes de portugueses com africanos, tinham as feições finas e delicadas [...], o corpo bem-feito e as pernas torneadas, as cadeiras e o colo bem-feitos e avantajados. Trajavam-se muito bem, porém o traje era diferente do das mulatas [...]. Tinham o mesmo garbo e faceirice que as mulatas. Nos cabelos, que eram crespos e curtos, usavam óleo extraído do coco de dendê, que chamavam xoxó, penteavam, faziam trança nagô e usavam torço de seda nas cores de seus orixás. [...] Algumas levavam um balainho bem pequeno na cabeça para mostrar mais requebrado; chamavam balainho de frete.[75]

---

[74] Ibid., p. 146.
[75] Licídio Lopes, *O Rio Vermelho e suas tradições: memórias de Licídio Lopes* (Salvador: Fundação Cultural do Estado da Bahia, 1984), p. 70.

Assume a mulher seu papel múltiplo no mundo afro-brasileiro: papel econômico, papel de mãe, papel de mantenedora da família, papel religioso que funciona legitimando e relacionando os demais papéis sociais.

No tabuleiro, na caixa, nas bancas de rua, a atividade da venda de comidas é um elo fortalecido entre o mundo civil e o mundo de reproduções africanas e nacionalmente afro-brasileiras nos terreiros. A comunicação e a cultura se dão pela boca, se dão pela ação do próprio comércio na rua.

comer com fé

O pão de Santo Antônio

GLORIOSO SANTO ANTÔNIO
COM DEUS-MENINO NOS BRAÇOS
FAZEI COM QUE ELE NOS PRENDA
COM SEUS AMOROSOS BRAÇOS.
(Bênção)

A entrada dos santos nas casas permitiu intimidades que possibilitaram maior e melhor relacionamento com os símbolos do sagrado, com as marcas da fé. Fé à brasileira, fé misturada com diferentes componentes etnoculturais. É a presença oficial da Igreja Católica com amplo imaginário de santos, recorrentes, iconologicamente, de um elenco de formas e cores que vêm de outras mitologias, incluindo a greco-romana.

A voz religiosa do africano se faz ouvir em muitos momentos de resistência, buscando na memória ancestral fontes de identidades e de elos permanentes com suas bases no continente distante, além-Atlântico. Sem dúvida, nesse homem africano, como também no homem português, há o viço islâmico; são tendências e estilos de ver e entender os preceitos do *Alcorão* conforme os caminhos das civilizações e seus legados aos povos.

Nesses encontros de culturas, tradições e costumes, nessas visões de mundo, enfim, são estabelecidas as trocas, bem como os diálogos e os conflitos da fé religiosa, que, particularmente, prefiro chamar de "fé misturada".

São componentes religiosos que predominam uns sobre outros, conforme o contexto, o tempo histórico, o caso específico, que falam de desejos, de poder, da ação dominante de sociedades e culturas, buscando em *cada* verdade a *sua* verdade, certamente indiscutível.

Da mistura desses povos que fazem o Brasil, surgem soluções nossas, abrasileiradamente criativas e emergentes, compreensões plurais do homem perante o santo, perante o orixá, perante o símbolo da fé misturada.

Fala-nos Gilberto Freyre de brincadeiras de crianças nos engenhos do Nordeste com o Menino-Deus, tão da casa, tão próximo, que fazia parte das conversas, dos jogos e que até comia doces; por exemplo, doce de araçá.

Trazer o santo para casa não apenas para seu espaço social, mas principalmente o emocional, bem traduz uma vocação intimista, representada pelo falar com sua imagem, brigar, pedir, solicitar aconselhamento, vesti-la e adorná-la.

Nossa Senhora de brincos, voltas e voltas de trancelins de ouro; meninos-deus com roupas bordadas em ouro e prata, em crivo, em renda de bilro e enfeitado com corais, marfim, bolas de louça; são, entre outros, oferecimentos pelo milagre e pelo prazer e orgulho de ver os santos da casa "tão bem tratados" como membros da família.

Colocar comida diante de representações de São Cosme e São Damião, ou santos gêmeos, como é usual especialmente nas tradições familiares baianas, culmina em grande festa anual com caruru – comida africana à base de quiabo e azeite-de-dendê – que santos e homens comem, estabelecendo e fortalecendo laços, via devoção. As trezenas de Santo Antônio são verdadeiras festas domésticas, em que a casa, a família e a comunidade vizinha louvam e festejam o santo.

É outro momento da religiosidade brasileira, que mistura alegria e respeito devocional, manifestados em cantos perante o altar, dentro ou fora da casa, especialmente enfeitado com papéis coloridos artisticamente recortados, com velas, jarros de flores, toalhas brancas e engomadas, às vezes bordadas, em *richelieu*, por exemplo.

A reza se faz sob a presidência do "mordomo" ou "mordoma", dono da noite, festeiro oficial daquele ritual religioso da casa, que anuncia, às vezes em latim, outras em português, os feitos e as glórias de Antônio.

Após a reza, como ninguém é de ferro, vamos brincar – dançar, cantar as músicas do momento, comer arroz-doce, mungunzá, beber licor de jenipapo.

Bonfim, Conceição da Praia, Santa Luzia e outros também trazem às ruas, aos largos, formas comunais de expressar e traduzir fé misturada. E, fora da casa, outros símbolos acompanham o indivíduo: medalhinhas, bentinhos, santinhos em papel, madeira, metal, dentro de bolsas, pendurados em cordões, formas de trazer junto ao corpo a sagrada proteção, projetando a intimidade da fé.

O prolongamento da reza na rua é festa do corpo e do espírito. O santo, Antônio entre elas, feliz com a reza, os homens felizes com a reza e com a comida, a dança, a festa. Nessa religiosidade à moda, regionalmente funcional, a tradição vive e se renova, acresce-se e se dinamiza, bem como os seus entornos culturais.

Salve grande Antônio
Santo universal
Que amparais aflitos
Contra todo mal
   (Hino 1)

Gentil e guerreiro são adjetivos de Antônio. Sua voz a favor dos pobres, seu dom de falar com a energia divina garantem-lhe títulos atribuídos pela Igreja e consagrados pelo povo.

Sua característica de lutador, própria do franciscano convicto de seus papéis perante os homens e Deus, aproximou-o das populações carentes, que ouvem sua palavra enquanto alento social e espiritual.

Nascido em Lisboa, Portugal, em 15 de agosto de 1195, falecido em Arcela, perto de Pádua, Itália, em 13 de junho de 1231, e inicialmente agostiniano, Fernando Bulhões integra em 1220 a ordem franciscana, com o nome de Antônio.

A canonização pela Igreja fez-se rápida, em comparação com outras, que arrolam processos complexos, levando décadas e até mesmo séculos. Afinal, tratava-se de um santo português, num momento em que Portugal se lançava ao mundo, desbravando e conquistando. Um santo protetor do homem português em suas aventuras pela África e América, pelo Oriente, legitimando as incursões de Portugal pelo mundo cristão e, sobretudo, pelo mundo não cristão. Antônio, santo das expedições, companheiro, verdadeiro soldado das hordas portuguesas em terras de além-mar.

Nos altares, Santo Antônio usava dragonas, chapéu e espada do exército brasileiro, à época imperial. Hoje ainda, no seu dia, 13 de junho, a imagem da Igreja de São Francisco recebe uma espada, símbolo do defensor, do que protege seus devotos. Na Bahia, recebe a patente de capitão, na fortaleza da Barra, Salvador. Em São Paulo, de coronel; de capitão em Goiás, na Paraíba e no Espírito Santo; de soldado e tenente-coronel no Rio de Janeiro; de capitão de cavalaria em Outro Preto, Minas Gerais; de tenente no Recife; e até o título de vereador em Igaraçu, Pernambuco.

A identificação do santo com os militares, traduzindo funções beligerantes, reforça o patronato de guerreiro e o aproxima, no caso afro-brasileiro, de Ogum, orixá das armas, das ferramentas, ferreiro, defensor de escravos e seus descendentes.

Liberdade, trabalho, expressão religiosa e cultural conforme padrões étnicos. Ogum e Santo Antônio aproximam-se na devoção popular: se atuam ideologicamente de formas diferentes e em espaços próprios, a fé misturada incumbe-se de criar a imagem de Antônio-Ogum.

Assim, alguns movimentos sociais, originários de terreiros de candomblé na cidade do Salvador, reforçam o sincretismo, fazendo santos do catolicismo conviverem no pensamento do "povo do santo" – os adeptos das religiões afro-brasileiras.

As traduções do povo devoto fazem-se em estilos e em momentos diferenciados conforme apelos, sugestões, motivos, compreensões de um sagrado utilitarista, decorrentes de necessidades imediatas de quem pede e crê.

Antônio é um santo querido por todos, disputado por Lisboa e Pádua a ponto de Leão XIII proclamar que é "o santo de todo o mundo".

No Brasil, mais de 220 freguesias têm seu nome. É enorme a incidência de Antônio como nome próprio. São muitas e diversas as maneiras de homenagear e perpetuar Antônio no meio do povo.

>   Em santas missões povos converteu
>   Vossa língua santa
>   Que não pereceu.
>   (Hino1)

A imponente Igreja de São Francisco recebe o povo em seu contexto barroco e convida ao convívio com espetaculares imagens da arte e da invenção do homem voltadas para a fé católica.

Lá, Santo Antônio, em altar do lado direito da nave central, altar de São Francisco de Assis, recebe visitas, orações, súplicas e agradecimentos diários; na terça-feira, entretanto, dia dedicado a Santo Antônio, o movimento é maior, iniciando-se às 6h, com missa, que se repete às 7h; às 15h e às 15,30h acontece a "bênção simples", sem missa; às 16h, outra missa; às 17h, outra bênção, do Santíssimo Sacramento e bênção da relíquia; às 18h, finalmente, a missa mais esperada e freqüentada, chamada "missa da bênção" ou apenas "bênção".

É ritual que lota a igreja, que comove visitantes, turistas, apreciadores de obras de arte.

A freqüência da missa é um espelho de como a fé em Santo Antônio está viva no povo devoto, de diferentes partes da cidade, de não menos diferentes olhares perante o altar que é saudado oferecendo-se moedas, pães ou cumprimentando o santo no desejo de tocar sua relíquia. Como se tocando a relíquia tocasse Antônio; assim, o contato físico com matérias, formatos e cores adquire essa vocação simbólica de fé.

A missa é amplamente participativa. Canta-se, batem-se palmas e dela emana uma alegre energia que emociona e comove pelos muitos preitos perante o sagrado.

Os devotos de Antônio desejam certamente, nessa missa semanal, estreitar cada vez mais sua relação com o santo.

É um alívio para o espírito e um espetáculo de religiosidade essa missa-bênção das terças-feiras, momento marcante na vida da cidade do Salvador, da Igreja de São Francisco e sobretudo de quem participa desse ritual religioso e social, pois Antônio permanece forte marco do culto à vida.

Glorioso Santo Antônio
Sobre vossos devotos lançai
Vossas bênçãos carinhosas
Do céu as graças nos dai.
   (Gloriosa)

O clímax da bênção é o recebimento da água benta, criando diálogos entre o devoto, o santo e a Igreja; se a água é fonte imemorial da vida, da fertilidade, a água benta fala das graças, das benesses, da purificação, da relação física da fé.

Antônio olha, de seu altar dourado, para os devotos, para o povo; o olhar piedoso do advogado, do protetor; a voz a favor daqueles que pedem, que vêm agradecer, depositar ofertas sobre seu altar.

A alegria dos devotos quando saem da missa dizendo "tomei banho" é, sem dúvida, um estilo de se sentir abençoado por receber quantidade de água benta que lave realmente o corpo e o espírito.

A tradição dos franciscanos de aspergir água benta nos fiéis desenvolveu nestes últimos a convicção de que por um bom tempo estarão protegidos. Por isso é grande a multidão que, de mãos espalmadas, fazendo o sinal da cruz, recebe a graça da bênção, um hábito já arraigado na cidade do Salvador.

Como a água benta alimenta o espírito e a esperança, o pão alimenta aqueles que aguardam nas portas da Igreja de São Francisco. Se o pão é fartura, também é o alimento simbólico do cristão, o alimento do espírito.

Os pãezinhos de Santo Antônio, distribuídos aos milhares no dia 13 de junho, são guardados em casa, na farinheira, para que não falte o alimento do homem. Santo Antônio é assim proteção, fartura, garantia da própria vida. Antônio, simbolicamente um alimento da fé e da esperança, é, por isso mesmo, senão o mais popular no Brasil, certamente um dos santos mais recorridos por todos os segmentos sociais, que lhe atribuem poder e capacidade de intervir junto a Deus.

> Essa linda esperança
> Envolta numa alma pia
> Seja aceita lá no céu
> Por Antônio e Maria.
> (Hino 1)

Após a missa, finalizada pela bênção com relíquia de Santo Antônio, água benta aspergida no corpo, vai-se viver outra festa que, a partir do entorno da igreja, ganha ladeiras, praças, bares, restaurantes, passando pelas vendas das esquinas com tabuleiros de acarajé, abará, cocada, bolinhos de estudante, entre outras delícias para os olhos e para o paladar espiritualmente em êxtase.

Talvez pela fama de casamenteiro, muitas pessoas marcam seus encontros com amigos ou namorados após a missa de Santo Antônio, notadamente a das terças-feiras, a das 18h. Já devidamente abençoados, os casais e os grupos vão beber "cravinho", cerveja, protegidos por noites estreladas e tocados pela brisa da Baía de Todos os Santos.

O grande encontro das terças-feiras ganhou notoriedade popular e é chamado de "bênção", incluindo a bênção propriamente dita e todos os rituais sociais e lúdicos que se estabelecem noite adentro, além da Igreja de São Francisco.

O conceito da bênção é extensivo à comemoração, ao encontro, a oportunidades de ver e rever pessoas. Salvador veste-se de festa todas as terças-feiras, dia oficial de comemorar a vida.

> Com afeto e ternura
> Digo adeus por despedida
> Ao glorioso Antônio
> Nós ofertamos a alma e a vida.
> (Hino 2)

Santo Onofre e a cachaça

DIANTE DO COPO DE CACHAÇA E DA IMAGEM DE SANTO ONOFRE VIVE-SE UM PACTO DE FÉ.

Tantas devoções, rituais gerais e outros particulares, invenções, construções da fé trazem necessárias aproximações e adesões ao que é sagrado à vida e ao cotidiano, gerando contatos diretos com os santos, por meio das suas imagens. Sem dúvida é necessária a representação material do sagrado, pois um contato físico é também preciso para estabelecer relação sensorial. Assim, de tantos imaginários, Santo Onofre é o mais convidado a beber cachaça – ou seja, a imagem do santo é ungida ou mergulhada no líquido precioso da cana sacarina. O santo bebe cachaça, está presenteado, está próximo do seu devoto, o diálogo aconteceu na bebida comum e partilhada: santo e homem.

Também o oferecimento da cachaça compõe rituais ex-votivos de pedidos e pagamentos de promessa, como, aliás, se dá com o oferecimento de velas, flores e outros agrados conforme a história, a característica e principalmente a interpretação popular e criativa das propriedades divinas buscadas em cada tipo de devoção.

São Benedito bebe café na região do Vale do Paraíba, São Paulo; também toma conta do pão como ocorre com Santo Antônio; é o desejo de que sempre haja comida, então representada no sentimento comum do "pão nosso de cada dia".

São maneiras tradicionais de oferecer bebida e comida como pagamento de promessa; ou mesmo buscando conseguir coisas com o santo embriagado, intimizando no humano em diálogos além das regras oficiais. São maneiras de traduzir, na religiosidade cristã, rituais e memórias pré-cristãs.

Santo Onofre, santo retraduzido e interpretado no catolicismo popular, é homenageado com fé e devoção, especialmente pelas putas. Trago aqui o imaginário romântico da puta, aquela da boemia, das madrugadas, das esquinas, ruas, áreas convencionais e destinadas ao meretrício, ao então chamado *trottoir* – caminhar nas calçadas, fazer um território marcado pelo costume, pelos horários indicados dos serviços do corpo, talvez profissão milenar. Assim, agrega-se um sentimento de ritual próprio, subjetivo, em que os sinais da rua, da esquina, do bar, do botequim traduzem bebidas emblemáticas, fortes, em especial a tão nacional e brasileira cachaça.

Formas pessoais de fazer o santo peregrino, santo das ruas, de sentido hermético, coberto seu corpo por longas barbas e cabelos e sem roupa, mostrar-se na plenitude do seu encontro com o mundo, com a natureza.

A puta, embora mulher, tem seu papel, seu lugar no trabalho fundamental ao equilíbrio social, segundo o costume, as tradições orais, fazendo com que o personagem seja assim aceito na ordem moral.

Integrada a esse imaginário, a bebida forte é do mundo provedor masculino ou de atividades profissionais que representem trabalhos públicos e que tenham na força do corpo ou no oferecimento do corpo sua principal ferramenta.

Bebidas fortes são também classificadas como bebidas quentes: cachaça, conhaque, rum, uísque, catuaba, anis, cinzano, vodca, gim, entre outras.

Usar cachaça, oferecer cachaça, socializar por meio de uma dose, de um copo de cachaça, é um elo fortalecido por imaginários telúricos e masculinos. Beber, depositar bebida nos altares, nas ruas, nas esquinas junto aos santos que dela gostam, fazem muitos rituais, marcadamente afrodescendentes.

Divindades da rua bebem cachaça, pois há total identificação com essa bebida; muitas das divindades criadas nesses imaginários trazem ancestralidade de matriz africana: Exu, Bambogira – a tão popular Pombagira, totalmente identificada com a puta. É a divinização da puta. Da puta que bebe e se relaciona na devoção com bebidas quentes, principalmente cachaça.

Exu bebe cachaça, *malafo*, também significando vinho de dendê, *emu*, muito usual no Brasil colônia, uma bebida forte e quente, do mundo dos homens; até hoje fabricada industrialmente na Nigéria, África ocidental.

Há uma relação profunda entre fé, divindade, santos populares que se aproximam do território público, da rua, do que é próprio da rua, como a cachaça.

Certamente, a cachaça foi reabilitada do limite histórico e econômico, pois foi sempre bebida muito barata, possibilitando a qualquer um beber e, se quiser, beber muito.

Cachaça hoje, se diria a partir dos anos 1980, passa a ocupar outros lugares de importância e de consumo, chegando algumas marcas a competir com uísques, vodca, rum, dos melhores e de consagradas procedências, segundo os costumes do bem beber. Competir em qualidade, em valor da dose, possibilitando novos usos, novos apreciadores, inclusive com um crescente número de mulheres que valorizam a boa cachaça. Então, beber cachaça pura, como a "purinha", branca ou envelhecida, passa a ocupar distintas opções de beber em público. Ainda nas misturas com frutas, caipirinha; com folhas, cascas e raízes; gelada, ao natural, como abrideira, introdução a comida, está ela, a célebre e brasileira cachaça de cana sacarina.

Assumir a cachaça publicamente agora em diferentes ambientes, compondo cardápios e degustações que ampliam e dão novo e merecido lugar a essa bebida tão nossa, tão brasileira.

comer é patrimônio

Comida & patrimônio ou Farinha pouca, meu pirão primeiro

O próprio imaginário popular já aponta e valoriza a relação comida/identidade: "você é o que você come", ou "dize o que comes e dir-te-ei quem és", ou "papa-jerimum", para aqueles que nascem no Rio Grande do Norte, e ainda nesse estado os nativos também são chamados de potiguares, derivado de potiguara, que quer dizer "papa-camarões"; "papa-sururu" para os que nascem nas Alagoas; "papa-goiaba" para os que nascem no Estado do Rio de Janeiro; ou "papa-hóstia" para as assíduas freqüentadoras da igreja, entre outras maneiras de situar homem/comida e lugar e também assim apoiar uma construção de pertença, patrimonializando o que se come enquanto uma atestação de cultura e por conseguinte de singularidade em contextos tradicionais e alguns globalizados.

O ato imemorial de comer traz profundas referências de lugar, de rituais de fazer e de servir. Pois, quando se come o acarajé, come-se a Bahia, come-se parcela da África ali representada, ou ainda quando se come o *hot-dog* come-se a cidade, o que é urbano.

Comida, rituais de alimentação, sistemas culinários, gastronomia, cozinha/espaço físico, cozinha/espaço ideológico, receituários tradicionais, cadernos, transmissões orais, cardápios para os mais variados segmentos sociais e econômicos, dietas para todas as finalidades e grupos, festivais gastronômicos, cursos técnicos e superiores de gastronomia, nutrição, engenharia de alimentos, especializações *cordon bleu*, concursos de receitas e, ainda, ser *chef* é *fashion* entre muitos outros fenômenos sociais e culturais que fervilham nesse grande caldeirão de amplo interesse midiático que é *o que se come*.

Sem dúvida, a globalização glamouriza a gastronomia, em destaque a enologia e ao mesmo tempo as chamadas cozinhas exóticas que desenvolvem novos mercados em verdadeira diáspora de receitas e de sabores.

Ao mesmo tempo, os movimentos de patrimonialização da comida buscam matrizes, emblemas e modelos nas sociedades tradicionais. Buscam também a nação, o povo, o segmento étnico, o típico, o que é regional, o que é do lugar, da assinatura de quem cozinha, onde se come, como se come...

> A tradição é um meio de lidar com o tempo e o espaço, inserindo qualquer atividade ou experiência particular na continuidade do passado, presente e futuro; por sua vez são estruturadas por práticas sociais recorrentes.[76]

Tudo deságua no lugar da identidade e une-se também ao que se compreende por território. Nas sociedades contemporâneas, o que se

---

[76] Anthony Giddens, *As conseqüências da modernidade*, tradução de Raul Fiker (São Paulo: Unesp, 1991), p. 44.

chama por identidade está em pleno processo de deslocamento ou fragmentação. Certamente, no olhar patrimonial buscam-se e até se justificam ações do Estado, enfatizando o conceito de identidade e sujeito, que é importante argumento para o que se entende por identidades culturais – aqueles aspectos das nossas identidades que surgem do nosso pertencimento a culturas, grupos étnicos, lingüísticos, religiosos e principalmente na construção do que é nacional. Se há um forte desejo de revelar, salvaguardar, documentar e registrar fenômenos que têm evidente concentração de identidade ou de identidades é porque nas sociedades contemporâneas, pós-modernas, chega-se ao sentimento da crise de identidade, "a identidade somente se torna uma questão quando está em crise".[77]

O lugar da identidade no âmbito do patrimônio chancelado pelo Estado é também um lugar escolhido e identificado. Há uma espécie de *atestação* no reconhecimento, uma diplomação que certamente legitima e expõe a categoria "comida e povo" ou "comida é povo". Além da baiana de acarajé, a *tacacazeira* – vendedora de tacacá –, a tapioqueira – vendedora de tapioca –, ou ainda vendas ambulantes de acaçá de leite, de pamonha de carimã, de doce japonês, de pamonha de milho, de algodão-doce, de maçã-do-amor, entre tantas outras comidas que funcionalmente são feitas para consumo rápido na rua, todas marcando territórios próprios de representações e de memórias de lugares. Comer na rua e comer em casa provocam diferentes interações de um tema dominante que é "identidade e sujeito".

Comer o sarapatel em banca especial do Mercado São José, no Recife, ou comer tapioca com a assinatura de notável tapioqueira no Alto da Sé, em Olinda, ou ainda comer o vatapá pernambucano con-

---

[77] Kobena Mercer, *apud* Stuart Hall, *A identidade cultural na pós-modernidade*, tradução de Tomaz Tadeu da Silva e Guacira Lopes Louro (10ª ed. Rio de Janeiro: DP&A, 2005), p. 9.

centrado no amendoim no "Buraquinho", restaurante herdeiro do Buraco de Otília, no Recife, é aliar ao ritual de comer a marca, *griffe* da tradição do fazer, do servir e especialmente de viver o lugar, o território.

O comer rápido, em muitos casos, encontra-se integrado aos imaginários de lugares, aos cenários das cidades, aos costumes e às memórias ligadas à comida e aos rituais de fazer e de servir. Como também comer rápido é marca dominante da globalização. Assim, as redes internacionais da indústria do sanduíche buscam manter o mesmo gosto seja em Bangu ou em Paris. Todos comem o mesmo sanduíche, então todos são iguais, como se fosse uma hóstia pós-moderna. Aliás, a hóstia sempre marcou lugar de comida globalizada desde a fundação da Igreja. Inicialmente um pedaço de pão e na seqüência uma massa de pão ázimo; pão sem fermento, a mesma massa servida na Páscoa judaica, quando se relembra a fuga do Egito.

Contudo, movimentos internacionais como o *slow food*, de base na Itália, assumem um papel defensor dos rituais à mesa, querendo recuperar também o prazer à mesa, a comensalidade e demais valores agregados aos imemoriais sentimentos de cultivo dos gostos e das sociabilidades em torno da comida.

Isso também é uma busca pela patrimonialização da comida, como se anexada à busca pela identidade, enquanto construções permanentes e dinâmicas de nichos ideológicos. Então, o Estado busca assumir esse lugar legitimador, para, de certa forma, recuperar uma trajetória de fazeres, de usos, de costumes e principalmente de atender à exigência crescente das representações dos excluídos dos processos econômicos nesse desenvolvimento global.

Dá-se a escolha do que se quer marcar por identidade, e aqui reforço meu olhar para uma leitura-mistura, *mélange* de identidades e de patrimônios que novamente retornam ao ideal de nação, de povo, de território. "A identidade plenamente unificada, completa, segura e coerente é uma fantasia[...]".[78]

Certamente, a construção do paladar é uma construção da cultura e assim se formam os conceitos dos sabores, de salgado, de doce, de quente, de frio, não apenas por sensações físicas, mas por simbólicas. Assim, o paladar amplia as relações com o mundo representado: estética, compromissos religiosos, códigos éticos e morais, gênero, poder, entre tantos outros.

As muitas construções dos paladares dos brasileiros assumem idealmente uma multiculturalidade e isso é valorizado na construção patrimonial de gostos e com certeza de identidades. São tantos acervos que deságuam na diversidade de culinárias do Brasil, somente comparadas às cozinhas da China, da Índia e do México, enquanto cozinhas detentoras das mais variadas representações, receitas, ingredientes e cardápios/comidas.

A chamada globalização que se dá na boca, na busca de comida, já ocorria no final do século XV e especialmente no século XVI com as grandes navegações de Portugal, singrando mares nunca d'antes navegados, cumprindo o destino histórico de que navegar é preciso, encontrar novos mercados para atender à necessidade de dar de comer também é preciso.

Para conservar comida e ampliar os períodos no mar, as especiarias assumiam valor comestível e medicinal, pois ainda em pleno Renascimento na Europa o grama do açúcar da cana sacarina equivalia ao grama do ouro.

Canela do Ceilão, cravo da Índia, manga, coco verde, cana sacarina também da Índia, café da Etiópia, África oriental; inhame da África ocidental, o dendê da África ocidental e da África austral, fruta-pão e

---

[78] Stuart Hall, *A identidade cultural na pós-modernidade*, cit., p. 13.

jaca da Indonésia, ainda as frutas cítricas, a horta, os legumes organizados em verdadeiros processos civilizatórios dos povos do Magreb, unem-se ao milho, à batata, à mandioca nativas do Novo Mundo, das Américas e, assim, sem dúvida se dá a construção do gosto, do paladar brasileiro em pleno processo de globalização que aponto como *primeira globalização*. Valoriza-se então uma continuidade, uma autenticação dessa globalização já assumida e construída nas identidades da nação.

> Enquanto isto, foi se mantendo a tradição, vinda de Portugal, de muito quitute mourisco ou africano: o alfenim, o alfeolo, o cuscuz, por exemplo. Foram eles se conservando nos tabuleiros ao lado dos brasileirismos: as cocadas – talvez adaptação de doce indiano –, as castanhas de caju confeitadas, as rapaduras, os doces secos de caju, o bolo de goma, o mugunzá, a pamonha servida em palha de milho, a tapioca seca e molhada, vendida em folha de bananeira, a farinha de castanha em cartucho, o manué. E o tabuleiro foi se tornando, nas principais cidades do Brasil, e não apenas do Nordeste, uma arte, uma ciência, uma especialidade das "baianas" ou das negras: mulheres, quase sempre imensas de gordas, que, sentadas à esquina de uma rua ou à sombra de uma igreja, pareciam tornar-se, de tão corpulentas, o centro da rua ou do pátio da igreja. Sua majestade era às vezes a de monumentos. Estátuas gigantescas de carne. E não simples mulheres iguais às outras.[79]

Sem dúvida, os interesses patrimoniais remontam a muitos outros movimentos organizados, tendo sempre o eixo da identidade um lugar de atenção, um território concreto de ocorrência, digam-se os regionalismos localizados, os tradicionalismos, por exemplo, dos gaúchos emblematizados no churrasco. São gaúchos no Rio Grande do

---

[79] Gilberto Freyre, *Manifesto regionalista*, cit., pp. 53-54.

Sul e são gaúchos em qualquer outro lugar, identificam-se além do churrasco com o chimarrão, vivem essas experiências de identidade na globalização, na fragmentação do território.

A nostalgia da identidade em tonalidade quase proustiana em busca do feijão com farinha de mandioca perdido é uma das bases do encontro com o que é brasileiro pela boca. Em 2000 vivi com os funcionários da embaixada do Brasil em Paris, que elegeram um sábado de outubro para a tão estimada feijoada, um grande evento de pertença ao que se come, trazendo com a comida o lugar, a história, o reconhecimento, quase espelho da identidade. A farinha de mandioca disputada, juntamente com os salgados de porco e emblematicamente o feijão-preto derramado sobre arroz branco, couve à mineira e generosas rodelas de laranja, davam uma cor também nacional: verde e amarelo.

Esse ampliado valor social e cultural auferido à comida só é reforçado pelas políticas de Estado no reconhecimento do patrimônio como um processo não apenas de conjuntos atestadores da história oficial, dos feitos dos heróis, também oficiais, rompendo de certa maneira o auto-retrato e vendo o outro, no nicho preferencial do popular.

> [...] desde 1925, desejoso de que pintores decorassem nossos edifícios e nossas praças com figuras de negros e mestiços, trabalhadores de engenhos, de trapiche, de cozinha e não apenas com perfis, bustos e estátuas eqüestres de generais, bispos e doutores brancos [...].[80]

O movimento folclórico dos anos 1940, 1950 e 1960, ao realizar, pelos folcloristas, pesquisas eminentemente etnográficas, levantamentos de temas integrados à dança, à música, ao teatro, ao artesanato e à comida, resulta em amplos e importantes acervos documentais, her-

---
[80] *Ibid.*, p. X.

deiros dos movimentos de solidariedade entre os povos após a Segunda Guerra Mundial, além de permanente integração com a Unesco, culmina em 1958 com a criação da Campanha de Defesa do Folclore Brasileiro, para empreender ações por parte do Estado em âmbito nacional em prol da causa popular. No desenvolvimento das políticas públicas, ainda integradas à Unesco, destaca-se, na 25ª Reunião da Conferência Geral da Unesco (1989), a Recomendação sobre a Salvaguarda da Cultura Tradicional e Popular, sendo orientação para os países-membros até 2003 com a promulgação da Convenção para a Salvaguarda do Patrimônio Imaterial. Em abril de 2006, o governo brasileiro ratificou essa convenção por meio do Decreto nº 5.753, que assim define patrimônio imaterial:

> [...] as práticas, representações, expressões, conhecimentos e técnicas – junto com os instrumentos, objetos, artefatos e lugares culturais que lhes são associados – que as comunidades, os grupos e, em alguns casos, os indivíduos reconhecem como parte integrante de seu patrimônio cultural. Esse patrimônio cultural imaterial, que se transmite de geração em geração, é constantemente recriado pelas comunidades e grupos em função do seu ambiente, de sua interação com a natureza e de sua história, gerando um sentimento de identidade e de continuidade e contribuindo assim para promover o respeito à diversidade e à criatividade humana.

O foco da salvaguarda no instrumento legal por parte do Estado, com o Registro do Patrimônio Cultural Imaterial, é sem dúvida a mais importante missão, além da "Diplomação" que toca em aspectos ideológicos, do direito cultural, da auto-estima, da cidadania, da democracia, entre muitos outros valores estimados em contextos globalizados.

A salvaguarda no processo da patrimonialização da comida é um conjunto diverso e complexo de ações, tendo em vista a decisiva compreensão dos contextos e lugares, aqui territórios, que, integrados, dão à comida o seu verdadeiro e fundamental significado.

Diz Claude Fischler:

> O homem é um onívoro que se nutre de carne, de vegetais e de imaginário. A alimentação conduz a biologia, mas com evidência não se reduz a ela; o simbólico e o onírico, os signos, os mitos também compõem a nossa alimentação.[81]

Confirma-se ao mesmo tempo o valor da identidade tradicional em comunicação com a identidade fragmentada e globalizada, certamente um dos mais profundos desafios do que se compreende por salvaguarda do patrimônio imaterial ou intangível.

Diga-se que o Brasil assume uma longa tradição de valorizar a comida e de ter a comida como um valor agregado ao desenvolvimento social e econômico.

Ainda a Unesco (1996), em Cuba, lança o Projeto Turismo Cultural na América Latina e Caribe, que destaca a urgência de desenvolver e aprofundar reflexão sobre o patrimônio gastronômico regional e destaca as receitas de cozinha como um bem cultural tão valioso como um monumento.

> Que todos quantos possuírem em casa cadernos ou manuscritos antigos de receitas de doces, bolos, guisados, assados, etc., cooperem para a reunião dessa riqueza, hoje dispersa em manuscritos de família, esforço de que o Primeiro Congresso Regionalista do Nordeste tomará a iniciativa, nomeando uma comissão para a colheita de material tão precioso e digno de publicação.
> Aliás o ideal seria que o Recife tivesse o seu restaurante regional, onde se cultivassem a doçaria e a culinária antigas no meio de um resto de

---

[81] Claude Fischler, "Présentation", em *Communications*, nº 31, Paris, 1979, p. 1.

mata também antiga e regional como a de Dois-Irmãos, onde a pessoa da terra ou de fora se regalasse comendo tranqüilamente sua paca assada ou sua fritada de goiamum com pirão e molho de pimenta à sombra de paus-d'arco, de visgueiros, de mangueiras onde crianças se deliciassem com castanha confeitada, garapa de tamarindo, bolo de goma [...].[82]

Sem dúvida, o turismo cultural tem importante foco na comida, além do monumento, do museu, do ideal nostálgico do que é antigo e/ou histórico. Contudo, novamente a comida é o "registro sensível" mais direto na compreensão ecológica e cultural de um lugar, certamente uma "conduta alimentária" enquanto forma e emoção de experimentar e viver pela boca a plenitude do território. Continua-se contudo tocando em um tema dominante que é o da identidade preferencialmente formada pelo pertencimento a uma cultura nacional.

Tentar mapear a história da noção de sujeito moderno é um exercício complexo. A idéia de que as identidades eram plenamente unificadas e coerentes e que agora se tornaram totalmente deslocadas é uma forma altamente simplista de contar a história do sujeito moderno.

No caso do ofício das baianas de acarajé e do acarajé como um fenômeno estudado em espaço urbano de Salvador e em uma cidade de forte fluxo turístico nacional e internacional, que reúne exemplos do patrimônio tradicionalmente consagrado, ou seja: o de pedra e cal, inclusive áreas reconhecidas como Patrimônio da Humanidade – Unesco, sugere ações bem mais elaboradas e compreensões mais aprofundadas pelo que se quer entender como *identidade*, um tema dominante para o plano de salvaguarda do ofício CNCP/DPI/IPHAN.

---

[82] Gilberto Freyre, *Manifesto regionalista*, cit., pp. 61-62.

Assim, em vez de falar de identidade como coisa acabada, deve-se falar de *identificação* e compreender isso como um processo em andamento. Sensíveis a essa condição, as ações empreendidas pelo CNCP têm orientado de maneira interdisciplinar futuros projetos que marquem uma contribuição efetiva do Estado nesse importante segmento para a vida da Bahia, do Brasil.

O acarajé/sanduíche, um fenômeno dos anos 1950 após a Segunda Guerra Mundial, ainda chamado pelo povo do santo, impondo uma crítica simpática, de "sanduíche nagô", convive com os acarajés mais próximos ao acará da África, iguais àqueles que pude experimentar no bairro da etnia Popo, em Kotonou, Benin, como também atesta a obra de Pierre Fatumbi Verger em muitas fotografias sobre os mercados africanos, destacando sempre o papel da mulher. Esses acarajés são os mesmos comidos no território do terreiro da Casa Banca, Salvador, na festa de Iansã, Oyá, quando se rememoriza a cena da mulher no tabuleiro que oferece o acarajé. É a mesma cena da mulher que vende no mercado, que traz à memória e evoca o vodum Aizan, a "dona do mercado", marcando o lugar social e econômico da mulher. É a visão mais próxima do ideal remoto de autenticação de identidade, diga-se fundida na diáspora, ou mesmo na globalização.

Ainda se convive com os acarajés que estão sendo oferecidos com maionese, *catchup*, ou mesmo abará, comida similar e do tabuleiro tradicional, também recheado de bacalhau, o *abaralho*.

Esses são alguns dos desafios do plano de salvaguarda que o Estado traz a si, em responsabilidade conjunta com a sociedade para empreender ações e principalmente compreender que a identidade fragmentada e híbrida faz as novas identidades globalizadas.

A busca do "emblemático" como quase síntese da identidade concentrada dialoga e se dinamiza nos confrontos do que é global e local – a uniformidade e a diversidade, a indústria e a natureza, o mercado e o auto-abastecimento, a modernidade e a tradição, e ainda tocando nos campos da modernidade tardia e dos impactos da fragmentação do território e assim no que é idealmente regional. Certamente, a comida é o fenômeno mais aberto e dinâmico no distanciamento que se dá entre identidade e território. Ao mesmo tempo em que uma baiana de acarajé frita seu acarajé na frente do freguês no terreiro de Jesus, em Salvador, isso poderá ocorrer no Central Park, Nova York, na Feira Hippie no Rio de Janeiro, numa feira de turismo da Bahia em Tóquio, Japão. Contudo, é o mesmo acarajé, é o mesmo ofício, em tão globalizantes espaços. O nicho da identidade chegou e ampliou lugares, territórios que convivem com outras comidas de rua, com outras situações de *fast-food* tradicional ou fruto da globalização.

Certamente a comida tem vocação patrimonial de testemunho deslocado em muitos e diferentes movimentos, mas sempre reconhecidos no ideal de lugar, de identidade tradicional. Contudo, creio que um dos méritos principais é o de atribuir valor de povo, de país, de nação e que, no caso brasileiro, se vive uma segunda globalização, agora também virtual. É ainda crendo que o cheiro do dendê fervente chama o espírito e dá desejo ao corpo de se aproximar do tabuleiro. Inicia-se uma conversa: puro, com pimenta, com camarão, com caruru, com vatapá, com salada e assim, quente do tacho, exalando África/Bahia, quando o olho comeu primeiro e o tato confirmou o calor, a boca preparada inclui no complexo sistema do corpo aquela comida que é muito além da comida.

Axé! É o acarajé.

Contudo, lembrando Marcel Mauss, tudo isto a quem interessa?

No tabuleiro da baiana tem...
pelo reconhecimento do acarajé como patrimônio cultural brasileiro

Tem...

Tem memória arcaica africana, tem; tem memória próxima afrodescendente, tem; tem uma quase síntese da culinária de dendê, de pimenta, de temperos que se ampliam nas cozinhas e nas mesas, tem; tem cheiro, forma e sabor, tem; tem estética de sedução, tem; tem fidelidade da procura pelos quitutes, tem; tem confiabilidade daqueles que consomem com aqueles que preparam, oferecem e vendem, tem; tem símbolos sagrados, tem; tem folhas, tem figas, tem uma forte e inseparável relação com Exu, orixá da rua, dos encontros e da comunicação entre os homens e entre os homens e os orixás, tem; tem a figura materna e matriarcal da mulher, tem; tem as roupas combinadas de um barroco renovado, mesclado de torço e bata afro-islâmicos, tem; tem joalheria dos candomblés, com aquele jeito que somente o jeito da baiana sabe e tem, tem; porque tudo tem nesse tabuleiro que é, sem dúvida, o mundo simbolizado. Pois no tabuleiro da baiana tem; tem especialmente *acarajé*.

O bolo de fogo

Acará, bolinho, nome original do acarajé em locais do Golfo de Benin, África ocidental. Bolinho de feijão (*Phaseolus angularis* Wild) para comer; ajeum, que é verbo comer em iorubá, então significando, pelo anúncio das mulheres que fazem e vendem na rua o alimento, *acará, acará ajé, acarajé*, significando bolinho de comer. Inicialmente apenas frito e no formato de uma colher de sopa. Mais tarde, o bolinho amplia-se e vira quase pão de hambúrguer, funcionando como verdadeiro sanduíche.

Diga-se, um verdadeiro sanduíche nagô recebendo acréscimos, recheios vários, tais como: vatapá, um vatapá simplificado, o chamado *vatapá de acarajé*, caruru, camarão defumado e a salada; combinando-se todos os *adubos* tem-se uma farta e deliciosa refeição. Sim! Pimenta, molho *nagô*, daquela pimenta antiga que é cerimonialmente renovada sobre a base de dendê (*Elaeis guineensis* L.) faz ferver o paladar, a boca esquentar, o sabor aumentar; pimenta que cheira e que ativa todos os gostos da mesa baiana. Pimenta que remete ao gosto primordial de uma África partilhada por todos nós brasileiros.

Acarajé, o bolo de fogo, filho do dendê fervente, de cor que lembra o fogo, símbolos ancestrais desse elemento marcado pelo vermelho e o marrom de Iansã, a moça da tarde, do céu avermelhado, e que é também Oyá, o mesmo orixá, mulher guerreira, quente, sexualmente devotada a seu marido Xangô, Alafim, rei de Oyó. Assim, os acarajés fazem o cardápio predileto de Oyá e integram-se ao *amalá*, prato de quiabos, dendê e pimentas que agrada a Xangô, acrescido de acarajés maiores e alongados.

Ao elemento fogo devota-se o acarajé e extensivamente o *epô*, o dendê, alaranjado-avermelhado numa cor que é fundamental para os cardápios dos orixás. Orixás que identificam e lembram seus alimentos unidos à história da árvore sagrada dos iorubás que é o *igi opé*, ou o sagrado dendezeiro.

Um tradicional fast-food

A paisagem urbana do São Salvador, sem dúvida, é pontuada por uma das mais importantes referências de personagem, tipo sociocultural e econômico que é a "baiana de acarajé".

Desde os "ganhos" no tempo do Brasil colônia, as mulheres e suas vendas ambulantes pontuam a cidade, fazendo quitandas – comércio de frutas, doces de coco, bolos, mingaus, panos-da-costa e outros produtos da costa africana, cuja clientela sempre, na Bahia, buscou e busca referenciar-se e se situar nessa relação de identidades entre a África e o Brasil e assim comuns num permanente fluxo e refluxo.

A história da cidade, especialmente o chamado centro histórico, Pelourinho e áreas próximas, ou então praças, esquinas e ruas que se situam na cidade baixa ou em locais consagrados como Igreja do Bonfim, Elevador Lacerda, entre tantos outros, tem na "baiana de acarajé" uma forte sinalização urbana, marcando lugar, território da geografia e da vida cotidiana que se amplia no tempo especial da festa.

Sem dúvida, o acarajé, comida boa de comer e especialmente comida boa de representar e de significar, é um marco da permanência do gosto africano, formando e co-formando o paladar do brasileiro.

Faz-se a identidade pelo que se come, como se come e que relação há entre a comida e os múltiplos papéis sociais dos indivíduos.

Marca gênero, hierarquia, atividades profissionais, estabelece compromissos com os rituais cotidianos e notadamente no tempo especial das festas. Comer o acarajé, certamente, não é apenas comer um bolinho de feijão temperado e frito no dendê; é comer e aproximar fisicamente o trajeto e a formação da vida brasileira e integrar e trazer ao corpo, pela boca, pelo olfato e pelo olhar, como é nossa e próxima essa África real e também como é nossa essa África idealizada.

O acarajé é uma comida tipicamente feminina, como o churrasco é tipicamente masculino.

Feijão, leguminosa conhecida em todo o mundo, é base de diferentes pratos na tradicional e popular culinária afrodescendente. Feijão de azeite, com dendê; abará, mesma massa do acarajé, acrescido de camarão seco, cebola, cozido envolto em folhas de bananeira no vapor; feijoadas de feijão-preto ou feijão-mulato acrescido de legumes, complementos como couve, torresmo e angu de fubá; feijão em caldinho bem temperado, entre tantos outros usos.

A intimidade do processo de fazer o acarajé, artesanal, corporal, inicialmente com o pilão de pedra, conhecido como "pedra de acarajé", em que o feijão é preparado para a massa, que é o grande momento para se garantir um bom, crocante e delicioso acarajé.

O ritual do bem fazer é o de "bater a massa" na panela com colher de pau e assim manter o ritmo do sabor de cada porção que será deitada sobre o dendê fervente, exalante daquele cheiro-convite sedutor, anunciando que há acarajé.

Embora consagradamente integre o imaginário afro-baiano, o acarajé é ocorrente em São Luís, com tradição nos cardápios da Querebã de Zomedonu ou Casa das Minas, templo do culto aos voduns de Benin; como também no Recife, no fundante terreiro para o nagô de

Pernambuco, o Terreiro Odum-Ogunté, ou o Sítio do Pai Adão, como é o terreiro lá Nassô Oyó Acalá Agbô-Olodumaré – Casa Branca, para os candomblés baianos seguidores da nação kêtu, iorubá.

A disseminação globalizada, sem dúvida, dá ao acarajé um sentido verdadeiramente nacional, incluindo-se nos hábitos alimentares de milhares de brasileiros.

O cotidiano e a festa

Comer acarajé no final de tarde na cidade do São Salvador é um costume que pontua o cotidiano, pois, além de comer, é o encontro, o reencontro, auferindo ao alimento um valor inegável de sociabilidades. O tabuleiro é a referência. Acarajé frito na hora, dendê fervente, aproximando devotados consumidores desse bolinho que é a Bahia pela boca, sendo refeição ou merenda – refeição complementar, o mesmo que lanche, como também acontece com o abará, o bolinho de estudante, cocadas, bolos, entre outras delícias da venda pública e profundamente cerimonial no tabuleiro.

O acarajé dá nome também a um dos rituais mais importantes dos terreiros de candomblé. É o conhecido "acarajé de Iansã", quando, no barracão, salão de festas, espaço público, acarajés são distribuídos a todos os presentes e tais ofertas são feitas pelos orixás, pelas pessoas em "estado de santo", Iansã ou Oyá, que comemoram assim sua festa, seu momento religioso, sendo o alimento a comunicação mais direta e eficaz da divindade com o homem.

Sem comida não há festa e não há festa sem comida. Falando-se de festa na Bahia, no São Salvador, é falar de dendê, de temperos, de pimentas, de memórias ancestrais africanas nas escolhas dos ingredientes, nos modos de fazer, de servir e de consumir e principalmente no significar, no traduzir, além do alimento, relações e sentidos com os terreiros de candomblé e com o cotidiano da cidade.

Nas chamadas "festas de largo", os tabuleiros e as barracas que também vendem comida e bebida fazem os pontos de reunião para cantar e dançar o samba-de-roda, fortalecem relações, rememoram outras festas, celebrando assim Salvador, fé religiosa com muito dendê na boca, samba no pé e corpo liberado para viver integralmente os espaços de uma cidade em festa.

É também festa em casa, tão festa como na rua. Os ciclos acontecem por todo o ano, sendo algumas comemorações mais de largo e outras mais da casa, contudo estabelecendo falas permanentes pela música e especialmente pela comida.

Tudo começa no mês de janeiro, no dia 1º, com a tradicional festa de Bom Jesus dos Navegantes; depois é o Dia de Reis ou Lapinha, 6 de janeiro; a segunda quinta-feira após essa festa é o dia da lavagem do Bonfim, combinando-se com a segunda-feira da Ribeira, um já pré-carnaval, pois fevereiro está chegando.

Inaugurando o mês, 2 de fevereiro é dia de festa no mar, louvar Iemanjá e Oxum com os muitos balaios de presentes – flores, fitas, perfumes, tudo o que integra e identifica o agrado feminino. O mês culmina no carnaval, desfilando afoxés, trios, blocos, fazendo viver coletivamente rituais quando a cidade assume e comunica o momento transgressor e ao mesmo tempo renovador das regras sociais. Em seguida, Corpus Christi, data móvel, maio ou junho, que para o povo do candomblé é dia de Oxóssi, orixá da caça, da fartura alimentar, o grande provedor do homem e do mundo. Junho, um mês de muitas louvações. Inicia-se com Santo Antônio, em seguida São João, santo que vive nas fogueiras, nos cardápios à base de milho, sua maior celebração, e São Pedro, santo que no candomblé é Xangô, como também esse orixá se relaciona com São João – certamente, santo é santo e orixá é orixá, porém na vida religiosa e na fé popular há uma forte inter-relação e assim vivem e acontecem as devoções nas casas e na rua. Julho é mês do caboclo, ancestral da terra brasileira, pois no dia 2 se celebra a independência da Bahia e assim o dia do caboclo. Agosto, mês de São Roque e Omolu, comemorados em rituais coletivos com o alimento/símbolo doburu, pipocas, pois esses são os santos que purificam, recebendo grande adesão popular. Setembro, tempo dos quiabos, com o caruru do Cosme. Festa dos santos gêmeos São Cosme e São Damião, oferecendo-se o banquete à base de azeite-de-dendê – feijão de azeite, farofa, acarajés, abarás, galinha de xinxim, vatapá e o prato principal, o caruru, feito de quiabos, camarões defumados, temperos e dendê e doces, muitos doces, geralmente de coco e frutas, inclusive roletes de cana-de-açúcar.

Dezembro, mês das santas. Dia 4, Santa Bárbara; dia 8, Conceição, carinhosamente chamada Conceição da Praia; e dia 13, dia de Santa Luzia; depois o Natal e novamente Dia de Reis e as festas que ficam e vivificam a cidade e seu povo, povo ungido de acarajé. Esse povo da Bahia.

Tão patrimônio como o ouro dos altares

Heróico! Sim, heróico esse acarajé/símbolo de um patrimônio gastronômico que exala sabor e que inclui história, mitologia e significados vários, situando a mulher enquanto agente memorial e provedora das famílias afrodescendentes. Aí se destacam o importante papel social da mulher e suas inúmeras falas culturais em contextos da trajetória civilizadora dos povos e culturas africanas no Brasil.

Democraticamente, o conceito de patrimônio cultural amplia-se perante políticas públicas do Estado. Compreende a cultura de maneira plural e contextual aos seus inúmeros realizadores, a que pela experiência e vivência e não apenas pela apreciação se devota um valor mais amplo, assim socialmente integrado e componente dos diferentes segmentos culturais que singularizam nossa identidade de povo e de nação.

São outros patrimônios, muito além daqueles tradicionalmente consagrados. Tão patrimônios pelo que significam e representam das muitas diferenças, da alteridade, do direito a manifestar e se reconhecer pertencendo a grupos e comunidades.

É essa a compreensão mais atual e internacional de patrimônio cultural, quando, justamente no que há de particular, próprio, diferente, marca identidade, comunica-se patrimonialmente em contextos crescentemente mundializados.

Tão de valor e importância como uma talha dourada, um santo barroco, a farda militar de um herói é o acarajé, que tem significado e igual hierarquia entre muitas outras e diferentes manifestações patrimoniais do brasileiro.